Reform oder Ende der Erzieherinnenausbildung?
Beiträge zu einer kontroversen Fachdebatte

Deutsches Jugendinstitut (Hrsg.)
DJI-Fachforum Bildung und Erziehung
Band 4

Angelika Diller, Thomas Rauschenbach (Hrsg.)

Reform oder Ende der Erzieherinnenausbildung?

Beiträge zu einer kontroversen Fachdebatte

Verlag Deutsches Jugendinstitut, München 2006

Das Deutsche Jugendinstitut e.V. (DJI) ist ein zentrales sozialwissenschaftliches Forschungsinstitut auf Bundesebene mit den Abteilungen »Kinder und Kinderbetreuung«, »Jugend und Jugendhilfe«, »Familie und Familienpolitik«, »Geschlechterforschung und Frauenpolitik« und »Zentrum für Dauerbeobachtung und Methoden« sowie dem Forschungsschwerpunkt »Übergänge in Arbeit«. Es führt sowohl eigene Forschungsvorhaben als auch Auftragsforschungsprojekte durch. Die Finanzierung erfolgt überwiegend aus Mitteln des Bundesministeriums für Familie, Senioren, Frauen und Jugend und im Rahmen von Projektförderung aus Mitteln des Bundesministeriums für Bildung und Forschung. Weitere Zuwendungen erhält das DJI von den Bundesländern und Institutionen der Wissenschaftsförderung.

Alleinauslieferung: VS Verlag für Sozialwissenschaften, Wiesbaden

© 2006 DJI Verlag Deutsches Jugendinstitut, München
Layoutkonzeption und Umschlag: Anja Rohde, Hamburg
Redaktion: Angelika Diller
Lektorat: Eva Killmann von Unruh
Gesamtherstellung: grafik+druck GmbH, München

ISBN-10: 3-87966-434-X
ISBN-13: 978-3-87966-434-4

Inhalt

Reform oder Ende einer Ausbildung – eine einleitende Skizze   7

Ende oder Wende?
Pädagogisch-soziale Ausbildungen im Umbruch
Thomas Rauschenbach   13

Professionalisierung durch Akademisierung?
Erkenntnisse aus der Geschichte der Lehrerbildung
Klaus-Peter Horn   35

Akademisierung des Personals für das Handlungsfeld
Pädagogik der Kindheit
Werner Thole, Peter Cloos   47

Die Fachkräfte: Aufgabenprofile und Tätigkeitsanforderungen
Karin Beher   79

Mütterlichkeit und Profession – oder: Mütterlichkeit, eine
Achillesferse der Fachlichkeit?
Ursula Rabe-Kleberg   95

Ausbildung zur Erzieherin – ein alt-neuer Auftrag für
Fachhochschulen?
Jost Bauer   111

Wege in die Zukunft – Anforderungen an ein modernes
Ausbildungskonzept
Maria-Eleonora Karsten   133

Fusion – eine konkrete Utopie?
Plädoyer für eine Zusammenführung von Fachschule und
Fachhochschule
Rudolf Nottebaum   149

Ist die Ausbildung der Erzieher und Erzieherinnen an
Fachschulen noch zukunftsfähig?
Manfred Müller-Neuendorf   167

Erziehen und Leiten als Profession: ein Beitrag zur Akademisierung
Edgar Kösler, Christoph Steinebach   181

Gemeinsame Aus- und Weiterbildung von Grundschullehrerinnen und Erzieherinnen
Ursula Carle, Ilse Wehrmann   197

30 Jahre Ausbildungsreform – kritische Anmerkungen eines Insiders
Roger Prott   209

Nach der EU-Erweiterung: Ausbildungs- und Personalstrukturen in vorschulischen Bildungs- und Betreuungssystemen
Pamela Oberhuemer   231

Autorinnen und Autoren   247

Reform oder Ende einer Ausbildung – eine einleitende Skizze

Schon wieder eine Reformdebatte im Zusammenhang mit ErzieherInnen, mit dem Kindergartenpersonal und der frühkindlichen Erziehung? Gab es das nicht alles in den letzten 35 Jahren schon zur Genüge? Endlose Diskussionen, die am Ende immer wieder folgenlos blieben? Ganz von der Hand zu weisen ist dieser Eindruck jedenfalls nicht. Zu oft und zu lange wurde über die Reform der ErzieherInnenausbildung diskutiert, zu oft und zu folgenlos das Für und Wider dieser Ausbildung erörtert – ohne dass im Ergebnis die Lage im Endeffekt erkennbar besser geworden wäre.

In regelmäßigen Abständen hat die Frage nach dem adäquaten Qualifikationsprofil des Fachpersonals für Kindertageseinrichtungen die Fachwelt in den letzten Jahrzehnten beschäftigt:
- Rund um die Berufsgruppe der *ErzieherInnen* wurde das Thema Reformen immer wieder diskutiert, zuletzt in den 1990er-Jahren so lange, bis auf die sich verstärkende Defizitdiagnose – mehr zur Beruhigung – einzelne Bundesländer mit geringfügigen, eher kosmetischen Reformen der bestehenden Fachschulausbildung reagierten. Weitergehende, grundlegende Veränderungen des Qualifikationsprofils hatten unterdessen nie eine ernsthafte Realisierungschance.
- Ähnliches lässt sich auch für die Gruppe des beschäftigten Personals *ohne* einen entsprechenden Berufsabschluss als ErzieherIn konstatieren – festgemacht vor allem am Beruf der *KinderpflegerIn*. Die überwiegend von Fachverbänden formulierte Kritik an der mangelnden Qualifikation dieser Personengruppe führte ebenfalls nicht zur Weiterentwicklung oder gar Abschaffung dieser berufsfachschulischen Ausbildung.

Daran hatte im Kern auch die sowohl durch das beträchtliche Vermächtnis der DDR in Sachen Kinderbetreuung als auch durch die notwendigen Angleichungsdebatten der Berufe auf europäischer Ebene kurzzeitig aufkeimende Hoffnung nichts ändern können. Im Zuge der erforderlich gewordenen Umsetzungsverpflichtungen des Rechtsanspruchs auf einen Kindergartenplatz ab Mitte der 1990er-Jahre fielen auch diese von außen kommenden Impulse in sich zusammen. Und spätestens nach den erneut nicht weiterführenden Reformüberlegungen innerhalb der Kultusministerkonferenz (KMK) Ende der 1990er-Jahre – nach einem mehrjährigen Moratorium – war die Lage mit Blick auf die Bemühungen um eine Verbesserung des Profils und der Höhenlage der ErzieherInnenausbildung festgefahren und aussichtslos. Irgendwie schienen sich nach den vergeblichen Anläufen und enttäuschten Hoffnungen im letzten Jahrzehnt des letzten Jahrhunderts alle Beteiligten bis auf weiteres auf die unendliche Fortschreibung dieses unbefriedigenden Zustandes einzustellen.

ErzieherInnen und KinderpflegerInnen, Fachschule und Berufsfachschule: Das war für Kindertageseinrichtungen realistischerweise das, was zu Beginn des neuen Jahrzehnts in Deutschland offenbar zu erreichen war. Alle anderen, weitergehenden Forderungen wurden von der Politik als unangemessen und unrealistisch zurückgewiesen oder fanden von vorneherein überhaupt kein Gehör. Erschwert wurde diese Situation noch dadurch, dass in punkto Anhebung der Fachkraftausbildung auf Hochschulniveau auch große Teile der Fachwelt ausgesprochen zurückhaltend waren, sei es, weil es auf Seiten der Träger Finanzierungsvorbehalte gab, sei es, weil die Interessenlagen der Bundesländer und ihrer administrativen Ebenen divergierten, sei es, weil es Bedenken gegen eine weitere Schließung des pädagogischen Berufsfeldes zulasten junger Frauen mit einfachen oder mittleren Bildungsabschlüssen gab oder sei es, weil eine Anhebung der Ausbildung auf Hochschulniveau zugleich als Bedrohung und Infragestellung des vorhandenen Personals und der bestehenden Ausbildungsstätten empfunden wurde.

Hinzu kam eine in der breiten Öffentlichkeit tief verankerte gesellschaftliche Geringschätzung institutionell geförderter Bildungsprozesse in der frühen Kindheit. Für die einfache Betreuung und Beaufsichtigung von kleinen Kindern, so die allgemeine Stimmung, war eine eigenständige Hochschulausbildung nicht zu rechtfertigen.

Diese Gemengelage an Vorbehalten und Skepsis gegenüber einer grundlegenden Reform der ErziehrInnenausbildung hat sich in relativ kurzer Zeit, in den letzten drei, vier Jahren, erstaunlicherweise erkennbar verändert. Wie in so vielen Dingen im Umfeld von Bildung, hat auch hierzu PISA den Anstoß gegeben, allerdings weniger die Studie selbst – die aufgrund ihres Designs gar nichts zum Kindergartenalter beitragen konnte – als vielmehr die daran anschließende Diskussion. Die Aufmerksamkeit gegenüber den ersten

Lebensjahren stieg geradezu sprunghaft an, die Sorge um die verschenkten ersten Lebensjahre wurde an allen Ecken und Enden spürbar. Die Medien wendeten sich diesen Themen in einer nie gekannten Intensität zu und Stiftungen wie Bertelsmann oder Bosch, aber auch Firmen wie McKinsey entdeckten das unausgeschöpfte Potenzial der »frühen Jahre«. Dadurch gerieten nicht wenige der bisher stabil erscheinenden Eckpfeiler der frühkindlichen Förderung ins Wanken.

Insofern hat die nationale Kränkung der ersten PISA-Studie auch im Elementarbereich einen erheblichen Veränderungsdruck ausgelöst. Verstärkt durch den erneuten Vergleich mit den Ausbildungsprofilen anderer Länder, bei dem die bundesdeutsche Höhenlage der Erzieherinnenausbildung keine guten Noten erhielt, wurde dabei auch die Ausbildung wieder auf den Prüfstand gestellt. Den entscheidenden Rückenwind erhielt diese Entwicklung allerdings erst durch den so genannten Bologna-Prozess, mit dem die Hochschullandschaft im europäischen Raum durch modularisierte Bachelor- und Master-Abschlüsse vereinheitlicht und durchlässig gemacht werden sollte. Die damit einhergehende wissenschaftspolitische Offenheit für neue Studiengänge eröffnete in Deutschland erstmals die konkrete Möglichkeit, in neuen Formen, neuen Konstellationen und in neuer Regie das Aufstiegsprojekt »Reform der ErzieherInnenausbildung« voranzutreiben.

PISA und Bologna: Diese im Grunde genommen fachfremden Entwicklungen waren die entscheidenden Impulsgeber und bereiteten den Boden für ein Reformprojekt, das erstmals ernsthaft die Frage der Hochschulausbildung für die frühkindliche Bildungsphase ins Blickfeld rückte. Dabei haben die Aktivitäten der Hochschulen einen anderen Referenzpunkt. Hier steht nicht unmittelbar, oder vielleicht vorsichtiger: nicht so sehr die Reform des »Berufprofils der ErzieherInnen« im Fokus. Vielmehr liegt der Schwerpunkt auf Themenfeldern und Ausbildungsinhalten, die für verschiedene Tätigkeiten im Elementar- und Primarbereich von Bedeutung sind.

Beide Entwicklungslinien haben nunmehr zu einer sich verändernden Ausbildungslandschaft, zu Modellvorhaben und Experimenten geführt, in deren Folge unterschiedliche Konzepte und Ausbildungsgänge von Fachschulen, Fachhochschulen und Universitäten – im Einzelfall auch in Kombination und Kooperation – nebeneinander stehen. Diese aktuelle Lage erinnert an einen kollektiven Aufbruch, in dem viele sich suchend auf den Weg machen, ohne dass Etappen und Ziele klar, geschweige denn untereinander abgesprochen und eindeutig markiert wären.

Dennoch lassen sich schon heute – neben der klassischen Fachschulausbildung – zwei neue »Hauptrouten« ausmachen:
- Hochschulausbildungen, die dezidiert an den vorhandenen Fachschulen anknüpfen, die Fachpraxis einbinden und zu einer qualifizierten Weiterentwicklung ausgewählter Themen beitragen;
- neue, grundständige Studiengänge an Fachhochschulen und Universitäten, die die neuen Möglichkeiten hochschulimmanenter Studienreform nutzen, jedoch vorerst ohne Beteiligung der Fachpraxis vorangetrieben werden.

Erst zu einem späteren Zeitpunkt wird man einschätzen können, ob die jetzige Phase einen Schub für das Qualifikationsprofil der ErzieherInnen ausgelöst oder aber dessen Ende eingeläutet hat und an seine Stelle unterschiedlich akzentuierte, neue Berufsprofile für die Arbeit im Elementarbereich gesetzt hat. Diese ergebnisoffene Situation spiegelt sich in den Beiträgen dieser Publikation. Zu erkennen sind dabei unterschiedliche Positionen und Konzepte, divergierende Interessenslagen sowie bekannte und weniger bekannte Argumentationslinien. Diese Vielfalt ist notwendig und gewollt. Sie zeigt den weiten Horizont des Feldes, das gegenwärtig von vielen bestellt werden will.

Mit Blick auf die möglichen Auswirkungen einer entsprechenden Reform, gewissermaßen in einer Art Technikfolgenabschätzung dieses Reformprojektes, bleibt in dieser Lage vorerst ungeklärt,
- ob die künftigen Hochschulausbildungen am Ende mit, neben oder anstelle der heutigen Fachschulausbildungen ihren Platz finden,
- ob sie als Ergänzung oder als Bedrohung der anderen nicht-schulischen, pädagogischen Fachhochschul- und Universitätsstudiengänge eingeführt werden,
- ob sie die vorhandenen Lehramtsstudiengänge – allen voran die Ausbildungen für die Primarstufe – unberührt lassen oder auch diese in ihrer Grundstruktur tangieren,
- ob sie in der Praxis zu einer gezielten, stärkeren Hierarchisierung zwischen pädagogischen Führungsaufgaben auf der einen und Assistenztätigkeiten auf der anderen Seite führen oder aber, ob das gesamte Spektrum pädagogischer Ausbildungen unterhalb der

Hochschule aufgrund der Anhebung der Zugangsvoraussetzungen abgeschafft wird.

Dies alles sind gegenwärtig ebenso ungeklärte wie mit Spannung zu beobachtende Fragen. Zumindest werden darauf mittelfristig überzeugende Antworten zu geben sein, wenn nicht einfach billigend nichtintendierte Nebenwirkungen in Kauf genommen werden sollen.

Die inhaltliche Kernfrage unterdessen, die am Ende über die fachliche Schubkraft dieser Reformen entscheidet, kann sich allerdings in Sachen Reform der ErzieherInnenausbildung nicht auf Statusfragen, Imageverbesserung, Berufe »auf gleicher Augenhöhe« beschränken. Maßstab aller Reformen muss und wird es vielmehr sein, ob es auf diese Weise gelingt,

- die Bildungsprozesse in früher Kindheit nachhaltig zu unterstützen,
- das Aufwachsen in Deutschland in zunehmend öffentlicher Mitverantwortung qualifiziert zu fördern,
- die vorhandenen Möglichkeiten der sozialen Integration von Kindern und Familien besser auszuschöpfen sowie
- die individuellen Startchancen aller Kinder im Lichte gegebener sozialer Ungleichheiten möglichst zu verbessern, in jedem Fall aber nicht noch – ungewollt – zu verschlechtern.

Im Falle der auch nur partiellen Umsetzung dieser Herausforderungen hätte sich dieses fast schon unmöglich erscheinende Reformprojekt auf jeden Fall gelohnt.

Eines darf aber bei allem Aufbruch nicht aus dem Blick geraten: Fachschulen und Erzieherinnen sind oft besser als ihr Ruf. Wer die Reform pauschal als Kritik und Abwertung des bestehenden Personals, der tagtäglichen Arbeit in den Fachschulen und den Kindertageseinrichtungen versteht, verkennt die unübersehbare Anstrengung und Bereitschaft der vorhandenen Akteure, die Reformimpulse aufzugreifen und die Lage aus eigener Kraft und mit eigenen Mitteln zu verbessern. Infolgedessen wird sich eine zukunftsfähige Reformlandschaft daran messen lassen müssen, ob es ihr gelingt, die vorhandenen Fachkräfte und Ausbildungsstätten dort in die Weiterentwicklung einzubinden, wo Bereitschaft und Fähigkeiten dazu vorhanden und die formalen Voraussetzungen dafür gegeben sind. Im Interesse der sich abzeichnenden inhaltlichen Herausforderungen, die Förderung und Bildung von Kindern in den ersten Lebensjahren zu verbessern, wäre das mehr als wünschenswert.

Die in diesem Band zusammengestellten Beiträge vermitteln einen Eindruck von der Vielschichtigkeit der Facetten, die bei der Neuvermessung der Ausbildungslandschaft zu beachten sind. Eine falsch verstandene Unbekümmertheit einer Reform, die einfach losmarschiert und nicht nach links und rechts schaut, ist dabei ebenso wenig hilfreich wie eine Handlungsunfähigkeit erzeugende Anhäufung zahlreicher Bedenken. Nüchtern betrachtet spricht unter dem Strich mehr für eine grundlegende Reform als dagegen. Dennoch zeigen die nachfolgenden Beiträge, dass die dabei zu beachtenden Gesichtspunkte vielschichtiger und facettenreicher sind, als vielen lieb sein mag.

Den Autorinnen und Autoren ist zu danken für ihre Mitarbeit, ihre Bereitschaft zur Überarbeitung vorgelegter Manuskripte und ihre Geduld, dass der Band etwas später erscheint als ursprünglich geplant. Das könnte sich allerdings als Vorteil erweisen. Die Anzeichen mehren sich, dass die Frage des Ausbildungsniveaus der künftigen Fachkräfte für Kindertageseinrichtungen nun auch auf politischer Ebene langsam entscheidungsreif wird. Dazu kann der Band einen Beitrag leisten.

München, im Mai 2006
Angelika Diller, Thomas Rauschenbach

Ende oder Wende?
Pädagogisch-soziale Ausbildungen im Umbruch[1]

Thomas Rauschenbach

1	ErzieherInnen auf dem Arbeitsmarkt	17
2	Die Lage und Situation der sozialen Ausbildungen	25
3	Inhaltliche Konzeptionen sozialer Ausbildungen – Anforderungen an eine reformierte Ausbildung	29
4	Ausblick	32
5	Literatur	33

---

1 Eröffnungsvortrag auf der Fachtagung »Reform oder Ende der ErzieherInnenausbildung? Akademisierung – Professionalisierung – Aufgabenorientierung« (4. DJI-Fachforum »Bildung und Erziehung«) am 8./9. Dezember 2004 in München.

Manchmal sind die Pfade der gesellschaftlichen Entwicklungen schon sehr verschlungen. Da mühen sich so manche Protagonisten der Sozialpädagogik und der Pädagogik der frühen Kindheit in Wissenschaft und Fachpraxis über Jahre oder gar Jahrzehnte hinweg um eine Aufwertung, Verbesserung und Anhebung der ErzieherInnenausbildung, mit – freundlich formuliert – bestenfalls mäßigem Erfolg. Als dann auch nach dem ungenutzt gebliebenen »KMK-Moratorium« im Herbst 2002 nach mehrjähriger Beratung mehr oder minder alles beim Alten blieb, schienen die konkreten Hoffnungen einer spürbaren Besserung der Lage für das Qualifikationsprofil ErzieherIn in weite Ferne gerückt und zu einer blanken Utopie geworden zu sein.

Urplötzlich kam dann jedoch aus einer ganz anderen Ecke und aus ganz anderen Gründen wieder Bewegung in diese Diskussion. Konsequenter- und ehrlicherweise muss man allerdings sagen, dass die hier anstehenden Erörterungen letzten Endes eine Folge nichtintendierter Nebenwirkungen ganz anderer Entwicklungen jenseits des Kindergartens und der ErzieherInnenausbildung sind.

Genau genommen waren es zwei Entwicklungen, die zu Beginn des Jahrzehnts zusammenkamen und zum Auslöser einer Debatte wurden, die seither innerhalb und außerhalb der Fachwelt nicht mehr zum Stillstand gekommen ist. Man muss fast fürchten – oder hoffen, je nach Standpunkt –, dass sich diese Unruhe erst dann wieder legen wird, wenn sich die Realität nachhaltig geändert hat.

Der erste entscheidende Impuls kam aus der *schulbezogenen Bildungsforschung*. Da wurden an der Jahreswende 2001/2002 die Ergebnisse der PISA-Studie 2000 mit einem ungewöhnlich großen Medien-Echo veröffentlicht (vgl. Deutsches PISA-Konsortium 2001) – und prompt hatten wir in ganz Deutschland eine Diskussion über die verschenkten Jahre der frühen Bildung (ganz so, als fingen die gesellschaftlichen Förderungs- und Bildungsbemühungen bei den Kindern bislang erst mit der Einschulung an). »Wenn wir schon nicht die Schule ändern können«, so ein Mitglied des deutschen PISA-Konsortiums damals ebenso lapidar wie resignativ, »dann sollten wir eben versuchen, den Kindergarten zu reformieren.«

Abgesehen von der etwas kruden und verqueren Logik, die sich hinter dieser Argumentation verbirgt – vor allem in Anbetracht dessen, dass PISA nichts, aber auch gar nichts empirisch zur Kindergartenfrage beizusteuern hatte –, wurde der Elementarbereich mit diesem Ansinnen zwar auf dem falschen Fuß erwischt, hatte er doch gerade begonnen, sich intensiv mit Fragen der Qualität zu beschäftigen (und dabei wieder einmal die altbekannten fachinternen Fronten aufgebaut). Gleichwohl konnte er nicht verhindern, dass auf einmal alle Welt über die Bildung der frühen Jahre redete. Oder anders formuliert: Der Startschuss zu einer Reform der frühkindlichen Bildung war gegeben, die »K-Frage«, also die Personal- und Fachkraftfrage, konnte da nicht ausbleiben.

Ungewollt, unpassend und unvorbereitet mussten die einschlägige Wissenschaft, Politik und Fachpraxis fast hektisch auf die sprudelnden Ideen einer bildungspolitischen Reformeuphorie selbst ernannter Reformer reagieren, die im Kern – bisweilen eher unterschwellig, manchmal aber auch sehr dezidiert – mehr Schule, mehr schulähnliches Lernen, mehr kognitiv ausgerichtete Bildung im Kindergarten und für das Kindergartenalter forderten (mit der sich bis heute hartnäckig haltenden Unterstellung, dass der Kindergarten sich bislang – völlig unbeleckt von Bildung – allein um die Betreuung der Kinder gekümmert hat). Im Zuge der bisweilen geradezu beliebig erscheinenden Veränderungsvorschläge blieb es deshalb auch nicht aus, nicht nur die Vorverlagerung des Einschulungsalters – das bisherige Höchstgebot war dabei meines Wissens das Alter von 4 Jahren –, sondern eben auch die Angleichung der Ausbildung des Personals zwischen Elementar- und Primarbereich zu fordern (wogegen man im Prinzip nichts haben kann). Erstmalig wurden dabei auf einer breiten gesellschaftlichen Ebene Stimmen laut, die eine stärkere Ausrichtung der ErzieherInnenausbildung am Bildungsgedanken der Schule, eine Verbesserung, in der Regel eine Anhebung auf Hochschulniveau, also eine stärkere »Akademisierung« der Elementarerziehung verlangten.

Der zweite Impuls, der die heutige Debatte um die künftigen Perspektiven bzw. die mögliche Perspektivlosigkeit der ErzieherInnenausbildung kennzeichnet, hat seinen Ausgangspunkt in der *Hochschulreform*, d. h. ebenfalls zunächst außerhalb und jenseits der an Fachschulen angesiedelten Ausbildung. Ausgelöst durch den so genannten »Bologna-Prozess« zur Internationalisierung und Modularisierung von Studiengängen – in Deutschland im Kern jedoch genutzt, um eine bis heute umstrittene und vermutlich nur bedingt zielführende Hochschulreform, u. a. auch mit Blick auf das nach wie vor ungeklärte Verhältnis von Universitäten und Fachhochschulen, in Gang zu bringen – wurde durch die Propagierung der neuen Zauberformel »Bachelorstudiengang« als neuem Studiengangs-Einstiegsmodell mittelbar auch die ErzieherInnenausbildung tangiert. Da hochschulpolitisch mit diesem Schritt die große Zeit der neu zu entwickelnden, akkreditierten Studiengänge anbrach – einziges Kriterium war dabei in aller Regel jenseits von Inhalten, dass es sich um einen neuen BA-Studiengang handelt –, konnte es nur eine Frage der Zeit sein, bis die ersten Studienmodelle in Sachen Anhebung der ErzieherInnenausbildung auftauchten (vgl. als Überblick GEW 2005; Rauschenbach 2006b).

Diese beiden Entwicklungen zusammengenommen, also die bildungsbezogene Nach-PISA-Debatte und die hochschulpolitisch ausdrücklich gewünschte rasche Ausweitung neuer Bachelorstudiengänge, sollten die Rahmenbedingungen für eine erneute Debatte um die Gestalt, die Höhenlage und das inhaltliche Profil einer zukunftsfähigen ErzieherInnenausbildung so erheblich verbessern, dass erstmals in Deutschland nicht nur eine diesbezügliche Renaissance einschlägiger Debatten erlebt wird, sondern man vor der ernsthaften Herausforderung steht, über die konkrete Neugestaltung dieser Ausbildung nachzudenken (vgl. Rauschenbach 2006a). Was ein erster Debatteninszenierungsversuch im Horizont von *Europa* noch in den 1990er-Jahren nicht schaffte – weder die notwendig gewordene Einstufung im Zuge wechselseitiger europäischer Anerkennungen, noch der informative Blick über die Grenzen von Oberhuemer/Ulich (1997), mit nicht gerade schmeichelhaften Befunden für Deutschland, konnten daran Entscheidendes ändern –, nahm dann im Zuge der neu in Mode gekommenen, nationalen wie internationalen Rankings und Benchmarks auf einmal nicht nur auf dem Papier, sondern auch in der Realität Gestalt an: *eine Neuformatierung der ErzieherInnenausbildung.*

Was Neuformatierung in diesem Fall jedoch tatsächlich heißt, scheint einigermaßen unbestimmt und ungeklärt. Genauer: Ob es sich dabei um ein echtes Upgrading der vorhandenen Ausbildung handelt, oder nur um ein Update, also eine neue, attraktivere Verpackung der gleichen Ware, oder ob letztlich nicht doch ein ganz neues Ausbildungsprogramm, gewissermaßen eine Art neuer Fachkraft-Typus entsteht, der am Ende möglicherweise nicht einmal den Namen mehr mit der heutigen ErzieherInnenausbildung gemein hat, ist eine ganz andere, bislang völlig ungeklärte Frage. Deshalb ist die Fragestellung »Reform oder Ende der ErzieherInnenausbildung?« keineswegs nur eine rhetorische, sondern eine sehr reale, der es sich zu stellen gilt.

Um nicht vorschnell scheinbar eindeutige Antworten dort einfach zu unterstellen, wo in Wirklichkeit die dazugehörigen Fragen noch gar nicht formuliert worden sind, werden nachfolgend einige Anmerkungen gemacht, die bei diesem Thema mitbedacht werden müssen. Dabei wird im ersten Abschnitt der Blick auf den *Arbeitsmarkt* gelenkt, da sich die gegenwärtige Entwicklung allzu sehr aus einem fast ausschließlichen Blickwinkel des Ausbildungssystems speist. Zwei Blickrichtungen sind hier maßgeblich: erstens, wo und wie die in sozialen Ausbildungen Ausgebildeten – und darunter natürlich besonders die ErzieherInnen – arbeiten; und zweitens, wie sich das Feld der institutionalisierten Kindertagesbetreuung in seiner Personalstruktur gegenwärtig zusammensetzt. In einem zweiten Abschnitt steht die aktuelle *Situation und Entwicklung im Ausbildungssystem* im Mittelpunkt, während in einem dritten Schritt abschließend einige Überlegungen angestellt werden, welche inhaltlich-konzeptionellen Herausforderungen sich in punkto Weiterentwicklung der sozialen Ausbildungen stellen.

1 ErzieherInnen auf dem Arbeitsmarkt

Um über die künftige Gestalt der heutigen ErzieherInnenausbildung angemessen entscheiden zu können, erscheint neben dem Blick nach vorn auch ein Blick zur Seite notwendig. Das heißt, es müssen die benachbarten Ausbildungen ebenso im Auge behalten werden wie die Platzierung der AbsolventInnen der verschiedenen Ausbildungsgänge auf dem Arbeitsmarkt. Beides geschieht gegenwärtig bei dieser Debatte viel zu wenig.

Für eine Betrachtung der Lage der ErzieherInnenausbildung im Kontext dieser benachbarten Ausbildungen auf dem Arbeitsmarkt lassen sich zwei Blickrichtungen verfolgen:

1. Zum einen muss der Blick auf die relative Verteilung der ausgebildeten ErzieherInnen auf dem Arbeitsmarkt gerichtet werden. Welches Arbeitsfeld hat welche Bedeutung? Dies ist der Gesichtspunkt der *Distribution*.
2. Zum anderen ist der Blick auf die Situation des Teilarbeitsmarkts der Kindertageseinrichtungen zu richten (um den es bei der Debatte implizit geht). Hierbei steht die *Konzentration* der Berufsgruppe im Mittelpunkt.

Ad 1: Zunächst zum ersten Punkt, also der Frage, wie sich die ausgebildeten ErzieherInnen auf dem Arbeitsmarkt über die Arbeitsfelder hinweg verteilen. Unter dem Strich sind, und das ist nichts Neues, die fachschulausgebildeten ErzieherInnen sowie die an Fachhochschulen ausgebildeten Diplom-SozialpädagogInnen/SozialarbeiterInnen auf dem Arbeitsmarkt des Sozial- und Bildungswesens jenseits der Schule die am weitesten verbreiteten Ausbildungen.

Hierzu will ich auf drei, zum Teil schon bekannte Ergebnisse der Arbeitsmarktforschung auf der Basis des Mikrozensus hinweisen (vgl. Tab. 1):

- Man kann – bei aller Vorsicht – für das Jahr 2002 von ca. 400.000 insgesamt erwerbstätigen ErzieherInnen auf dem bundesdeutschen Arbeitsmarkt sowie von 140.000 erwerbstätigen Diplom-SozialpädagogInnen mit jeweils einschlägiger Qualifikation ausgehen (wo also nicht nur ErzieherIn bzw. SozialpädagogIn/SozialarbeiterIn draufsteht, sondern auch drin ist).[2]
- Davon arbeiten, bleibt man beim 2002er-*Mikrozensus,* allein im Bildungs- und Sozialwesen etwa 357.000 ErzieherInnen und rund 116.000 SozialpädagogInnen (d.h. umgekehrt: jeweils ca. 35.000–40.000 arbeiten in anderen Arbeitsfeldern oder Branchen).
- Konzentriert man seinen Blick noch detailgenauer lediglich auf das Feld der Kindertageseinrichtungen (also den Bereich, der hier besonders interessiert), so verschiebt sich die Situation insoweit, als dort ca. 275.000 ErzieherInnen ungefähr 4.000 Diplom-SozialpädagogInnen gegenüberstehen, während zugleich mit einer Zahl von etwa 37.000 die KinderpflegerInnen die zweitgrößte Berufsgruppe in diesem Feld bilden – allerdings fast ausschließlich im Westen Deutschlands.

---

[2] Hierzu wurde der Scientific-Use-File des Mikrozensus 2002 ausgewertet und dabei aus den angesprochenen Berufsgruppen die Gruppe der Personen ausgewählt, die zumindest über einen Ausbildungs-/Studienabschluss in der entsprechenden Qualifikationshöhe verfügen. Daher ergeben sich Abweichungen zu den veröffentlichten Daten der amtlichen Statistik und den jeweiligen Berufskennziffern, die alle in den Berufsgruppen erfassten Personen – unabhängig von ihrer Qualifikation – ausweisen.

Tabelle 1: Soziale Ausbildungen auf dem Arbeitsmarkt im Vergleich (2002)

	ErzieherInnen	Diplom-Sozialpäd./ Sozarb.	KinderpflegerInnen
Mikrozensus 2002			
Erwerbstätige insges.	400.000	140.000	53.000
Erwerbstätige im Bildungs- und Sozialwesen	357.000	116.000	/
Erwerbstätige in Kitas	275.000	4.000	37.000
KJH-Statistik 2002			
Erwerbstätige in der Kinder- und Jugendhilfe	282.000	50.000	50.000
Erwerbstätige in Kitas	242.000	6.500	48.000

Quelle: Mikrozensus 2002; eigene Berechnungen

Zieht man als eine zweite Datenquelle die Kinder- und Jugendhilfestatistik von 2002 heran, so lassen sich folgende Punkte festhalten (allerdings auf der Basis eines anderen Datensatzes, so dass die Daten nicht punktgenau vergleichbar sind):

- Nach den Angaben der *KJH-Statistik* arbeiteten Ende 2002 allein in der bundesdeutschen Kinder- und Jugendhilfe rund 282.000 ErzieherInnen sowie – mit deutlichem Abstand – 50.000 Diplom-SozialpädagogInnen/SozialarbeiterInnen (FH).
- Betrachtet man dieser Statistik zufolge ebenfalls nur das Feld der Kindertageseinrichtungen, so finden wir hier ca. 242.000 ErzieherInnen und etwa 6.500 Diplom-SozialpädagogInnen, während auch hier wiederum die KinderpflegerInnen mit über 48.000 die zweitgrößte Berufsgruppe in den Kitas darstellen.

Allein diese wenigen Zahlen geben einige Aufschlüsse über die Stellung der ErzieherInnen bzw. über die Konturen des Arbeitsfeldes »Kindertageseinrichtungen«. Insgesamt, so ein *erster Befund,* konzentriert sich die Erwerbstätigkeit der Berufsgruppe der ErzieherInnen – und auch der KinderpflegerInnen – viel stärker auf *ein einziges Arbeitsmarktsegment,* als dies bei den SozialpädagogInnen der Fall ist. So beträgt der Anteil der ErzieherInnen im Bereich der Kindertageseinrichtungen an allen ErzieherInnen innerhalb der Kinder- und Jugendhilfe *rund 80 Prozent.* Und anhand der Mikrozensus-Daten kann man davon ausgehen, dass von *allen aktuell Erwerbstätigen ca. 66 Prozent,* also zwei Drittel, im Feld der Kindertageseinrichtungen arbeiten (vgl. Abb. 1).

Abbildung 1: Ausgebildete ErzieherInnen und ihre Erwerbsbeteiligung

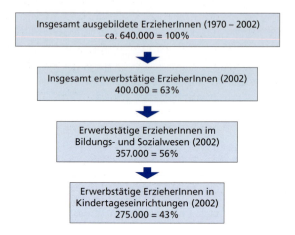

Quellen: KMK-Statistik/Mikrozensus 2002; eigene Berechnungen

Das ist viel und wenig zugleich. Denn es heißt eben auch – und das ist bereits ein *zweiter Befund* –, dass immerhin *ein Drittel* der erwerbstätigen ErzieherInnen *nicht* in einer Kindertageseinrichtung arbeitet. Und dabei ist noch gar nicht berücksichtigt, dass keineswegs alle in den letzten Jahrzehnten ausgebildeten ErzieherInnen aktuell einer Erwerbstätigkeit nachgehen. Sofern man nämlich von grob und überschlagsweise etwa *640.000* ausgebildeten ErzieherInnen zwischen 1970 und 2002 in Ost und West ausgeht – dies ist mit einer Spanne von 32 Jahren eine eher konservative Schätzung, da man von einem Berufsleben von wenigstens 35 Jahren ausgehen müsste –, wären demzufolge von diesen in der gesamten Zeit Ausgebildeten nur noch 63 Prozent überhaupt irgendwo aktuell erwerbstätig bzw. »nur« noch 43 Prozent, also vereinfacht gesprochen rund vier von zehn ErzieherInnen, derzeit in einer Kindertageseinrichtung tätig.

Und schließlich verteilen sich, das ist ein *dritter Befund,* AbsolventInnen der Fachhochschulen wesentlich breiter auf verschiedene Arbeitsfelder. Unter den erwerbstätigen SozialarbeiterInnen/SozialpädagogInnen (FH) liegt der Anteil derer, die in Kindertageseinrichtungen arbeiten – je nach Datenquelle – gerade mal in der Spanne von 3 bis 5 Prozent.

Zusammengefasst heißt das: *Bei weitem nicht alle erwerbstätigen und schon gar nicht alle ausgebildeten ErzieherInnen arbeiten offenkundig längerfristig im Bereich der Kindertageseinrichtungen.* Deshalb muss eine zukunftsorientierte Ausbildungsreform sich zu dem Umstand verhalten, ob sie unter der Hand eine Zuspitzung und Spezialisierung auf den Bereich der Kindertageseinrichtungen vornimmt und damit die künftige Fachkraft ungewollt – mit allen Vor- und Nachteilen – wieder zur *Kindergärtnerin/*zum *Kindergärtner* macht, oder ob eine solche reformierte Ausbildung sich – und das wäre die einzig logische Alternative – im Falle ihrer Anhebung zu einer dezidierten *Konkurrenzausbildung* zu den vorhandenen einschlägigen Hochschulausbildungen entwickelt. Und sie muss sich zugleich mit dem Umstand auseinandersetzen, dass ein nicht unerheblicher Teil ausgebildeter ErzieherInnen gar nicht oder nur kurzfristig in einem einschlägigen Arbeitsfeld tätig wird. Dies ist vor allem bildungsökonomisch von Interesse.

Ad 2: Damit zur zweiten Blickrichtung. Konzentriert man den Blick ausschließlich auf das Feld der Kindertageseinrichtungen, so zeigt sich nicht nur, dass 64 Prozent und damit rund zwei Drittel aller dort Beschäftigten ausgebildete ErzieherInnen sind, die damit dieses Feld insgesamt deutlich dominieren. Vielmehr wird mit der beschriebenen, starken Verbreitung von ErzieherInnen und KinderpflegerInnen zugleich der im jüngsten OECD-Bericht kritisierte Befund einer auffällig geringen Akademisierung angesprochen (vgl. OECD 2004). In Deutschland zeichnet sich das Feld der Kindertageseinrichtung somit vor allem dadurch aus, dass es sich um eine ErzieherInnendomäne und infolgedessen um eine mehr oder weniger »akademikerfreie Zone« handelt. Folgt man den Angaben der amtlichen Kinder- und Jugendhilfestatistik, so waren 2002 nur etwa 3,1 Prozent aller dort Tätigen bzw. 3,3 Prozent des gesamten *pädagogischen* Fachpersonals an einer Fachhochschule oder Universität ausgebildet. Und selbst bei den freigestellten Leitungskräften der Kindertageseinrichtungen liegt der AkademikerInnen-Anteil nur bei knapp 16 Prozent (vgl. Tab. 2).

Tabelle 2: Pädagogisches Personal in Kindertageseinrichtungen nach Qualifikation (31.12.2002)

	Freigestelltes Leitungspersonal		Pädagogisch tätiges Personal in der Gruppe		Pädagogisches Personal Insgesamt	
	Insgesamt	Akad.-anteil	Insgesamt	Akad.-anteil	Insgesamt	Akad.-anteil
BRD insges.	19.658	15,8	326.840	2,6	346.498	3,3
Westl. BL[1]	12.223	18,5	242.563	2,9	254.786	3,8
Östl. BL[1]	3.131	4,9	59.014	1,2	62.145	1,4

[1] Ohne Berlin

Quelle: Kinder- und Jugendhilfestatistik

Interessanterweise ist dabei der Anteil der AkademikerInnen auf Leitungsebene im Bundesländervergleich auffällig unterschiedlich – mit bis zu 50-Prozent-Anteilen in den westlichen Stadtstaaten und immerhin bis zu einem Viertel in Bayern, Niedersachsen, Hessen und Schleswig-Holstein, während die im OECD-Bericht so gerühmten neuen Bundesländer in dieser Hinsicht am Ende des »Qualifikationsrankings« stehen (vgl. Tab. 3).

In den fünf neuen Bundesländern überschreitet der gesamte AkademikerInnenanteil in keinem Land bislang die Zweiprozentgrenze; und auch unter den freigestellten Leitungskräften liegt dieser Anteil nur zwischen 5 und 10 Prozent. Dies hat mit dem immer noch nachwirkenden, dramatischen Stellenabbau in den 1990er-Jahren zu tun, so dass die in Fülle vorhandenen Angehörigen der damaligen Erzieherinnen-Generation diesen zusammengebrochenen Teilarbeitsmarkt bis heute prägen und dominieren, und sich noch kein nennenswerter Einstellungskorridor für akademisch Ausgebildete aufgetan hat.

Tabelle 3: Pädagogisches Personal in Kindertageseinrichtungen nach Bundesländern und Stellung im Beruf (31.12.2002)

	Freigestelltes Leitungspersonal		Pädag. tätiges Personal in der Gruppe		Pädagogisches Personal Insgesamt	
	Insgesamt	Akad.-Anteil	Insgesamt	Akad.-Anteil	Insgesamt	Akad.-Anteil
Bremen	249	55,4	3.063	12,4	3.312	15,6
Hamburg	869	45,1	7.177	3,4	8.046	7,9
Bayern	139	28,8	42.834	1,8	42.973	1,9
Niedersachsen	2.034	23,5	28.231	4,0	30.265	5,3
Hessen	2.155	23,0	25.514	6,4	27.669	7,7
Schl.-Holstein	804	22,9	10.016	3,3	10.820	4,8
Rheinland-Pfalz	426	15,3	18.918	2,4	19.344	2,6
Saarland	116	13,8	3.926	1,7	4.042	2,0
Baden-Württemberg	1.752	13,5	43.695	2,3	45.447	2,7
Berlin	1.368	12,7	17.209	2,3	18.577	3,1
NRW	6.453	11,3	66.522	2,0	72.975	2,8
Mecklb.-Vorpommern	457	10,1	7.325	1,5	7.782	2,0
Brandenburg	627	5,9	11.988	1,5	12.615	1,7
Sachsen-Anhalt	433	5,8	13.341	1,0	13.774	1,1
Thüringen	509	3,9	9.396	0,6	9.905	0,7
Sachsen	1.267	2,7	17.685	1,4	18.952	1,5
BRD insgesamt	19.658	15,8	326.840	2,6	346.498	3,3

Quelle: Kinder- und Jugendhilfestatistik

Schon dieser grobe zweite Blick macht wiederum deutlich, dass – *erstens* – die Kindertageseinrichtungen einen ausgesprochen geringen AkademikerInnenanteil aufweisen, dass dies – *zweitens* – jedoch eine Besonderheit dieses Arbeitsfeldes ist, da die anderen Felder der Kinder- und Jugendhilfe (ganz zu schweigen von anderen pädagogischen Arbeitsfeldern) zum Teil deutlich höhere Anteile aufweisen. So lag die *Akademisierungsquote* im Jahr 2002 in den Hilfen zur Erziehung bei 41,9 Prozent, in der Jugendarbeit bei 42,5 Prozent, in den Jugendämtern/-behörden bei 51,6 Prozent und in den Beratungsstellen sogar bei fast 86 Prozent (vgl. Abb. 2).

Abbildung 2: Anteil der AkademikerInnen am Personal der Kinder- und Jugendhilfe nach Feldern (2002)

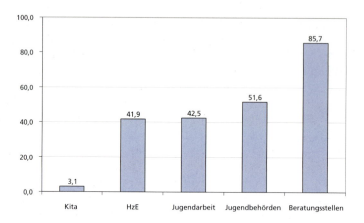

Quelle: Kinder- und Jugendhilfestatistik

Drittens wird, wie gezeigt, deutlich, dass bei den freigestellten Leitungskräften bereits heute ein Anteil von im Bundesschnitt fast 16 Prozent ein Hochschulstudium absolviert hat, dass dieser Anteil jedoch – *viertens* – mit Blick auf die einzelnen Bundesländer ausgesprochen unterschiedlich ausfällt.

Allein diese wenigen Zahlen und Kennwerte geben mit Blick auf den Arbeitsmarkt wichtige Hinweise zur Frage der künftigen Gestalt einer Fachkraftausbildung diesseits und jenseits der Akademisierungsschwelle, die bislang in der Diskussion jedoch kaum eine Rolle spielen. Die Beobachtung der faktischen Entwicklungen auf dem Arbeitsmarkt sollte deshalb sehr viel mehr in die Entscheidungsprozesse hinsichtlich der künftigen Fachkraftausbildung einbezogen werden.

2 Die Lage und Situation der sozialen Ausbildungen

In Deutschland gibt es im Feld der sozialen Berufe ein etabliertes Ausbildungssystem, dessen Wurzeln mehr als 150 Jahre zurückreichen (vgl. Rauschenbach 2005). Von den KinderpflegerInnen und SozialassistentInnen an den Berufsfachschulen über die ErzieherInnen an den Fachschulen/Fachakademien bzw. den Diplomstudiengang der Sozialpädagogik/Sozialarbeit – inzwischen an immer mehr Standorten vereinheitlicht zum Studium der »Sozialen Arbeit« – an den Fachhochschulen bis hin zu den erziehungswissenschaftlichen Diplom- und Magisterstudiengängen an den Universitäten haben sich ein ebenso zahlenmäßig beachtliches Ausbildungsvolumen wie eine typologisch differenzierte Ausbildungslandschaft entwickelt, die sich aus der Innensicht stärker voneinander abgrenzt, als es von außen den Anschein hat. Dahinter verbergen sich nach wie vor ungelöste Probleme eines nicht geklärten Verhältnisses zwischen einer sachlich angemessenen Binnendifferenzierung einerseits und einer unvermeidlichen gegenstandsbezogenen Überlappung dieser Ausbildungen andererseits, also zwischen einer, wenn man so will, sachlich entspannten Ergänzung und einer keineswegs unproblematischen Verdrängung verschiedener Qualifikationsprofile.

Zugespitzt lässt sich mit Blick auf die gegenwärtige Lage formulieren: Derzeit beanspruchen immerhin *drei soziale Ausbildungen* – auf unterschiedlichem Niveau, an unterschiedlichen Ausbildungsorten, mit einer unterschiedlichen Ausbildungsphilosophie, einer differierenden berufspraktischen Ausrichtung sowie einem disparaten Wissenschaftsbezug –, *gleichermaßen* für eine selbstständige Tätigkeit in den sozialpädagogischen Arbeitsfeldern zu qualifizieren. Und alle drei Ausbildungen können sowohl auf der Ebene des Ausbildungs- als auch des Beschäftigungssystems als relativ etabliert bezeichnet werden. In den über 360 Fachschulen für Sozialpädagogik beginnen gegenwärtig pro Jahr schätzungsweise 12.000 bis 15.000 junge Menschen – fast durchgängig Frauen – eine Ausbildung zur ErzieherIn, an den über 60 Fachhochschulstandorten tun dieses etwa 10.000 bis 12.000 StudienanfängerInnen im Diplomstudiengang Sozialarbeit/Sozialpädagogik/Soziale Arbeit. Und an den Universitäten schreiben sich derzeit pro Jahr rund 4.000 AnfängerInnen in den Diplomstudiengang Erziehungswissenschaft neu ein (vgl. ebd). In drei verschiedenen Ausbildungsvarianten, an drei Orten, auf drei Ausbildungsniveaus beginnen mithin jährlich etwa 30.000 junge

Menschen eine Ausbildung, deren Ziele, Inhalte und Perspektiven weitaus ähnlicher sind, als dies viele wahrhaben wollen.

Vor dem Hintergrund dieser Ausgangslage wird nun eine Debatte um die Neuformatierung der ErzieherInnenausbildung eröffnet. Wo kann, wo soll diese Reise hingehen? Diese Frage beschäftigt die Fachöffentlichkeit seit nunmehr drei Jahrzehnten mit Blick auf die Auseinandersetzung um Höhenlage und Status dieses Qualifikationsprofils innerhalb der Ausbildungspyramide sowie in Hinblick auf die konzeptionelle und didaktisch-curriculare Gestaltung des Bildungsgangs (vgl. Beher u.a. 1999). Die Uneindeutigkeiten hinsichtlich der Positionierung dieses Ausbildungs- und Berufsprofils auf dem Arbeitsmarkt sind auch darauf zurückzuführen, dass die noch heute gültigen Grundstrukturen der ErzieherInnenausbildung zu einem Zeitpunkt geschaffen wurden, als sozialpädagogische Studiengänge an Fachhochschulen und Universitäten noch gar nicht in Sicht waren und infolgedessen im Ausbildungskonzept als alternative, konkurrierende Qualifizierungswege auch gar nicht berücksichtigt werden konnten – weder inhaltlich, noch strukturell –, was nicht zuletzt als »Erblast« bis heute mittransportiert wird (etwa hinsichtlich der Frage der vertikalen Durchlässigkeit; vgl. auch Rauschenbach u.a. 1995).

Die skizzierte neue Dynamik, die mit der losgetretenen Debatte um die Anhebung der ErzieherInnenausbildung auf Fachhochschulniveau sowie der Etablierung entsprechender Bachelorstudiengänge in Gang gekommen ist – und mit dem Kürzel »Akademisierung« umschrieben werden kann –, könnte langfristig die Landschaft der sozialen Ausbildungen insgesamt – und damit nicht nur die ErzieherInnenausbildung – inhaltlich und quantitativ grundlegend verändern. Diesbezüglich scheinen mir aber viele Fragen noch ungeklärt zu sein, völlig unabhängig von der Qualität, die die jeweilige Ausbildung vor Ort hat:

1. Derzeit ist eine Ausbildungsdebatte zu beobachten, die in ihrem Ursprung und ihren Bezügen relativ losgelöst ist von den Erfordernissen des Berufsfeldes, den Regeln des Arbeitsmarktes sowie den Interessen der Träger. Vielmehr offenbart sich hier eine Debatte, die vor allem *im Ausbildungssystem über das Ausbildungssystem* geführt wird. In gewisser Weise hat dieses Vorgehen im Feld der sozialen Berufe eine lange Tradition, die jedoch in den letzten 25 Jahren aufgrund der anhaltend starken Expansion des entsprechenden Teilarbeitsmarktes keine folgenschweren

Auswirkungen für die Ausgebildeten gehabt hat. Dennoch dürfte gerade zum gegenwärtigen Zeitpunkt das Gespräch mit der Abnehmerseite bzw. der Blick ans Ende der Ausbildungskette ein wichtiges Korrektiv sein, das möglicherweise vor allzu selbstreferenziellen Argumentationslinien und einem uninformierten Tunnelblick der Ausbildungsstätten schützen kann. Viele Fragen würden sich anders, neu stellen, wenn man diesen Kontext systematisch beachtet.

2. In Deutschland existieren etablierte Systeme von Fachschulen, Fachhochschulen und Universitäten, die bis auf wenige Ausnahmen bislang nicht sonderlich stark miteinander im Austausch standen und sich deshalb auf ihr jeweiliges Kerngeschäft der Ausbildung der ErzieherInnen, der SozialpädagogInnen/SozialarbeiterInnen und der Diplom-PädagogInnen konzentriert haben. Diese friedliche Koexistenz könnte bald vorbei sein. Denn, so ist in zwei Richtungen zu fragen: Was würde eigentlich – zum einen – aus den Fachschulen, wenn die Ausbildung der ErzieherInnen komplett an die Hochschulen verlagert würde? Würden diese einfach nach und nach aufgelöst? Oder aber in das Hochschulgefüge überführt, etwa über eine Art Zwischenschritt, analog zu den ehemaligen höheren Fachschulen in den 1950er- und 1960er-Jahren? Würden diese also nur ein Stockwerk höher ziehen? Und was würde – zum anderen – im Fall der massenhaften Aufwertung der Fachschulen zu Hochschulen eigener Art eigentlich aus den bisherigen sozialpädagogischen Ausbildungen an den Hochschulen werden? Überschneidet sich die neue Ausbildung nicht zu erheblichen Teilen mit dem, was in einem Sozialpädagogik-Studium an den Fachhochschulen schon immer hätte vorkommen müssen? Wäre es infolgedessen nicht ungleich konsequenter, die vorhandenen Hochschulausbildungen um einen dezidiert frühpädagogischen Schwerpunkt zu ergänzen? Entstehen hier gegenwärtig nicht weitere Parallelstrukturen mit völlig ungeklärten Folgen (vgl. Rauschenbach 2006b)? Auch diese Fragen müssen beantwortet werden, wenn man nicht billigend folgenreiche, ungeplante Nebenwirkungen in Kauf nehmen will.

3. Mit den Fachschulen und den Fachhochschulen gibt es derzeit zwei große Ausbildungsgänge auf verschiedenen Niveaus, die beide die Qualifizierung sozialpädagogischer Fachkräfte zum Ziel haben (die sich zugegebenermaßen auf dem Arbeitsmarkt

jeweils etwas anders platzieren). Wie lassen sich Unterschiede und Trennlinien ziehen, wenn wir beide Ausbildungen auf ein- und demselben Niveau konzipieren? Werden dann – in der Konsequenz – die ErzieherInnen auf FH-Niveau nicht automatisch wieder zu einer neuen Kindergärtnerin, zu einer Fachfrau mit eingeschränktem Aufgabenfeld und einem eingeschränkten Zielgruppenalter (obgleich – wie erwähnt – immerhin ein Drittel der ErzieherInnen außerhalb dieses Bereichs arbeitet)? Sofern jedoch die breite Qualifikation einer sozialpädagogischen Fachkraft die Zielsetzung bleibt: Worin wird dann der wesentliche konzeptionelle Unterschied zu den gegenwärtigen FH-Abschlüssen in Sozialpädagogik liegen? Werden diese als Restgröße dann wieder zu einer modernen Form der HeimerzieherInnen oder JugendleiterInnen?

4. Pro Jahr gibt es bereits etwa 10.000 bis 12.000 FH-AnfängerInnen im Bereich der Sozialen Arbeit, 6.000 AnfängerInnen im Diplomstudiengang Erziehungswissenschaft[3] sowie etwa 12.000 AnfängerInnen bei den ErzieherInnen (und von diesen besitzt immerhin ein Anteil von rund 20 Prozent, also etwa weitere 2.500 junge Menschen, eine Hochschulzugangsberechtigung). Mit Blick auf das generelle Potenzial der ausbildungswilligen jungen Menschen mit Hochschulzugangsberechtigung bleibt zu fragen, ob sich dieser Kreis der jährlichen Neuzugänge für diesen Bereich noch weiter steigern lässt oder ob damit nicht zwangsläufig Verdrängungseffekte zwischen den einzelnen Abschlüssen einsetzen? Wie wahrscheinlich ist es also, dass sich im Falle einer kompletten Transformation der ErzieherInnenausbildung in das Hochschulsystem für alle drei Ausbildungsgänge eine genügend große Zahl interessierter junger Menschen mit einer Hochschulzugangsberechtigung findet? Und schließlich: Darüber nachzudenken wäre auch, wie sich ein solches verändertes akademisches Studienangebot zum Lehramtsstudium für Grund- und Hauptschulen verhält, für das sich bislang jährlich ebenfalls etwa 12.000 junge Menschen entscheiden. Ist nicht möglicherweise auch diesbezüglich eine gewisse Konkurrenz bzw. gegenseitige Verdrängung zu befürchten? Unter dem Strich heißt das doch, dass es im Falle einer Anhebung einen Mehrbedarf von knapp

---

3 Von den AnfängerInnen des universitären Diplomstudiengangs studieren ca. 40–50% die Studienrichtung Sozialpädagogik. Zusätzlich kommen jährlich noch einmal etwa 3.500 AnfängerInnen eines Magisterstudiengangs mit Hauptfach Erziehungswissenschaft hinzu.

10.000 jungen Frauen und Männern mit Hochschulzugangsberechtigung gäbe, die zusätzlich für dieses Fach gewonnen werden müssten, sofern man sich nicht gegenseitig Konkurrenz machen will. Das wäre immerhin ein Mehrbedarf von noch einmal 40 Prozent des heutigen Potenzials, also eine gewaltige Größenordnung.

Modellversuche und Einzelstandorte dürften die derzeitige Ausbildungslandschaft noch nicht nachhaltig verändern. Es dürften aber die strukturellen Auswirkungen, die allein die systematische und flächendeckende Verlagerung der Ausbildung von ErzieherInnen für das gesamte Ausbildungssystem bis in die Universitäten hinein nach sich zieht, zu einer ganz neuen Gewichtung der Ausbildungsinstitutionen und der Qualifizierenden führen.

Der Gedanke der strukturellen Auswirkungen einer »Akademisierung« der Ausbildung soll an dieser Stelle nicht weiter vertieft werden. Stattdessen soll abschließend der Blick weg von der »Akademisierung« im Ausbildungssystem, hin zu einer kompetenzerweiternden »Professionalisierung« gewendet werden. Erkenntnisleitend ist dabei die schlichte Annahme, dass der bloße Statuswechsel hin zu einer akademischen Ausbildung noch nichts über mögliche neue Inhalte und tatsächlich erweiterte Kompetenzen der Ausgebildeten verrät.

3 Inhaltliche Konzeptionen sozialer Ausbildungen – Anforderungen an eine reformierte Ausbildung

Wenn man von Ausbildungsreformen im Allgemeinen und von Reformen der ErzieherInnenausbildung im Speziellen spricht, dann scheint – auch im Lichte der Debatte nach PISA und der OECD-Kritik – die Frage allein nach dem Ort der Ausbildung zu kurz gegriffen. Es geht nicht primär um die Frage, *wo* qualifiziert wird (wenngleich dies unter sozialen Anerkennungs- und Statusaspekten keineswegs trivial ist), sondern vielmehr *wie* qualifiziert wird, also *wie* man eine soziale Ausbildung konzipiert, die die AbsolventInnen in die Lage versetzt, den komplexer werdenden Anforderungen der öffentlichen Organisation des Sozial- und Bildungswesens sowie einer bildungsrelevanten Kleinkindförderung besser gerecht zu werden. Das ist eine Frage, die alle Ausbildungen beschäftigen muss, egal auf welchem Ausbildungsniveau.

Um aber bei den ErzieherInnen zu bleiben: Es geht bei der Reform um eine Weiterentwicklung des Professionalisierungskonzeptes im Sinne einer neuen Fachlichkeit, vor allem um eine Weiterentwicklung des Qualifizierungsprofils, d.h. um die Identifizierung ausbildungsbezogener Themen- und Aufgabenbereiche, um die Entwicklung und Förderung fachspezifischer Kompetenzen, vielleicht auch um eine Neukombination theoretisch-reflexiver und wissensbasierter Elemente mit praktischen bzw. erfahrungsbasierten Anteilen, um die Integration von Wissen und Können, von Erfahrung, Habitus und Kompetenz in der Ausbildung – soweit dies Ausbildungen überhaupt leisten können (vgl. Beher u.a. 1999). Dabei wäre dann zu diskutieren, was pädagogisch-soziale Fachkräfte – und hierzu gehören dann auch die Fachkräfte für Kindertageseinrichtungen – in den bestimmten Handlungsfeldern wissen und können müssen, und welche grundlegenden Inhalte und Studienelemente dementsprechend in der Ausbildung verstärkt werden sollten. Dieses wäre ein erweitertes Verständnis einer Debatte um eine sachgerechte Professionalisierung von ErzieherInnen – und solche Fragen, bei denen inhaltliche Punkte vor den Statusfragen rangieren, gehören ins Zentrum entsprechender Ausbildungsreformen (vgl. Rauschenbach 2006a).

Dabei geht es – idealtypisch – um eine Neukombination von Elementen der gegenwärtigen ErzieherInnen-Ausbildung (etwa die Ebene der »Begegnung mit dem Kind«, also soziale und personale Performanz) mit Elementen des gegenwärtigen Sozialpädagogik-Studiums (z.B. soziales Kontextwissen, Reflexivität, Beobachtungs- und Deutungsmusterkompetenz) sowie mit stärker didaktischen Komponenten, wie sie in einem Lehramtsstudium für die Primarstufe enthalten sind. Es geht also, wenn man so will, um einen neuen Fachkraft-Typus in einer Mischung aus ErzieherIn, Sozialpädagogin/Sozialpädagoge und LehrerIn.

Auf diese Weise wäre ein Weg beschritten in ein *integriertes und vermutlich auch ortsunabhängiges, modularisiertes Ausbildungskonzept*, das die verschiedenen Elemente, die verschiedenen Traditionen und Kompetenzkoordinaten in den diversen Ausbildungen miteinander verzahnt und trotzdem Gewichtungen und Schwerpunktsetzungen zulässt. Damit wäre im Kern an ein integriertes *Gesamtkonzept* pädagogisch-sozialer Ausbildungen zu denken, die damit nicht noch stärker in eine kontraproduktive Konkurrenz zueinander treten, sondern deren jeweilige Stärken miteinander verschränkt werden. Mit diesem Plädoyer soll keiner neuen Superausbildung und auch keiner Profillosigkeit und Diffusität in Form einer konturenlosen generalistischen sozialen Gesamtausbildung das Wort geredet werden, da ein integratives Modell allemal die Chance böte, über Studienschwerpunkte, Vertiefungsmöglichkeiten und spezialisierte Studienabschlüsse eigenständige Profile aufzubauen bzw. zu erhalten (ohne dass allerdings in unkoordinierten Ausbildungen und voneinander abgeschotteten Fachkräfteteams jedes Mal das Rad neu erfunden wird). Gleichwohl wäre eine gewisse Einheitlichkeit dieses Modells über die verschiedenen Standorte und fachlichen Diversifikationen hinweg eine Voraussetzung, damit eine solche Akzentuierung je nach Standort nicht zu einer lokalen Spezialvariante wird, die auf dem Arbeitsmarkt und für die Anstellungsträger kaum einen Wiedererkennungswert mehr hätte.

Inhaltlich scheint dabei eine *Tätigkeitsorientierung* eine wichtige Bezugsgröße für eine Reform der diversen Qualifikationen zu sein – nicht als naive Arbeitsmarktanpassung und auch nicht als bloßer Erfüllungsgehilfe einer wie auch immer gearteten Trägerpraxis, sondern als ein an Fachlichkeit und »guter Praxis« ausgerichtetes Profil (vgl. ausführlich Beher u.a. 1999; Rauschenbach 2006a). Übergreifende Dimensionen eines solchen Qualifikationsprofils liegen dabei sowohl auf der Ebene personaler Kompetenzen (also dem Personenbezug von Dienstleistungsberufen) als auch auf der Ebene der Kompetenzen, die stärker für organisationsbezogene Aufgaben notwendig sind, sich also an den sachbezogenen Anteilen einer guten Dienstleistungsarbeit ausrichten.

Allerdings, und an diesem Punkt wären Unterschiede und Gemeinsamkeiten der verschiedenen Schwerpunkte und Arbeitsfelder dann sehr deutlich zu formulieren, erfordert dabei die Förderung von Kindern und Jugendlichen vor, in und neben der Schule (wozu auch die Ganztagsschule gehört) – wenn diese Förderung künftig stärker als ein eigenständiges Bildungsprojekt konzipiert wird (und eben nicht nur als Freizeit und Betreuung) – sowohl auf der organisatorischen als auch der personenbezogenen Ebene der Arbeit mit den Kindern auch entsprechende Kompetenzen. Für diese reicht weder ein klassisch schul- bzw. unterrichtsbezogenes noch ein bildungsindifferentes sozialpädagogisches Verständnis aus. Es muss vielmehr ein dezidiert erweitertes Bildungsverständnis (vgl.

BMFSFJ 2005) zugrunde gelegt werden – und kann eben deshalb nicht nur als Kopie einer GrundschullehrerInnenausbildung oder eines Sozialpädagogikstudiums bisheriger Art angelegt sein.

In diesem Sinne müsste das Besondere dieser vor- und außerschulischen Formen des Lernens von Kindern berücksichtigt werden, d. h. die vielen ungeplanten und spontanen Lernsituationen, das Unterstützen von situativem Lernen, Gelegenheitslernen. Es geht dabei um eine stärker selbstentdeckende Weltaneignung durch Kinder, also um ein spielerisches, altersgerechtes, »entdeckendes Lernen«, wobei es nicht nur um Vermittlung von Inhalten geht (das aber auch!), sondern zugleich um die Entwicklung der Fähigkeit eigenständiger Auseinandersetzung mit der »Welt« – und dies insbesondere bei Kindern und Jugendlichen aus bildungsfernen Milieus. Dieses erfordert möglicherweise neue und andere Inhalte in der Ausbildung entsprechender Fachkräfte, erfordert vielleicht auch neue Formen reflexiven Lernens und Wissensaneignung in den entsprechenden Ausbildungen. Dass davon in der Folge dann auch wieder die Schule bzw. die Ausbildung für das Lehramt profitieren könnte, wäre eine durchaus erwünschte, positive Nebenwirkung einer dementsprechenden Ausbildungsreform.

4   Ausblick

Dies kann alles gewollt, alles für gut gehalten werden. Nichtsdestotrotz steht am Ende wieder einmal die Frage nach dem *lieben Geld* im Raum. Der Frage, ob das nicht alles Utopie, Wunschdenken im Lichte leerer Kassen ist, kann zumindest damit begegnet werden – sehr pauschal und abgekürzt formuliert –, dass eine Verlagerung der Ausbildung an eine Fachhochschule oder Universität für sich genommen, so ein Befund einer Expertise zum 12. Kinder- und Jugendbericht (vgl. BMFSFJ 2005), nicht teurer als die bisherigen Ausbildungen wäre (vgl. Pasternack/Schildberg 2005). Und die möglichen Folgekosten auf Seiten des Arbeitsmarktes halten sich ebenfalls in Grenzen, fallen entweder kurzfristig gar nicht an (bzw. nur im Zuge von Neueinstellungen) oder werden durch den Rückgang der Kinderzahlen, bezogen auf die Gesamtausgaben, sogar aufgefangen, weil dann weniger Plätze und weniger Personal benötigt würden. Wenn man zudem die Umstellung vorerst auf jene Personen beschränkt, die in der Kindertagesbetreuung Leitungsaufgaben übernehmen, sei es als Gruppen- oder als Einrichtungsleitung, dann wären das gegenwärtig lediglich knapp 50 Prozent bzw. 170.000 der erwerbstätigen Fachkräfte. Beschränkt man sich als allererste Zielgröße allein auf die *freigestellten* Leitungskräfte, so schrumpft dieser Wert nochmals: bundesweit auf eine Größenordung von ca. 20.000 Personen – gemessen am gesamten Feld eine überschaubare Größe für einen Einstieg in den Aufstieg. Bei einem generationsbedingten Austausch würde sich dabei – verteilt auf einen Berufszyklus von 25 bis 30 Jahren – ein jährliches Potenzial zwischen 700 (nur bei freigestellten Leitungskräften) und 6.000 Personen (inclusive der Gruppenleitungen) ergeben.

Allein die Mehrkosten von ein oder zwei Gehaltsstufen wären bei dieser Größenordnung keine unüberwindbare Hürde. Man muss somit die Anhebung politisch und fachlich zuallererst wollen. Profil und Inhalt einer modernisierten Ausbildung müssten dabei allerdings Vorrang vor Status- und Gehaltsfragen haben. Es bliebe dann allein noch die kleine Frage nach dem *Wie*. Und dabei geht es dann um weit mehr als nur um die Zukunft der bisherigen ErzieherInnenausbildung.

5 Literatur

Beher, Karin/Hoffmann, Hilmar/Rauschenbach, Thomas (1999): Das Berufsbild von ErzieherInnen. Von der fächerorientierten zur tätigkeitsorientierten Ausbildung. Berlin

Bundesministerium für Familie, Senioren, Frauen und Jugend (BMFSFJ) (2005): Zwölfter Kinder- und Jugendbericht. Bildung, Betreuung und Erziehung vor und neben der Schule. Bundestagsdrucksache 15/6014. Berlin

Deutsches PISA-Konsortium (Hrsg.) (2001): PISA 2000, Basiskompetenzen von Schülerinnen und Schülern im internationalen Vergleich. Opladen

GEW (2005): Erzieherinnenausbildung an die Hochschule. Der Anfang ist gemacht. Darmstadt

Oberhuemer, Pamela/Ulich, Michaela (1997): Kinderbetreuung in Europa, Tageseinrichtungen und pädagogisches Personal. Eine Bestandsaufnahme in den Ländern der Europäischen Union. Weinheim/Basel

OECD (2004): Die Politik der frühkindlichen Betreuung, Bildung und Erziehung in der Bundesrepublik Deutschland. Paris

Pasternack, Peer/Schildberg, Arne (2005): Die finanziellen Auswirkungen einer Akademisierung der ErzieherInnen-Ausbildung. In: Sachverständigenkommission Zwölfter Kinder- und Jugendbericht (Hrsg.): Entwicklungspotenziale institutioneller Angebote im Elementarbereich. Materialien zum Zwölften Kinder- und Jugendbericht. Band 2. München, S. 9–133

Rauschenbach, Thomas (2006a): Rahmencurriculum »Frühkindliche Bildung«. Aus: www.profis-in-kitas.de vom 10.5.2006

Rauschenbach, Thomas (2006b): Akademisierung der Erzieherinnenausbildung. Erscheint in: Lingenbauer, Sabine (Hrsg.): Handlexikon der Integrationspädagogik. Band 1: Kindertageseinrichtungen. Bochum/Freiburg

Rauschenbach, Thomas (2005): Ausbildung/Ausbildungen. In: Kreft, D./Mielenz, I. (Hrsg.): Wörterbuch Soziale Arbeit, 5. Auflage. Weinheim/Basel, S. 107–114

Rauschenbach, Thomas/Beher, Karin/Knauer, Detlev (1995): Die Erzieherin. Ausbildung und Arbeitsmarkt. Weinheim/München

Professionalisierung durch Akademisierung?
Erkenntnisse aus der Geschichte der Lehrerbildung[1]

Klaus-Peter Horn

1	Zur Geschichte der Volksschullehrerausbildung	36
2	Akademisierung – eine Erfolgsgeschichte?	40
3	Fazit	43
4	Literatur	44

---

1 Um Literaturnachweise ergänzte und überarbeitete Fassung des Vortrages auf der Fachtagung des Deutschen Jugendinstituts e.V. »Reform oder Ende der ErzieherInnenausbildung? Akademisierung – Professionalisierung – Aufgabenorientierung« am 8./9. Dezember 2004 in München.

Überblickt man die Presse der letzten Wochen, so kommt man an dem OECD-Report zur Qualität der frühkindlichen Bildung und Erziehung in Europa und speziell in Deutschland nicht vorbei. Thema ist auch in diesem Bericht immer wieder die ErzieherInnenausbildung in Deutschland, die als unzureichend bezeichnet wird. Gefordert wird eine Anhebung des Ausbildungsniveaus, eine Angleichung an die hochschulische Ausbildung, um die gleichberechtigte Beziehung zwischen frühkindlichen Bildungs- und Erziehungseinrichtungen und Schulen zu fördern. Zugleich wird mit dieser Angleichung des Ausbildungsniveaus eine Professionalisierung des Personals angestrebt, um dessen Überforderung abzubauen (vgl. FAZ 2004; Otto/Spiewak 2004).

Ein Hauptproblem bei der Ausbildung der ErzieherInnen in Deutschland wird darin gesehen, dass diese Ausbildung auf Fachschulebene angesiedelt ist, also häufig nur einen Realschulabschluss als Zugangsbedingung voraussetzt (Rauschenbach u.a. 1995; Thiersch u.a. 1999; Beher/Rauschenbach 2002). Dem steht die Forderung einer Akademisierung der ErzieherInnenausbildung nach dem Vorbild anderer europäischer Länder gegenüber, die weitreichende Folgen mit sich brächte.

Damit bin ich bei den Problemen, die auch in der Geschichte der Volksschullehrerausbildung zentral gewesen waren. Ich werde im Folgenden zunächst einen kurzen Abriss der Entwicklung der Volksschullehrerausbildung geben, um im zweiten Teil des Beitrages auf Probleme aufmerksam zu machen, die sich aus der letztlich erfolgreichen Akademisierung der Volksschullehrerausbildung ergeben haben – und die sich wahrscheinlich auch in einem Prozess der Akademisierung der ErzieherInnenausbildung einstellen werden.

1 Zur Geschichte der Volksschullehrerausbildung

Nach ersten Ansätzen in der Mitte des 18. Jahrhunderts kam es in Deutschland erst zu Beginn des 19. Jahrhunderts zu einer halbwegs geregelten Ausbildung der Elementarschullehrer (vgl. Horn 2002). Vor allem in Preußen und in anderen mittel- und norddeutschen Ländern wurden um 1800 mehrere Lehrerseminare gegründet, in denen künftige Elementarschullehrer ausgebildet wurden. 1809 wurde das Seminar auch in Bayern zur Regelausbildungsstätte für die künftigen Volksschullehrer. In Preußen bestanden allerdings im

Jahre 1825 gerade einmal 28 Lehrerseminare, was angesichts der großen Zahl von Schulen und der für sie benötigten Lehrer deutlich zu wenig war. Die Kapazität der Lehrerseminare reichte bei Weitem nicht aus, um alle diese Schulen mit ausgebildeten Lehrkräften zu versorgen.

Etwa 100 Jahre nach der Gründung der ersten Lehrerseminare, im Jahre 1848, kam es auf der »Tivoli-Versammlung« in Berlin u.a. zu der Forderung nach der Anbindung der Elementarschullehrerausbildung an die Universität: »Die Lehrerbildungsanstalt ist ein Zweig der Universität und gibt theoretische und praktische Ausbildung ...«, hieß es auf dieser Versammlung als eine Forderung der Lehrer (vgl. Kühn 1990; Kemnitz u.a. 1999). Die Revolution scheiterte und mit ihr auch die Forderungen der Elementarschullehrer nach einer Anhebung der Ausbildung auf Universitätsniveau. Im Gegenteil: Man kann feststellen, dass im Jahr 1854 durch die so genannten Stiehlschen Regulative die theoretisch-pädagogische Ausbildung der künftigen Elementarschullehrer in Preußen auf ganze sechs Wochenstunden im Rahmen einer dreijährigen Ausbildung an einem Lehrerseminar begrenzt wurde, während die praktische Ausbildung an der Übungsschule verstärkt werden sollte. Eine ähnliche Entwicklung ist für Bayern zu konstatieren, wo 1866 das »Normativ über die Bildung der Schullehrer im Königreich Bayern« in Kraft trat, in dem ebenfalls die schulpraktische Ausbildung im Vordergrund stand (vgl. Kemnitz/Ritzi 2005).

Die Seminare und Lehrerbildungsanstalten in Deutschland waren zu dieser Zeit also schon deutlich mit dem Problem der Verknüpfung von Theorie und Praxis konfrontiert. Sie entschieden sich in aller Regel für eine eher praktische Ausbildung, in der die theoretischen Anteile primär im Sinne einer handlungsanleitenden Wissensform zu verstehen waren und weniger als Ergebnis wissenschaftlich-analytischer Forschungstätigkeit. Daran änderten auch die »Allgemeinen Bestimmungen«, die in Preußen 1872 die Stiehl'schen Regulative ablösten, nur wenig. Die pädagogische Ausbildung im Sinne einer pädagogisch fachlichen Ausbildung wurde zwar auf sieben Wochenstunden erhöht, aber gleichzeitig auch der Anteil der Hospitationen und der eigenen Unterrichtsversuche erheblich ausgeweitet. Erst zu Beginn des 20. Jahrhunderts kam es in Preußen zu einer Erhöhung des theoretisch-pädagogischen Teils in der Lehrerausbildung. Der Unterricht in Pädagogik wurde auf neun Wochenstunden, der Unterricht in Fachmethodik bzw. Didaktik auf zehn bis 14 Stunden erhöht, der praktische Anteil (Lehranweisungen und Lehrproben sowie Unterrichten in der Schule) entsprechend etwas reduziert.

Im Jahr 1914 existierten in Preußen insgesamt 204 Lehrerseminare, davon 16 für künftige Lehrerinnen. In den ersten beiden Jahrzehnten des 20. Jahrhunderts wurden auch in den süddeutschen Ländern Baden und Württemberg die ersten Lehrerseminare eingerichtet. In Bayern wurde zur gleichen Zeit die Ausbildungsdauer von zwei auf drei Jahre verlängert. Diese Einrichtungen konnten jedoch dem Lehrermangel, der sich im Volksschulbereich in der zweiten Hälfte des 19. Jahrhunderts erhalten hatte und auch zu Beginn des 20. Jahrhunderts herrschte, nicht abhelfen. Erst nach 1920 kam es im Volksschullehrerbereich dazu, dass die Zahl der Absolventen die Zahl der freien Stellen überstieg.

Im Jahr 1919 ist dann der erste entscheidende Schritt zu einer Akademisierung der Lehrerbildung festzustellen. Art. 143,2 der Weimarer Reichsverfassung legte fest, dass die Lehrerbildung »nach den Grundsätzen, die für die höhere Bildung allgemein gelten, für das Reich einheitlich zu regeln« sei. Die reichseinheitliche Regelung kam jedoch nicht zustande, in den Ländern wurden die Bestimmungen des Art. 143,2 unterschiedlich umgesetzt. Lediglich in der Frage der Vorbildung der künftigen Volksschullehrer einigte man sich darauf, dass als Zugangsberechtigung zur Lehrerausbildung nunmehr das Abitur nötig wurde. Während es in Baden, Bayern und Württemberg weiterhin Lehrerbildungsanstalten bzw. -seminare gab, wurden in Oldenburg pädagogische Lehrgänge und in Anhalt ein Ausbildungsgang an der deutschen Oberschule Köthen eingerichtet. In Preußen wurden Pädagogische Akademien gegründet, während in Braunschweig, Hamburg, Hessen, Sachsen, Mecklenburg, Schwerin und Thüringen die Volksschullehrerausbildung an die Universitäten und Technischen Hochschulen verlagert wurde (vgl. Reble 1958; Beckmann 1968; Weber 1984; Sauer 1987; Blömeke u. a. 2004).

Die preußische Entwicklung, die hier einmal mehr im Vordergrund steht, weil sie am besten erforscht ist, führte ab 1926 zur rigiden Auflösung der Lehrerseminare und zum Aufbau der akademischen Lehrerbildung in Form von Pädagogischen Akademien. Bis 1930 wurden 15 solcher Pädagogischen Akademien gegründet, davon zwei katholische, 12 evangelische und zwei simultane; 14 dieser Pädagogischen Akademien waren für beide Geschlechter zugänglich, eine nur für Männer. An diesen preußischen Pädagogischen Akademien waren im Rahmen der zweijährigen Ausbildung insgesamt 38 Wochenstunden für die theoretische und praktische pädagogische Ausbildung vorgesehen. Bereits 1932 kam es freilich aufgrund der Sparmaßnahmen in Preußen zur Schließung von acht der 15 pädagogischen Akademien; 1933, nach der Machtübernahme der Nationalsozialisten, wurden die verbliebenen Pädagogischen Akademien in Hochschulen für Lehrerbildung umbenannt. Diese Hochschulen für Lehrerbildung wurden 1935 einheitlich im gesamten Deutschen Reich eingeführt, anstelle der früheren Lehrerseminare bzw. Lehrerbildungsanstalten in den süddeutschen Ländern sowie durch Umwandlung der an den Universitäten angelagerten Institute. Um den sich in den 1930er- und frühen 1940er-Jahren abzeichnenden Lehrermangel zu bekämpfen, wurden diese Hochschulen für Lehrerbildung, in denen weiterhin das Abitur Zugangsvoraussetzung war, 1941 in ganz Deutschland in Lehrerbildungsanstalten umgewandelt, das Abitur als Zugangsvoraussetzung entfiel. Der Lehrermangel konnte jedoch auch auf diese Weise nicht behoben werden und überdauerte das Kriegsende bis in die 1970er-Jahre hinein.

In der Sowjetischen Besatzungszone wurden achtmonatige Neulehrerkurse zur Behebung des schlimmsten Lehrermangels eingeführt. In Berlin wurde 1945 zugleich eine für die ganze Stadt zuständige Pädagogische Hochschule aufgebaut. In der Folge kam es in der Sowjetischen Besatzungszone bzw. späteren DDR zum Aufbau von Instituten für Lehrerbildung für die Ausbildung von Unterstufenlehrern, bei denen der Zugang ohne Reifeprüfung möglich war, und von Pädagogischen Instituten bzw. später Pädagogischen Hochschulen für die Ausbildung von Lehrern der anderen Klassenstufen. In den Westzonen wurden ebenfalls Kurzlehrgänge für neue Lehrer und Schulhelfer an den Volksschulen durchgeführt, um den gravierenden Lehrermangel zu bekämpfen. Zugleich wurde anknüpfend an die Institutionen der Weimarer Republik in einigen Bundesländern die akademische Lehrerbildung entsprechend den jeweiligen Regelungen vor 1933 wieder aufgebaut.

Diese akademische, aber nichtuniversitäre Lehrerbildung im Westen Deutschlands wurde immer wieder kritisiert. Im »Gutachten über die Ausbildung der Lehrer an Volksschulen« des deutschen Ausschusses des Erziehungs- und Bildungswesens wurde 1956 gefordert, die Ausbildung der Lehrer für Volksschulen an eigenständigen Pädagogischen Hochschulen in einem sechs Semester umfassenden Studium durchzuführen, verbunden mit einem anschließenden zwei Jahre umfassenden berufspraktischen Vorbereitungsdienst. In der Bundesrepublik waren zu dieser Zeit in Bayern und Baden-Württemberg weiterhin Institute für Lehrerbildung bzw. Pädagogische Institute existent, in Berlin, Bremen, Niedersachsen und Schleswig-Holstein gab es Pädagogische Hochschulen, in Nordrhein-Westfalen und Rheinland-Pfalz wurden die äquivalenten Einrichtungen Pädagogische Akademien genannt. Für die Zulassung zur Ausbildung war in der Regel das Reifezeugnis nötig. Zwei Jahre nach dem Gutachten des Deutschen Ausschusses wurden 1958 verschiedene Lehrerbildungsgesetze erlassen, in denen die Forderungen aus diesem Gutachten umgesetzt wurden. Die Kritik an der Separierung der Volksschullehrerausbildung in eigenständigen Hochschulen riss aber nicht ab, wobei sich Lehrerverbände und akademische Erziehungswissenschaft zusammenfanden. Seit den späten 1960er-Jahren kam es daher in allen Bundesländern bis auf Baden-Württemberg zur Auflösung der Pädagogischen Hochschulen bzw. Pädagogischen Akademien bzw. zu ihrer Integration an Universitäten oder zur Neugründung von Universitäten rund um Pädagogische Hochschulen. Hiermit war endgültig die volle Akademisierung der Volksschullehrerbildung erreicht, studieren seitdem doch – außer in Baden-Württemberg – künftige Lehrerinnen und Lehrer für die Grund-, Haupt- und Realschule gemeinsam mit den künftigen Studienräten an den Universitäten, wenngleich die Studiengänge bei genauerem Hinsehen doch zum Teil Unterschiede aufwiesen und aufweisen, ein Sachverhalt, der zurzeit durch die Debatten um die Einführung von Bachelor- und Master-Studiengängen an den Hochschulen wieder deutlich wird.

2 Akademisierung – eine Erfolgsgeschichte?

Überblickt man die Geschichte der Volksschullehrerausbildung im Hinblick auf die Frage nach der Akademisierung, dann kann man zumindest eines feststellen: Man braucht einen langen Atem! Beginnend im 18. Jahrhundert, kommt die Volksschullehrerausbildung tatsächlich erst in der zweiten Hälfte des 20. Jahrhunderts in den Universitäten an. Die ersten Ausbildungseinrichtungen entsprachen allenfalls Fachschulen, der nächste Schritt bestand in einer Aufwertung zu Pädagogischen Akademien/Hochschulen im Rang von Fachhochschulen, und erst mit der endgültigen Auflösung der Pädagogischen Hochschulen bzw. deren Integration in Universitäten war die Volksschullehrerausbildung akademisch – im vollen Sinne des Wortes – eine Erfolgsgeschichte von langer Dauer.

Allerdings muss man in dieser Erfolgsgeschichte ein paar Merkpunkte noch einmal hervorheben: Die immer noch bestehenden Unterschiede der Ausbildung konterkarieren die Erfolgsgeschichte zum einen in der Weise, dass aufgrund der kürzeren Studiendauer eine besoldungsrechtliche Angleichung der GrundschullehrerInnen an die höheren LehrerInnen nicht gegeben ist. Ein Gleichgewicht bzw. eine Gleichgewichtung zwischen den Studiengängen für die verschiedenen Lehrämter ist an den Universitäten also nicht vorhanden. Als Zweites ist zu fragen, wie sich die Ausbildung verändert bzw. ob sich deren Qualität verändert, gar verbessert hat. Diese Frage ist mindestens aus zwei Perspektiven zu beantworten, und zwar aus der Sicht der Ausbilder und aus der Sicht der Auszubildenden. Interessanterweise haben bis heute beide Gruppen an den Ausbildungsformen ihre Kritik, die offenbar auf Dauer gestellt ist. Diese Kritik bezieht sich auch auf den professionellen Status der Ausgebildeten. Bilden die Lehrer eine Profession? Zu dieser Frage gibt es eine Reihe von Abhandlungen, die hier nicht wiederholt werden sollen (vgl. Tenorth 1977; Combe/Helsper 1996; Apel u.a. 1999; Bauer u.a. 1999; Jaumann-Graumann/Köhnlein 2000; Terhart 2001; Combe/Helsper 2002; Lemmermöhle/Jahreis 2003). Aus einer soziologischen Perspektive muss allerdings festgehalten werden, dass die Lehrer im Verhältnis zu den klassischen Professionen (Mediziner, Juristen und Theologen) eben nur eine Semi-Profession darstellen, denn einiges von dem, was die »richtigen« Professionen auszeichnet, gibt es bei den Lehrern nicht (z.B. eine eigene Berufsgerichtsbarkeit). Anders sieht es möglicherweise aus, wenn man nicht von Profession im soziologischen Sinne, sondern von Professionalität im Sinne des beruflichen Handelns spricht. Hier mag man zu dem Schluss gelangen, dass die Lehrerausbildung durchaus die richtigen Kompetenzen vermittelt. Aber ist dies tatsächlich der Fall? Oder werden angehende LehrerInnen erst in der Praxis professionalisiert?

Um diesen Fragen nachzugehen, muss man die ganze Geschichte vom anderen Ende her aufzäumen, also als systematisches Problem bearbeiten. Mit der Gründung der ersten Institutionen für die Ausbildung von Lehrerinnen und Lehrern wurde die Problematik der Differenz von Theorie und Praxis zu einer praktisch belangvollen Problematik. Hatten die Lehrer früherer Jahrhunderte entweder quasi naturwüchsig oder durch Nachahmung das »Handwerk« erlernt, wurden sie also in der Praxis durch die Praxis für die Praxis ausgebildet – wie gut oder schlecht auch immer –, so wurden die neuen LehrerInnen in ihrer Ausbildung mehr und mehr von dieser ursprünglichen Praxis entfernt. In den Lehrerseminaren des 19. Jahrhunderts waren noch ganze Tage des Wochenpensums für den Aufenthalt in der Seminarübungsschule reserviert, zum Hospitieren, Beobachten, Hilfestellung-Leisten oder gar zum eigenen Unterrichten. Im 20. Jahrhundert hingegen wurde diese Form der Ausbildung weitgehend abgeschafft zugunsten einer eher theorieorientierten Studienausbildung, so dass man am Ende gezwungen war, auch für die Volksschullehrer ein Referendariat einzurichten, um den Übergang in die Berufspraxis analog zu dem der Studienreferendare zu regulieren und zu erleichtern.

In dieser ganzen Zeit rissen die Klagen über das bloße Buchwissen und die Praxisferne der Ausbildung nicht ab, ja sie nahmen mit der vollen Akademisierung der Lehrerausbildung eher noch zu. Und diese Klagen haben ja auch ihre Berechtigung – aus systematischen, strukturellen Gründen.

Unterscheidet man deutlich zwischen Theorie und Praxis als zwei unterschiedlichen Modi des Umgangs mit Welt, die verschiedenen Prämissen folgen und unterschiedliche Ziele verfolgen (Wissenschaft ist z. B. orientiert an Wahrheit und Erkenntnis, Praxis am erfolgreichen Handeln), so muss man unweigerlich festhalten, dass die Nähe oder Distanz zu einem Problem, zu einem pädagogischen Problem, sich deutlich unterscheiden. Anders ausgedrückt: Während die Erzieherin/der Erzieher vor dem Kind steht, das etwas will, soll, steht der Theoretiker vor einem theoretisch zu bearbeitenden und zu lösenden Problem, einer Frage der Erkenntnis im Sinne der Frage nach den Bedingungen der Möglichkeit von Erziehung oder Unterricht. Während Praktiker nicht immer explizit machen können, warum sie etwas so und nicht anders getan haben – was ja die bloße Nachahmung beim Erlernen dieser Tätigkeiten so gefährlich macht, wenn die Kontextvariablen sich verändern –, während also Praktiker die Gründe für ihr Handeln oft nicht benennen können, sollten/ müssten Theoretiker die Theoriearbeit in methodisch gesicherter Weise vollziehen und darüber jederzeit auskunftsfähig sein (auch wenn wir alle wissen, dass das nicht immer und überall der Fall ist). Können Praktiker durchaus Regeln für Handlungsweisen ableiten aus ihren eigenen Handlungen, die sie an Adepten weitergeben, lassen sich aus Theorien keine eindeutigen Handlungsanweisungen ableiten.

3 Fazit

In der akademischen Ausbildung steht nun das theoretische Wissen im Vordergrund, allerdings sind die allenthalben vorhandenen Praktika in der Wahrnehmung vieler Studierender, auch mancher Lehrender, von größerer Bedeutung. Dies scheint mir aber eine systematische Verkürzung des Anspruchs der akademischen Ausbildung zu bedeuten. Das systematische, strukturelle Problem der Nichtidentität von Theorie und Praxis kann man auf diese Weise nicht vermeiden, und dies wird die ErzieherInnenausbildung letztlich genauso belasten wie die bisher vorhandenen pädagogischen Studiengänge an den Universitäten.

Das heißt nicht, gegen eine Akademisierung der ErzieherInnenausbildung zu sein; aber es ist ein Plädoyer dafür, die systematisch damit verbundene Problematik im Auge zu behalten, sich nicht dagegen zu immunisieren, indem man ein Universitäts- oder Fachhochschulstudium einführt, das weder eine fundierte theoretische Ausbildung noch den gewünschten Praxisbezug hat, insofern Unzufriedenheit hervorruft und andauernd – vergleiche die aktuelle Debatte um die Reform der Lehrerbildung – reformiert wird, ohne das systematische Problem lösen zu können. Nimmt man das systematische Problem ernst, wird man also kaum umhin können, eine zumindest gedankliche systematische Trennung zweier Phasen zu bedenken, nämlich die Phase der Theorieausbildung in der Universität (oder anderen Hochschulen) und die Phase der Praxiseinführung in Form eines Referendariats, wobei manches von dem, was das Referendariat leisten sollte, durchaus in angeleiteten Praktika vorab geleistet werden kann. Dies kann aber nur gelingen, wenn die Praktika selbst nicht als Zeiten und Orte wahrgenommen werden, an denen man praktisch tätig ist, sondern als Zeiten und Orte, in denen ein wissenschaftlich angeleitetes Beobachten sowie eine theoretische Beurteilung und kategoriale Prüfung von Praxis in der Distanz zum praktischen Handeln geübt wird. Dafür gibt es sicherlich erfolgreiche Vorbilder, doch unabhängig davon muss man festhalten, dass die Akademisierung der Ausbildung auf jeden Fall eine Theoretisierung meint, über deren Folgen man sich im Klaren sein muss.

4 Literatur

Apel, Hans Jürgen/Horn, Klaus-Peter/Lundgreen, Peter/Sandfuchs, Uwe (Hrsg.) (1999): Professionalisierung pädagogischer Berufe im historischen Prozeß. Bad Heilbrunn
Bauer, Karl-Oswald/Kopka, Andreas/Brindt, Stefan (2. Aufl. 1999): Pädagogische Professionalität und Lehrerarbeit. Weinheim/München
Beckmann, Hans-Karl (1968): Lehrerseminar, Akademie, Hochschule. Das Verhältnis von Theorie und Praxis in drei Epochen der Volksschullehrerausbildung. Weinheim/Berlin
Beher, Karin/Rauschenbach, Thomas (2002): Zwischen Reform und Stagnation – Ausbildung und Beruf der Erzieherin in der Diskussion. In: Theorie und Praxis der sozialen Arbeit, 53. Jg., Heft 6, S. 463–470
Blömeke, Sigrid/Reinhold, Peter/Tulodziecki, Gerhard/Wildt, Johannes (Hrsg.) (2004): Handbuch Lehrerbildung. Bad Heilbrunn
Combe, Arno/Helsper, Werner (2002): Professionalität. In: Otto, H.-U./Rauschenbach, Th./Vogel, P. (Hrsg.), Erziehungswissenschaft: Professionalität und Kompetenz. Opladen, S. 29–47
Combe, Arno/Helsper, Werner (Hrsg.) (1996): Pädagogische Professionalität. Untersuchungen zum Typus pädagogischen Handelns. Frankfurt am Main
FAZ (Frankfurter Allgemeine Zeitung) (2004) Nr. 281, S. 4: »Eines der am besten ausgebauten Kinderbetreuungssysteme der Welt«. OECD-Studie (2004): Tiefe Kluft zwischen alten und neuen Bundesländern
Horn, Klaus-Peter (2002): Die Entstehung einer Disziplin. Zur institutionellen Entwicklung der Erziehungswissenschaft in Deutschland. Eine tabellarische Chronik. In: Otto, H.-U./Rauschenbach, Th./Vogel, P. (Hrsg.): Erziehungswissenschaft: Politik und Gesellschaft. Opladen, S. 189–210
Jaumann-Graumann, Olga/Köhnlein, Walter (Hrsg.) (2000): Lehrerprofessionalität – Lehrerprofessionalisierung. Bad Heilbrunn
Kemnitz, Heidemarie/Apel, Hans Jürgen/Ritzi, Christian (Hrsg.) (1999): Bildungsideen und Schulalltag im Revolutionsjahr 1848. Baltmannsweiler
Kemnitz, Heidemarie/Ritzi, Christian (Hrsg.) (2005): Die Preußischen Regulative von 1854 im Kontext der deutschen Bildungsgeschichte. Baltmannsweiler

Kühn, Heidemarie (1990): »Reorganisation der Lehrerbildung!« Lehrerforderungen von 1848 zwischen Vision und Wirklichkeit. In: Pädagogik und Schulalltag, 45. Jg., Heft 9, S. 719–726

Lemmermöhle, Doris/Jahreis, Dirk (Hrsg.) (2003): Professionalisierung der Lehrerbildung. Perspektiven und Ansätze in internationalen Kontexten. Weinheim/München

Otto, Jeannette/Spiewak, Martin (2004): Spielend ein Genie. Nach einer neuen OECD-Studie sind Deutschlands Kindergärten von internationalen Standards immer noch weit entfernt. Die Kleinen lernen zu wenig. Das soll sich ändern. In: Die Zeit, 49, S. 37, 39

Rauschenbach, Thomas/Beher, Karin/Knauer, Detlef (1995): Die Erzieherin. Ausbildung und Arbeitsmarkt. Weinheim/München

Reble, Albert (1958): Lehrerbildung in Deutschland. Ratingen

Sauer, Michael (1987): Volksschullehrerbildung in Preußen. Die Seminare und Präparandenanstalten vom 18. Jahrhundert bis zur Weimarer Republik. Köln/Wien

Tenorth, Heinz-Elmar (1977): Professionen und Professionalisierung. Ein Bezugsrahmen zur historischen Analyse des »Lehrers und seiner Organisationen«. In: Heinemann, M. (Hrsg.): Der Lehrer und seine Organisation. Stuttgart, S. 457–475

Terhart, Ewald (2001): Lehrerprofessionalität: Ein Literaturbericht. In: Ders.: Lehrerberuf und Lehrerbildung. Forschungsbefunde, Problemanalysen, Reformkonzepte. Weinheim/Basel, S. 40–89

Thiersch, Renate/Höltershinken, Dieter/Neumann, Karl (Hrsg.) (1999): Die Ausbildung der Erzieherinnen. Entwicklungstendenzen und Reformansätze. Weinheim/München

Weber, Rita (1984): Die Neuordnung der preußischen Volksschullehrerbildung in der Weimarer Republik. Zur Entstehung und gesellschaftlichen Bedeutung der Pädagogischen Akademien. Köln/Wien

Akademisierung des Personals für das Handlungsfeld Pädagogik der Kindheit

Werner Thole, Peter Cloos

1	Professionalisierung der »ErzieherInnen« – ein Forschungsreport	49
2	Das Profil der ErzieherInnenausbildung	55
3	Anmerkungen zu einigen Grundfragen der Akademisierung der »Pädagogik der Kindheit«	59
4	»Pädagogik der Kindheit« an Universitäten – Konzepte, Studiengänge und -programme	65
5	Professionalisierung der Qualifizierungslandschaft – Ausblick	69
6	Literatur	73

Auf den Tagesordnungen sowohl der politischen als auch der wissenschaftlichen Gespräche und hochschulischen Planungen steht gegenwärtig die Diskussion der Qualifizierungsformen des pädagogischen Personals für vorschulische, bildungsorientierte Handlungsfelder. Die aktuell hohe öffentliche Aufmerksamkeit für Fragen der Akademisierung des Personals für die Handlungsfelder der kindheitsbezogenen Pädagogik hat Thomas Rauschenbach (2005, S. 21) erst kürzlich zutreffend als einen »doppelten italienischen Schwung« durch PISA und Bologna beschrieben. Zum einen rückt über die Diskussion der vorliegenden internationalen Bildungsvergleichsstudien die Forderung nach einer Reform der institutionellen, frühkindlichen Bildung ins Blickfeld. Mit Esprit wird für eine Professionalisierung der Pädagogik in den vorschulischen Einrichtungen geworben. Zum anderen ist dem Bologna-Prozess in Bezug auf die Akademisierung der »ErzieherInnenausbildung« ein entscheidender Impuls zu verdanken. Pointiert lässt sich sogar formulieren, dass der »Wildwuchs des Bologna-Prozesses« die Möglichkeit eröffnet, die lang geforderte Anhebung des Qualifikationsniveaus für ErzieherInnen nun durch die Einführung von neuen Studienprogrammen für das zukünftige Personal in den Bereichen der Pädagogik der Kindheit[1] anzugehen – ohne direkten kultusministeriellen Beschluss und ohne generelle politisch und rechtlich festgelegte Reformabsicht.

Der Beitrag prüft kritisch die Entwicklung zum Stand der Professionalisierung der Handlungsfelder der kindheitsbezogenen Pädagogik. Fokussiert wird dabei die Frage, ob die vorliegenden empirischen Befunde eine Akademisierung des ErzieherInnenberufs beziehungsweise des pädagogischen Personals in Kindertageseinrichtungen stützen (1). Anschließend, nach einem kurzen Rekurs auf die bisherige ErzieherInnenausbildung (2), werden Grundfragen der Akademisierung der Ausbildung für die Pädagogik der Kindheit diskutiert (3) und die bisher erkennbaren Modelle der Implementierung von Studienprogrammen der »Pädagogik der Kindheit« an Universitäten vorgestellt (4). Abschließend werden die Fallstricke und

---

1 Ein allgemeiner Konsens bezüglich der begrifflichen Fassung des hier Gemeinten besteht bislang nicht. Die Initiative »Profis in Kitas« (PiK) der »Robert Bosch Stiftung« schlägt beispielsweise die synonyme Verwendung der Bezeichnungen Früh- und Elementarpädagogik vor, plädiert jedoch gleichzeitig für eine Neuordnung der Qualifizierungslandschaft unter Einbeziehung der Primarpädagogik, also der Kinder bis zehn Jahre. Früh- und Elementarpädagogik schließt jedoch dem bisherigen Verständnis nach diese Altersgruppe nicht mit ein. Um dem Problem zu entgehen, wird in diesem Beitrag der Begriff »Pädagogik der Kindheit« favorisiert. Hierüber wird versucht, einer begrifflichen Verengung aus dem Wege zu gehen, auch weil bisher vorliegende Studiengangs-Konzeptionen mehr als nur frühpädagogische Institution bzw. die »frühe Kindheit« im Blick haben.

Chancen einer »Akademisierung« der Qualifizierungen für diejenigen erörtert, die ein berufliches Engagement in Handlungsfeldern der Pädagogik der Kindheit anstreben (5).

Quer zur Kapitelstruktur wird in dem Beitrag auch der Frage nachgegangen, ob es in den gegenwärtigen Diskussionen tatsächlich um eine Akademisierung der ErzieherInnenausbildung geht oder ob nicht vielmehr der Einstieg angestrebt wird in eine über unterschiedliche teildisziplinäre Zugänge der Erziehungswissenschaft ausgestaltete Implementierung von Studiengängen und -programmen der akademischen Qualifizierung für Tätigkeiten in Kindertageseinrichtungen sowie für andere Felder der Pädagogik der Kindheit – und darüber hinaus die Verfachlichung des Handlungsfeldes der Kindertageseinrichtungen insgesamt.[2] Angesprochen wird zudem auch die Frage nach einer Neuschneidung bisheriger Studiengänge im Sinne einer einheitlichen Qualifizierung für die Handlungsfelder der Elementar- und Primarpädagogik.

1 Professionalisierung der »ErzieherInnen« – ein Forschungsreport

Die empirische Datenbasis über ErzieherInnen und insbesondere über deren Ausbildung ist dünn (vgl. Cloos 1999). Auch wenn einige wenige empirische Studien darüber Auskunft geben, wie ErzieherInnen ihre Ausbildung nachträglich beurteilen (vgl. z.B. Krenz 1993; Strätz 1998; Schlicht 1985), ist kaum bekannt, »wie die Handelnden, insonderheit die Schülerinnen diese Einrichtung erle-

---

2 Negiert respektive übersehen wird gegenwärtig in den öffentlichen Gesprächen über die Akademisierung der Pädagogik der Kindheit zuweilen die schlichte Tatsache, dass lediglich 55% der Beschäftigten in diesem sozialpädagogischen Handlungsfeld auf eine fachschulische Qualifikation verweisen können. Werden die knapp 3% der Beschäftigen mit einem universitären oder fachhochschulischen Abschluss hinzu gerechnet, dann ist festzuhalten, dass lediglich knapp 60% des pädagogischen Personals in Kindertageseinrichtungen auf eine einschlägige, fachlich als hinreichend anzusehende Qualifikation verweisen können. In den westlichen Bundesländern verfügen knapp 18% des Personals in den Kindertageseinrichtungen über keine abgeschlossene pädagogische Qualifikation und 16% lediglich über einen Ausbildungsabschluss als KinderpflegerIn oder SozialassistentIn – mit anderen Worten: Über 40% des pädagogischen Personals in Kindertageseinrichtungen können lediglich auf einen Qualifikationsabschluss unterhalb der Fachschulebene verweisen. Die weitere Verfachlichung und Professionalisierung des Personals in Kindertageseinrichtungen hat diese Realität mit zu reflektieren (vgl. Beher/Gragert 2004). Der Blick auf die Empirie der Qualifikationsstruktur plädiert nachdrücklich dafür, nicht nur für eine weitere Akademisierung, sondern auch und darüber hinaus für die weitere Verfachlichung des Fachschulabschlusses und der Etablierung dieses Abschlusses als Mindestqualifikation für eine Tätigkeit in Kindertageseinrichtungen zu votieren.

ben« (Dippelhofer-Stiem 1999, S. 80) und welche Bedeutung dem in der Ausbildung erworbenen Wissen und Können in der pädagogischen Praxis zugesprochen werden kann. Im Folgenden werden in einem ersten Schritt die Erkenntnisse zumeist quantitativer Studien zu ErzieherInnen zusammengefasst, und in einem zweiten Schritt werden diese Ergebnisse um die Erkenntnisse einer berufsbiografisch angelegten Studie erweitert, um dann schließlich, drittens, die vorliegenden Studien unter Einbeziehung eines direkten ethnografischen Vergleichs mit anderen Berufsgruppen gegenzulesen.

Gegenüber der eigenen Ausbildung, soviel ist den zumeist quantitativen Untersuchungen zu entnehmen[3], tragen ErzieherInnen eine ambivalente Haltung vor. Der ErzieherInnenausbildung wird bezogen auf die Vermittlung von Wissen und Können für die Bewältigung der beruflichen Aufgaben allgemein nur eine mittelmäßige Qualität zugeschrieben. Folgt man den empirischen Ergebnissen von Wassilios E. Fthenakis u.a. (1995), dann geben die ErzieherInnen der Ausbildung insgesamt keine guten Noten. Werden darüber hinaus die vorliegenden Befunde stichwortartig zusammengefasst, dann scheint die ErzieherInnenausbildung vorwiegend auf die »Kernbereiche« erzieherischer Tätigkeit vorzubereiten (1). Ausreichende Wissensressourcen vermag die Ausbildung den AbsolventInnen jedoch durchgängig nicht bereitzustellen (2). Strittig ist auch, ob die fachschulische Qualifikation so etwas wie ein Berufsbewusstsein bei den ErzieherInnen befördern kann (3).

(1) Die FachschulabsolventInnen fühlen sich anscheinend »besonders für die allgemeinen Aufgaben des Berufsalltags gut gerüstet« (Andermann u.a. 1996, S. 149). Die an Fachschulen befragten SchülerInnen geben überwiegend an, dass sie bezogen auf die Allgemein- und Persönlichkeitsbildung »umfangreiche fachliche Kenntnisse« erwerben (Dippelhofer-Stiem 1999, S. 87).[4] Genügend vorbereitet sehen sich die AbsolventInnen von Fachschulen für »die anstehende Kleingruppenarbeit, für die Arbeit mit den Kindern im allgemeinen sowie für die Kooperation mit den KollegInnen« (Dippelhofer-Stiem 1999, S. 87). Je mehr sich die Arbeit von der beruflichen Bewältigung alltäglicher Probleme in der Kindergartengruppe allerdings entfernt, desto

---

3 Zu beachten sind in diesem Kontext auch die Ergebnisse der Analysen zur Ausbildungssituation (vgl. Beher u.a. 1996; Thiersch u.a. 1999).
4 Bemerkenswert ist, dass die berufstätigen ErzieherInnen zu großen Teilen die Persönlichkeitsbildung als wichtigen Aspekt zur Reform der Ausbildung betrachten (vgl. Fthenakis u.a. 1995, S. 180f.).

unvorbereiteter fühlen sich die AbsolventInnen. Bezogen auf krisenhafte Situationen mit Kindern, auf die Integration von Behinderten, auf die Arbeit mit so genannten verhaltensauffälligen Kindern und im Besonderen bezogen auf die Zusammenarbeit mit Eltern und anderen Erwachsenen außerhalb der Einrichtung, mit Behörden und anderen Institutionen werden die Vorbereitungsqualitäten der Ausbildung insgesamt als niedrig eingeschätzt (vgl. Fthenakis u. a. 1995, S. 179). Der Unterricht an Fachschulen kann ErzieherInnen anscheinend insoweit nicht auf die Praxis vorbereiten, als dass erfahrungsbezogene alltägliche Deutungen durch die Ausbildung verunsichert werden können und den Ausbildungsinhalten für die Bewältigung des Berufsalltags eine besondere Stellung zugesprochen wird (vgl. Ludewigt/ Otto-Schindler 1992). Erfahrungen aus der Kindheit und Jugend stellen auch nach Abschluss der Ausbildung einen wichtigen Bezugsrahmen für die Deutung und Bearbeitung beruflicher Stresssituationen und die Entwicklung pädagogischer Orientierungen dar. Den Handwerkskoffer, den die Ausbildung in Form von Arbeitstechniken – aufgefüllt mit nur wenigen theoretischen Versatzstücken – anbietet, wird als nicht ausreichend empfunden.

Bezogen auf die Tageseinrichtungen für Kinder wird in diesem Zusammenhang insbesondere darauf verwiesen (vgl. insbesondere Dippelhofer-Stiem/Kahle 1995; Fthenakis u. a. 1995; Tietze u. a. 1998), dass die veränderten gesellschaftlichen Rahmenbedingungen des Aufwachsens von Kindern und Jugendlichen und die sich hierdurch verändernde sozialpädagogische Praxis neue, wachsende Anforderungen an die Kompetenzen von ErzieherInnen stellen. Die empirischen Befunde legen nahe, dass ErzieherInnen es als Belastung empfinden, wenn Anforderungen jenseits der pädagogischen Kernaktivitäten – der direkten pädagogischen Interaktion mit Kindern – zu bewältigen sind.

(2) Das in der ErzieherInnenausbildung vermittelte Wissen – so wird festgestellt – ist nur in geringem Maße »durch Wissenschaftlichkeit ausgezeichnet« (Hoppe 1993, S. 114). »Die Befassung mit abstrakten Zusammenhängen« glaubt »nur jede Vierte gut, fast jede Zweite nur zum Teil gelernt zu haben« (Dippelhofer-Stiem 1999, S. 87). Die Auseinandersetzung mit theoretischem, abstraktem und wissenschaftlich generiertem Wissen scheint somit in der ErzieherInnenausbildung zu kurz zu kom-

men. Die Vorstellungen der ErzieherInnen bezüglich der durch Ausbildung zu erwerbenden Qualifikationen und Kompetenzen verdeutlichen, dass an erster Stelle soziale Qualifikationen als wichtige Voraussetzungen im Hinblick auf die Erfordernisse der Berufspraxis angesehen werden: »Erst in zweiter Linie kommt (...) auch inhaltliches Wissen zum Tragen: generelle Kenntnisse über kindliche Entwicklungsprozesse (...) sowie die Fähigkeit zur kritischen Analyse von Ergebnissen und Situationen« (Andermann u. a. 1996, S. 146).

(3) Bezüglich der Grundlegung eines berufsspezifischen Habitus wird festgehalten, dass das »Berufsbewusstsein wohl über eine gleichsam ›institutionalisierte Mütterlichkeit‹ (...) hinausgeht« (ebd., S. 147), wie sie Zern (1980) noch für die 1980er-Jahre festgestellt hat. Es lässt sich empirisch zeigen, »dass – wenn gleich persönliche Kompetenzen etwas schwerer wiegen – die im Verlauf von Aus- und Fortbildung erworbene fachliche Qualifikation einen unverzichtbaren und unübersehbaren Bestandteil des professionellen Selbstbildes (...) der pädagogischen Fachkräfte darstellt« (Dippelhofer-Stiem/Kahle 1995, S. 105). Jedoch, so lautet das ernüchternde Ergebnis, »schlägt sich eine qualitativ zufriedenstellende Berufsvorbereitung nicht im Sinne wachsender fachlicher Kompetenz nieder. (...) Erzieherinnen, die ihre Ausbildung positiv beurteilen, erleben nicht weniger Schwierigkeiten und Belastungen im Berufsfeld als jene, deren Urteil negativ ausfällt« (ebd. S. 168). Zudem scheint sich »das theoretische Wissen und die Anwendung von Fachkompetenz mit zunehmender Distanz zur Ausbildungsschule an Relevanz für das pädagogische Handeln« (Frey 2003, S. 216) zu verflüssigen.

Jüngere Studien verdichten die Erkenntnisse zu den beruflichen Habitualisierungen von ErzieherInnen erstens auf Basis biografisch-narrativer Interviews (vgl. Cloos 1999, 2001), auch weil sie zweitens aus ethnografischer Perspektive einen Vergleich zu anderen Berufsgruppen vornehmen (vgl. Cloos 2004). Die Ergebnisse der berufsbiografischen Studien legen nahe, davon auszugehen, dass sich die befragten ErzieherInnen weitgehend kompetent bei der Planung des beruflichen Alltags, bei der Durchführung pädagogischer Angebote und bei der Unterstützung in alltäglichen Problemsituationen fühlen. Sie scheinen sich zumeist sicher in der direkten pädagogischen Arbeit mit Kindern und Jugendlichen und in der Teamarbeit mit ihren KollegInnen. Es zeigt sich jedoch auch, dass aufgrund der berufsfeldspezifischen Rahmenbedingungen auf den befragten ErzieherInnen ein Professionalisierungsdruck lastet, der durch die von ihnen kritisierte mangelnde fachschulische Berufsvorbereitung verstärkt zu werden scheint. ErzieherInnen können nur bedingt als umfassend ausgebildete ExpertInnen für Fragen der Erziehung, Bildung und Betreuung angesehen werden. Jenseits der direkten pädagogisch-reflektierten Arbeit mit Kindern und Jugendlichen verfügen sie über nur geringe Kompetenzen zur reflexiven Durchdringung von Erziehungs- und Bildungsmaßnahmen, der weiträumigen Planung und Vernetzung ihrer Tätigkeit in Einrichtungen der Kinder- und Jugendhilfe. Das Projekt einer über die fachschulische Qualifikation angestoßenen »Professionalisierung« des ErzieherInnenberufs scheint an Grenzen zu stoßen, weil

- die in der Kindheit, Jugend und vorberuflich gewonnenen Erfahrungen durch die ErzieherInnenausbildung nur in geringem Maße verunsichert werden und damit in der Berufspraxis einen bedeutsamen handlungsleitenden Ressourcenpool in Form von alltagspädagogischen Handlungsmaximen neben dem in der Berufspraxis erworbenen Wissen und Können darstellen;
- die schulisch vermittelten und im Berufsalltag zur Geltung kommenden Methoden und Verfahren – Kreativtechniken, psychologisch orientierte Methoden etc. – sowie die persönlichen Alltagskompetenzen besonders in Krisensituationen und bei neuen, die pädagogische Kernarbeit mit Kindern und Jugendlichen überschreitenden Anforderungen nicht ausreichen, einen allseits gelingenden Berufsalltag zu garantieren;
- der weitgehend ausbleibende Rückgriff auf wissenschaftliches Wissen, nicht durchgängig genügend ausgebaute Fähigkeiten zur reflexiven Durchdringung von Krisensituationen und ein lückenhaftes berufliches Fachwissen zur Konsequenz haben, dass berufliche Unsicherheiten nicht genügend abgefedert werden können;
- die Nichtbeachtung berufsständisch organisierter Unterstützungssysteme, der fehlende Rückhalt in einer eigenen Fachkultur und die fast gänzlich ausbleibende Anbindung an Instanzen der Theoriebildung und Forschung einhergehen mit durchwegs ambivalenten habituellen Verortungen zum eigenen Beruf.

Die Ergebnisse unterscheiden sich von Studien zum Wissen und Können von SozialpädagogInnen und Diplom-PädagogInnen (vgl.

u. a. Thole/Küster-Schapfl 1997; Schweppe 2003) auf den ersten Blick nur minimal. Auch die akademisch Qualifizierten in pädagogischen Arbeitsfeldern meinen, die verfügbaren fachlichen Wissens- und Erfahrungsressourcen nicht durchgängig über das wissenschaftliche System zu generieren, sondern vielmehr über die Aktualisierung lebensweltlicher, biografisch angehäufter und alltagspraktischer Kompetenzen zu gewinnen. Die Soziale Arbeit scheint für die hier engagierten beruflichen AkteurInnen durchgängig kein fachliches, sondern ein biografisches Projekt darzustellen.[5] Dieses, für die Soziale Arbeit empirisch mehrfach aufgezeigte zentrale Deutungsmuster der Abwertung der wissenschaftlichen Qualifikation für die Herausbildung eines beruflichen Habitus trifft auf eine Praxis der Negierung von formalen Unterschieden bei der Zusammenarbeit im Team. Zentral und handlungsleitend ist hier die Bewertung: »Wir machen hier alle das Gleiche.« Fragt man allerdings genauer nach und beobachtet die MitarbeiterInnen mit unterschiedlichen formalen Qualifikationen in der Praxis, dann zeigen sich – auf den zweiten Blick – doch erhebliche Unterschiede im beruflichen Alltag. Diese Unterschiede der beruflich-habituellen Profile sind nicht allein abhängig von der jeweiligen formalen Qualifikation, sondern auch von der formalen Stellung der MitarbeiterInnen innerhalb des Teams sowie von der Position und der Anerkennung, die ihnen im Team zugesprochen werden, und den Dispositionen, d. h. (berufs-)biografischen Erfahrungen, die sie mitbringen.

Die vorliegenden Befunde zeigen auf, dass abhängig von der formalen Stellung, der Teamposition und den (berufs-)biografischen Dispositionen ein höherer sozialpädagogischer Ausbildungsabschluss mit einem insgesamt vielfältigeren Aufgabenspektrum einhergeht. Dieses realisiert sich in geringerem direktem Kontakt zu den Kindern und Jugendlichen, jedoch vermehrten Kontakten zur organisationskulturellen Umwelt und einer häufigeren Beschäftigung mit Aufgaben der Berichterstellung, Reflexion und Planung. Das unterschiedliche Aufgabenspektrum geht u. a. einher mit einer größeren Eigenständigkeit bei der Ausformung eines eigenen beruflich-habituellen Profils im Gegensatz zu beruflich-habituellen Profilen, bei denen Nachmachen und Abgucken eine bedeutende Rolle spielen. Ebenso ist ein höherer sozialpädagogischer Ausbildungs-

---

5 Schlichter formuliert: Auf den ersten Blick könnte unter Rückgriff auf diese Ergebnisse gegen eine weitere Akademisierung der Pädagogik der Kindheit plädiert werden, da sie kein Garant für generelle Verfachlichung und Professionalisierung darzustellen scheint.

abschluss verbunden mit einer höheren Begründungs- und Reflexionsverpflichtung, komplexeren Deutungen des beruflichen Alltags, einem stärker ausgeprägten höhersymbolischen Sprachstil und einer höheren Komplexität der Wissensdomänen, die sich auch über präziser ausformulierte gesellschaftstheoretische Ansprüche und Vorstellungen sowie durch eine größere Nähe zu berufsfeldspezifischen fachlichen und – in sehr eingeschränktem Maße – wissenschaftlichen Diskursen artikuliert (vgl. Cloos 2004).

Werden diese Befunde im Zusammenhang mit dem Wissen zum Professionalisierungsniveau von ErzieherInnen kritisch reflektiert, dann präzisiert sich die Erkenntnis, dass Differenzen zwischen den Professionellen mit unterschiedlichen Qualifikationswegen »nun nicht schlichtweg durch eine institutionalisierte sowie fachlich spezialisierte Ausbildung auf wissenschaftlicher Grundlage allein zu erwerben« sind, »an deren Ende die Beherrschung eines Fachwissens samt dem dazugehörigen beruflichen Methodenrepertoire steht« (Dewe 1999, S. 743f.). Die identifizierbaren beruflich-habituellen Differenzen sind auf der Basis unterschiedlicher Bildungs- und Ausbildungsbiografien, unterschiedlicher formaler Funktionen und Teampositionen das Resultat einer eingeübten und habituell strukturierten Praxis in Organisationskulturen und beruflichen Handlungsfeldern. Die Akademisierung des ErzieherInnenberufs und die Intention einer Professionalisierung der Pädagogik mit Kindern hat demzufolge auch das Feld der beruflichen Praxis selbst mit in die Überlegungen einzubeziehen. Die empirischen Beobachtungen legen nahe, dass die Anhebung des Qualifikationsniveaus nicht eine grundlegende Professionalisierung des Handlungsfeldes bewirken würde, wenn nicht gleichzeitig auch die arbeitsfeldspezifischen Regeln und Gewohnheiten sowie das dort vorzufindende Zusammenspiel von Aus-, Fort- und Weiterbildung und schließlich auch die Schnittstellen zu anderen pädagogischen Handlungs- und Berufsfeldern in den Blick gerieten.

2   Das Profil der ErzieherInnenausbildung

Die Qualifizierungen für den vorschulischen Bereich können auf eine Tradition blicken, die bis ins 19. Jahrhundert zurückreicht. Mit der Etablierung von Einrichtungen für jüngere kleine Kinder entstanden die ersten Helferinnenausbildungen für Kleinkinder-Einrichtungen. Johannes Fölsing (1818–1882) beispielsweise gründete nicht nur eine der ersten Kleinkinderschulen, sondern richtete für die tätigen Mitarbeiterinnen auch eine einjährige Ausbildung ein. Parallel verwirklichte Friedrich Fröbels (1782–1852) sein Konzept eines Kindergartens, das ebenfalls nicht nur die Förderung von jüngeren Kindern zum Ziel hatte. Fröbels Initiative verknüpfte im ersten Drittel des 19. Jahrhunderts die Aktivitäten in den Kindereinrichtungen mit der Realisierung einer Ausbildung von Kindergärtnerinnen. Ebenso verfuhr Henriette Schrader-Breymann; sie gründete in den 1870er-Jahren in Berlin einen Kindergarten und koppelte an diesen schon wenige Jahre später ein Seminar für Kindergärtnerinnen (vgl. Wendt 2005).

Der knappe Rückblick zeigt, dass die Ausbildungen für eine Tätigkeit in vorschulischen Einrichtungen seit den Anfängen eine enge Verknüpfung von beruflich-praktischen und theoretischen Anteilen vorweisen. Bis heute hat die Theorie-Praxis-Verzahnungsidee die ErzieherInnenausbildung als ein wesentliches Merkmal bestimmt. Auch in der neuesten Rahmenvereinbarung der Kultusministerkonferenz (KMK) vom 28. Januar 2000 wird vorgeschlagen, dass der gesamte Ausbildungsweg für ErzieherInnen – also einschließlich der beruflichen Vorbildung – in der Regel fünf, mindestens jedoch vier Jahre dauert, wobei die Fachschulausbildung selbst drei, mindestens jedoch zwei Jahre umfassen soll. Tatsächlich benötigen derzeit angehende ErzieherInnen in fast allen Bundesländern drei Jahre, davon sind in der Regel zwei Jahre schulische Ausbildung, der sich ein tariflich bezahltes, in berufspraktischen Handlungsfeldern zu absolvierendes Anerkennungsjahr anschließt. Der »Zwitter«-Status der Fachschulen für Sozialpädagogik lässt sich somit auch an der durchschnittlichen Qualifizierungszeit ablesen. Auch aus diesem Grund, aber nicht ausschließlich, wird immer wieder und gegenwärtig vermehrt Kritik an der Fachschulausbildung für den ErzieherInnenberuf vorgetragen:

- Moniert und diskutiert wird in diesem Zusammenhang der »unklare Status der Fachschulen für Sozialpädagogik« (vgl. Schmidt 2005, S. 716). Prinzipiell setzt die Ausbildung eine vorherige Berufsausbildung voraus, ist also dem postsekundären oder tertiären Bildungssektor zuzurechnen[6], faktisch jedoch werden –

---

6 Ein internationaler Vergleich die ErzieherInnenausbildung zeigt, dass diese entweder dem postsekundären (ISCED 4) oder dem nicht-universitären Tertiärbereich (ISCED 5B) zugeordnet wird (vgl. Schmidt 2005, S. 717).

anders als an den technischen Fachschulen – überwiegend SchülerInnen qualifiziert, die über keine abgeschlossene berufliche Ausbildung verfügen. Die Fachschulen für Sozialpädagogik sind vor diesem Hintergrund strukturell als »unechte Fachschulen« zu bezeichnen (vgl. Rauschenbach 1997). Die Vorschaltung eines zweijährigen »Sozialpädagogischen Seminars« in Bayern (vgl. Schmidt 2005) oder die Voranstellung der SozialassistentInnenausbildung in Hessen überwinden allerdings das Dilemma der unechten Fachschule, indem ein Abschluss vor Beginn der eigentlichen ErzieherInnenausbildung zu absolvieren ist. Jedoch ist nicht auch gleichzeitig dadurch gewährleistet, dass die eine auf die andere Ausbildung tatsächlich sinnvoll aufbaut. Ausnahmeregelungen für den Zugang zur ErzieherInnenausbildung tragen zusätzlich dazu bei, dass das Konzept der »echten« Fachschulausbildung durch alternative Zugangsregelungen aufgeweicht wird. Trotz einschlägiger bundesweiter Empfehlungen hat sich eine bundeseinheitliche Regelung bisher nicht realisiert. Genauso wenig bundeseinheitlich geregelt wie die Ausbildungszeit und die bildungssektorielle Zuordnung sind die über Ausbildungs- und Prüfungsverordnungen der Bundesländer festgelegten Leistungsanforderungen und Lehrpläne, die erstens berufsbezogen fachtheoretische und fachpraktische Fächer und zweitens einen allgemeinbildenden Lernbereich beinhalten.

- Kritisch begutachtet wird das inhaltliche Niveau der sozialpädagogischen Fachschulausbildung und insbesondere das Erlernen von vordefiniertem Wissen ohne forschungs- und wissenschaftstheoretische Kontextualisierung. Da eine umfassende sozialpädagogische Didaktik für das Lehren und Lernen an Fachschulen nicht vorliegt, ist im relativ verschulten Ausbildungssystem innerhalb der zwei- bis dreijährigen Schulphase lediglich eine eingeengte Beschäftigung mit den verschiedenen sozialpädagogischen Bereichen, Wissensbestandteilen und wissenschaftlichen Disziplinen möglich: Übergreifende Themen wie Gender, Migration und Interkulturalität oder thematische Spezifizierungen wie Behinderung, Leitung und Management können nur mit hohem Aufwand in den vorhandenen Fächerkanon jenseits partieller Projekte eingebunden werden, auch wenn beobachtet werden kann, dass eine große Anzahl neuer Inhalte in den letzten Jahren in die Ausbildung Einzug gehalten hat, wie z. B. »Aspekte der Beobachtung, Diagnose und Dokumentation« und die Förderung von

Sprache und mathematisch-naturwissenschaftlichen Kompetenzen. Die Einführung und Umsetzung des Lernfeldkonzeptes (vgl. Ebert 2004; Küls 2005), das die Fächerorientierung in Richtung einer Modularisierung nach berufs- und handlungsorientierten Themen auflösen könnte, hat sich bislang kaum durchgesetzt.

- Aufgrund der geschichtlichen Wurzeln der ErzieherInnenausbildung haben freie Ausbildungsstätten eine lange Tradition. Zwar dezimierte sich der Anteil der Fachschulen in freier Trägerschaft in den letzten Jahrzehnten, jedoch besuchen von den gut 45.000 ErzieherInnen in der Ausbildungsschleife knapp 40 Prozent auch heute noch eine Fachschule, die sich in einer nichtstaatlichen Trägerschaft befindet. In nahezu jeder Ausbildungsstätte haben sich eigene Traditionen in Bezug auf die Strukturierung und die inhaltlichen Schwerpunktsetzungen im Unterricht herausgebildet, die »zum Teil noch auf die historischen Wurzeln der Gründergeneration zurückgehen« (Engelhardt/Ernst 1992, S. 425). Durch die jeweiligen Schwerpunktsetzungen der einzelnen Fachschulen kann nicht immer durchgängig von einer Breitbandausbildung, also von einer Ausbildung, die die ErzieherInnen für alle relevanten Praxisfelder vorbereitet, an allen Fachschulen gesprochen werden.
- Letztendlich wird – wie oben bereits angerissen – die uneinheitliche, partiell unbefriedigende und unzureichende Qualifizierung der Lehrkräfte hervorgehoben (vgl. zuletzt Schmidt 2005). Praktisch existiert bislang keine einheitliche Regelung für die FachschullehrerInnen-Ausbildung (vgl. Hoffmann/Cloos 2001). Die Rekrutierung der Lehrkräfte – gerade bei den freien Trägern – erfolgt sehr unterschiedlich (vgl. Cloos 2000). Weit weniger als 10 Prozent sämtlicher Lehrkräfte an den Fachschulen für Sozialpädagogik verfügen Mitte der 1990er-Jahre – aktuellere Zahlen liegen nicht vor – über einen Abschluss in den exklusiv hierfür angebotenen Studiengängen der beruflichen Fachrichtung Sozialpädagogik (Rauschenbach 1997, S. 274). Kritisch wird zudem auf die ungenügende Qualifizierung der Praxis-AnleiterInnen auf ihre Tätigkeit hingewiesen.

Vor dem Hintergrund dieser keineswegs neuen Anmerkungen wird ein Reformbedarf bezüglich der Pädagogik mit Kindern und der Qualifizierung des Personals in Kindertageseinrichtungen für entsprechende Tätigkeiten diskutiert. Die Diskussion wird forciert durch die internationalen Vergleichsstudien zu den nationalen Bildungs- und Sozialsystemen, insbesondere durch die von der Organisation für wirtschaftliche Zusammenarbeit und Entwicklung koordinierte IGLU-Studie und die ländervergleichende Studie »Early Childhood Policy Review« zur Kinderbetreuung. Die Pädagogik in den Kindertageseinrichtungen soll sich zukünftig stärker bildungsorientiert realisieren – entsprechende, allerdings wiederum sehr uneinheitlich ausbuchstabierte Bildungspläne liegen inzwischen bundeslandbezogen vor (vgl. Gewerkschaft Erziehung und Wissenschaft 2005b) –, der Bereich der bildungsorientierten Betreuung der unter dreijährigen Kinder soll ausgebaut und der Übergang vom Elementar- zum Primarbereich flexibilisiert werden.

3 Anmerkungen zu einigen Grundfragen der Akademisierung der »Pädagogik der Kindheit«

In der bisherigen Diskussion zu einer veränderten Qualifizierung des Personals für die Pädagogik der Kindheit lassen sich grob zwei divergierende Richtungen unterscheiden. Erstens wird auf eine sukzessive Verbesserung der ErzieherInnenausbildung gesetzt. Die Niveauanhebung der weiterhin fachschulgebundenen ErzieherInnenausbildung soll beispielsweise über tätigkeitsorientierte Indikatoren und die Berücksichtigung von arbeitsfeldübergreifenden Grundqualifikationen, die »stärker berufs- und tätigkeitsbezogen, also gebrauchswertorientiert« konzipiert sind, angestrebt werden (Beher u. a. 1999, S. 127). Hierüber wurde eine Stärkung der reflexiven Schlüsselqualifikationen erwartet. Im Kontrast hierzu setzen andere Modelle auf die Idee einer Akademisierung und begründen diese mit grundsätzlichen professionstheoretischen und -politischen Überlegungen und mit Hilfe der Erkenntnis, dass schulische Lern- und Prüfungsformen keine Qualifizierung reflexiver und wissensgestützter Kompetenzen ermöglichen. Der hier vorzufindenden Vielfalt an Forderungen, Überlegungen und ersten Umsetzungen in Form von eigenen Studiengängen soll im Folgenden genauer nachgegangen werden. Zuvor allerdings werden die Chancen und Grenzen universitärer Qualifikationsprofile für den Bereich der Pädagogik der Kindheit näher beleuchtet.

Die Erziehungswissenschaft – und das disziplinäre wie professionelle Feld der Pädagogik der frühen Kindheit ist ein genuiner Teil der Erziehungswissenschaft – ist spätestens seit der Einführung der erziehungswissenschaftlichen Hauptfachstudiengänge in den 1960er-Jahren wie kaum eine andere Disziplin an den Wissenschaftlichen Hochschulen vertreten. Empirisch dokumentiert sich diese Feststellung in gegenwärtig noch weit über 80 erziehungswissenschaftlichen Hauptfachstudiengängen. Trotz eines leichten Abbaus von Studiengängen in den letzten fünf Jahren stellen erziehungswissenschaftliche Studienprofile immer noch das fünftstärkste Studienfach innerhalb der bundesrepublikanischen Universitätslandschaft dar (vgl. Horn u. a. 2004). Im Zeitraum von 1985 bis 2000 hat sich die Zahl der StudienanfängerInnen mehr als verdreifacht und die der AbsolventInnen knapp verdoppelt. Im Wesentlichen ist diese Entwicklung auf die gestiegene Bildungsaspiration von Frauen zurückzuführen.

Die Mehrzahl der Studierenden entscheidet sich für die Absolvenz der angebotenen sozialpädagogischen, erwachsenenbildungsorientierten und sonderpädagogischen Studienrichtungen. Über 90 Prozent der bisherigen AbsolventInnen gaben in einer kürzlich publizierten AbsolventInnenstudie an, in einem dieser drei Studienschwerpunkte einen Abschluss erlangt zu haben. Immerhin 4 Prozent der AbsolventInnen nannten die Pädagogik der frühen Kindheit als Studienschwerpunkt (vgl. Krüger u. a. 2003). Dies ist umso beachtlicher angesichts der Tatsache, dass auf die frühe Kindheit bezogene Studienprofile zwar in den vom Sekretariat der Ständigen Konferenz der Kultusminister der Länder in der Bundesrepublik Deutschland (1984) vorgelegten »Empfehlungen der Studienreformkommission Pädagogik/Sozialpädagogik/Sozialarbeit« ausgewiesen werden, keinesfalls jedoch an exklusiver Stelle. In den Empfehlungen für die universitären Hauptfachstudiengänge wird die Elementarpädagogik in den die Studienrichtungen begründenden Abschnitten zwar explizit erwähnt, jedoch nicht in Form einer eigenständigen Studienrichtung curricular normiert, sondern als ein wesentliches Handlungsfeld der Sozialpädagogik aufgeführt. Explizit hatte die Studienreformkommission die Aufnahme einer eigenständigen Studienrichtung »Vorschulpädagogik« respektive »Elementarpädagogik« diskutiert, dann jedoch verworfen, »weil dieser Bereich breite Überschneidungen mit anderen Studienrichtungen aufweist« (Konferenz der Kultusminister, Band 1, 1984, S. 249). Gleichwohl konnten sich an mindestens fünf Standorten ausgewiesene, elementarpädagogische Studienrichtungen etablieren, obwohl das Feld der Pädagogik der frühen Kindheit in den erziehungswissenschaftlichen

Fakultäten und Fachbereichen keineswegs eine herausragende Stellung genießt und mit weniger als zehn ProfessorInnen keineswegs auf eine mit den großen Studienrichtungen vergleichbare Etablierung verweisen kann.

Die Skizze trifft im Kern auch auf die Lage der Pädagogik der frühen Kindheit an den Fachhochschulen zu. In den Vorschlägen für das fachhochschulische Schwerpunktstudium findet sich in der Rahmenverordnung im ersten Schwerpunkt unter anderem zwar die »Kleinstpädagogik« als ein Handlungsfeld notiert (vgl. Konferenz der Kultusminister, Band 2, 1984), aber nur an wenigen Standorten konnte dieser Bereich bis in die Gegenwart hinein als ein profilierter Bereich in den Qualifizierungscurricula einen Ort finden und halten. Genau diese Gefahr sah 1984 schon die damalige rheinland-pfälzische Ministerialrätin Gisela Hundertmark: »Bei der Einrichtung der Fachhochschulen dominierten in den meisten Fällen die zahlenmäßig größeren Höheren Fachschulen für Sozialarbeit. (…) Die bisherigen Inhalte der Höheren Fachschulen für Sozialpädagogik wurden vielfach nur in einem eingeschränkten Maße berücksichtigt und denen der Höheren Fachschulen für Sozialarbeit nicht hinreichend entgegengesetzt. (…) Um Kindern, Jugendlichen oder Erwachsenen (…) gute Kenntnisse mitzugeben, müssen zumindest in einigen Gebieten wie Kinder- und Jugendliteratur, Musik, Werken und Gestalten Angebote vorhanden sein« (Konferenz der Kultusminister, Band 2, 1984, S. 182).

Die bisher öffentlich zugänglichen neuen Studiengangskonzeptionen sind inhaltlich wie strukturell sehr uneinheitlich angelegt. Die Titulaturen der diskutierten beziehungsweise sich in der Erprobungsphase befindlichen Studiengänge variieren zwischen »Vorschulpädagogik«, »Elementarpädagogik«, »Früh-Pädagogik« oder »Pädagogik der frühen Kindheit«, »Familien- und Elementarpädagogik«, »Kleinstkindpädagogik«, »Elementar- und Primarpädagogik«, »Pädagogik und Kindheitsforschung« oder beispielsweise »Pädagogik der Kindheit«. Und ebenso vielfältig wie die Namensgebung dokumentieren sich auch die inhaltlichen und strukturellen Zuschnitte der Studiengänge und -programme (vgl. Schmidt 2005; Sell 2004). Neben sechs- bis siebensemestrigen, in der Regel an Fachhochschulen angesiedelten grundständigen Bachelor-Studiengängen existieren Aufbau-Studiengänge, die an die erfolgreiche Absolvenz einer sozialpädagogischen Fachschule anschließen. Darüber hinaus sind Studiengänge geplant, die elementarpädagogische und grundschulpädagogische Elemente miteinander zu verknüpfen beabsichtigen, oder andere, die sich vornehmlich an Leitungskräfte von Kindertageseinrichtungen wenden und diese zu qualifizieren anstreben. Außerdem existieren Modellideen, die Studierenden nach dem erfolgreichen Abschluss eines sozial- oder erziehungswissenschaftlichen Bachelor-Studienganges eine Spezialisierung für den elementarpädagogischen Bereich in einem Master-Programm anbieten (vgl. Rauschenbach 2005) sowie Überlegungen, Fachschulen schrittweise in die Landschaft der Fachhochschulen zu integrieren.

Offeriert werden die einzelnen Studienangebote zumeist als Programme zur Qualifizierung der ErzieherInnenausbildung. Dabei verstehen sie sich bislang im Kern als Konzepte zur »Akademisierung der ErzieherInnenausbildung« oder aber werden öffentlich unter diesem Etikett gefasst. Sicherlich geht es bei den Studiengängen auch um die Niveauanhebung der ErzieherInnenausbildung. Primär steht jedoch eine höhere, akademische Qualifizierung des Personals für den Bereich der Pädagogik der Kindheit und hier insbesondere für das Handlungsfeld der Kindertagesstätten auf der Agenda. Die publikumswirksame Formel »Akademisierung der ErzieherInnenausbildung« ignoriert die schlichte und einfache Tatsache, dass die ErzieherInnenausbildung heute zwar immer noch primär und schwerpunktmäßig auf die Handlungsfelder der vorschulischen Bildung und Erziehung konzentriert ist, aber eben nicht ausschließlich. ErzieherInnen sind ebenso in den erzieherischen Hilfen beruflich etabliert wie in der Kinder- und Jugendarbeit, der Sozialen Arbeit mit älteren Erwachsenen und vereinzelt sogar im Gesundheitsbereich (vgl. Rauschenbach/Züchner 2001; Beher/Gragert 2004).

Das Qualifikations- und Berufsprofil von ErzieherInnen ist, bezogen auf die Arbeits- und Handlungsfelder, auf die die Fachschule vorbereitet und in denen ErzieherInnen tätig werden, dem Profil von SozialpädagogInnen und -arbeiterInnen nicht unähnlich. In einigen Arbeitsfeldern – wie z.B. den Hilfen zur Erziehung oder der Kinder- und Jugendarbeit – kann sogar von einer Heterogenität der dort vorzufindenden Berufsgruppen bei gleichzeitiger unklarer Trennung der Aufgabenbereiche gesprochen werden. In anderen Arbeits- und Handlungsfeldern wiederum – wie z.B. der Erziehungsberatung, dem Allgemeinen Sozialdienst oder der Schulsozialarbeit – finden sich fast gar keine MitarbeiterInnen mit einer fachschulischen Qualifikation. Eine generelle Anhebung der sozialpädagogischen Fachschulausbildung für ErzieherInnen auf Hochschulniveau würde die bereits heterogene Berufslandschaft der Sozialen Arbeit mit unklaren Abgrenzungen zwischen den einzelnen Berufsprofilen weiter diversifizieren. Zudem dürften »akademisierte ErzieherInnenstudiengänge« curricular keine andere inhaltliche Kontur vorweisen als die schon existierenden sozialpädagogischen und erziehungswissenschaftlichen Hochschulqualifikationen. So gesehen ist nicht begründbar, warum eine ehemals fachschulische Breitbandausbildung gänzlich in eine mit akademischen Würden versehene Hochschulqualifikation überführt werden soll.

Neben diesem Einwand sind zumindest auch die Konsequenzen einer generellen, formalen Niveauanhebung der ErzieherInnenausbildung und die damit verbundene Abschaffung der fachschulischen Qualifikation für sozialpädagogische Handlungsfelder zu diskutieren. Zu bedenken ist erstens, dass mit dem Verschwinden der Fachschulen einer nicht unerheblichen Anzahl an SchulabgängerInnen ohne Hochschulzugangsberechtigung ein Ausbildungsgang nicht mehr zur Verfügung stehen würde. Zweitens hätten die Trägerverbände und -organisationen das Problem, langfristig die gegenwärtig circa 300.000 FachschulabsolventInnen in sozialpädagogischen Arbeitsfeldern durch akademisch qualifiziertes Personal zu ersetzen oder nachzuqualifizieren. Welche finanziellen Anstrengungen und welche tariflichen Umwälzungen sich hierdurch ergäben, ist bislang nicht abzuschätzen.[7] Das durchaus wichtige berufspolitische Ziel einer Statuserhöhung des »Frauenberufs« der Erzieherin würde – drittens – zudem verfehlt, wenn eine hochschulische Ausbildung sich nicht auch in angemessenen höheren tariflichen Eingruppierungen niederschlagen würde. Darüber hinaus müssten – viertens – Überlegungen angestellt werden, inwieweit dann nicht auch andere Berufsprofile neu strukturiert werden müssten, denn die ErzieherInnenausbildung qualifiziert nicht nur für genuin pädagogische Handlungsfelder, sondern legt auch weitere Qualifikationen, etwa zur Kinderkrankenschwester oder Heilpädagogin, zugrunde. Vor dem Hintergrund dieser Beobachtung ist zu konstatieren,

---

7 Eine erste umfassende Kostenrechnung legte Klaus Klemm (2005) vor. Bis zum Jahr 2005 hätten die Träger durch eine Erhöhung des Anteils der Beschäftigten mit Hochschulqualifikation auf 20 % circa 300 Mio. Euro mehr Personalkosten aufzuwenden. Eine Verbesserung der Personalrelation von derzeit 1:12,6 auf 1:10 würde 1,9 Mrd. Euro und die Erhöhung der Versorgungsquote für unter Dreijährige circa 1,2 Mrd. Euro Mehrkosten nach sich ziehen.

- dass *erstens* die vorschulische Pädagogik, die Elementarpädagogik beziehungsweise die Pädagogik der frühen Kindheit, in den sozialpädagogischen und erziehungswissenschaftlichen Studiengängen an Fachhochschulen und Universitäten bereits zu finden ist. Allerdings zeichnet sie bislang nicht für eigenständige Studiengänge verantwortlich und auch eigenständige Studienschwerpunkte bietet sie bislang nur an wenigen Hochschulstandorten an. Im Gegenteil ist sogar festzuhalten, dass insbesondere an den Fachhochschulen entsprechende Schwerpunktsetzungen in den 1980er- und 1990er-Jahren reduziert wurden, weil die pädagogischen Tätigkeiten in Kindertageseinrichtungen zunehmend nicht mehr als berufliches Betätigungsfeld für SozialpädagogInnen angesehen wurden;
- dass *zweitens* die klassische ErzieherInnenausbildung spätestens seit Mitte der 1980er-Jahre vermehrt als eine Qualifizierung angesehen wird, die nicht nur – wenn auch immer noch schwerpunktmäßig – für eine pädagogische Tätigkeit in Kindertageseinrichtungen vorbereiten soll. In fast allen sozialpädagogischen Handlungsfeldern sind ErzieherInnen anzutreffen und die sozialpädagogische Fachschulausbildung orientiert auf den Erwerb von Kompetenzen für eine Tätigkeit in vielen Arbeitsfeldern der Sozialen Arbeit.

Dies berücksichtigend, votiert beispielsweise die »Deutsche Gesellschaft für Erziehungswissenschaft« (DGfE), tendenziell auch die »Arbeitsgemeinschaft für Kinder- und Jugendhilfe« (AGJ) und die Initiative der »Robert Bosch Stiftung« für eine Anhebung der Qualifikation für eine berufliche Tätigkeit in frühpädagogischen Handlungsfeldern auf Hochschulniveau:[8] Auf den »Elementarbereich« und damit die pädagogische Arbeit in Kindertagesstätten kommen neue Aufgaben zu. War diese Arbeit bisher primär durch Erziehungs- und Betreuungsaufgaben bestimmt, so erhält jetzt auch die frühkindliche Bildung einen erheblich höheren Stellenwert. Es ist keine Frage, dass die künftige ErzieherInnenausbildung den neuen Herausforderungen Rechnung tragen muss. Ein internationaler Vergleich der Ausbildungsstandards von ErzieherInnen weist auf einen erheblichen Rückstand in Deutschland hin. Der Anteil der Beschäf-

---

8 Andere Erklärungen, beispielsweise die der »Gewerkschaft Erziehung und Wissenschaft« (GEW), die für eine Akademisierung der gesamten ErzieherInnenausbildung plädiert (vgl. GEW 2005), stehen hierzu im Kontrast.

tigten mit einer akademischen Qualifikation in den vorschulischen Einrichtungen beträgt gegenwärtig deutlich unter 3 Prozent. Ein höherer Anteil an akademisch ausgebildetem Personal ist angesichts der neuen Aufgaben für die Tätigkeiten in einzelnen pädagogischen Handlungsfeldern der Kindertageseinrichtungen unverzichtbar. Zur Verbesserung der Bildungs- und Betreuungsstandards in vorschulischen Kindertagesstätten hält die Deutsche Gesellschaft für Erziehungswissenschaft Studienangebote für »erforderlich, die schwerpunktmäßig für die vorschulische Bildungsarbeit und für den (flexiblen) Übergang vom Elementar- in den Primarbereich qualifizieren. Hier müssen frühkindliche, sozialpädagogische und grundschulpädagogische Erziehungs- und Bildungskonzepte integriert und für die spezifische, in der Entwicklung meist sehr heterogene Adressatengruppe der Kinder hin konkretisiert werden« (DGfE 2005, S. 16f.).

Die Deutsche Gesellschaft für Erziehungswissenschaft reagiert mit dieser Erklärung auf eine Entwicklung, die an den Fachhochschulen gegenwärtig zu einem enormen Innovationsdrive und an den Universitäten zu einer, wenn auch gebremsteren Diskussion um die Implementierung von neuen Studiengängen, -schwerpunkten und -programmen mit einem auf die Pädagogik der Kindheit orientierten Profil geführt hat.

4 »Pädagogik der Kindheit« an Universitäten – Konzepte, Studiengänge und -programme

Die gegenwärtigen Reformvorhaben an den Universitäten – zu den Studienprofilen an den Fachhochschulen vergleiche Stefan Sell (2004) und Jost Bauer (2005) – zeigen keine einheitliche Kontur, sondern verfolgen differente Intentionen, Inhalte und Konzepte (vgl. Schmidt 2005; Rauschenbach 2005):
- *Erstens* sind Entwicklungen von mehr oder weniger ausdifferenzierten, grundständigen Bachelor-Studiengängen mit einem mehr oder weniger ausgewiesenen Studienprofil »Pädagogik der frühen Kindheit« zu erkennen – *Modell Basisqualifikation*. Die dabei gegenwärtig zu erkennenden Ausbuchstabierungen dieser Idee sind allerdings keineswegs einheitlich. Der an der Universität Erfurt eingerichtete eigenständige »Bachelor-Studiengang Pädagogik der frühen Kindheit« wird beispielsweise von dem »Fach-

gebiet für Grundschulpädagogik und Kindheitsforschung« verantwortet. In Kontrast zu anderen Studiengängen wird neben einer entwicklungspsychologischen Grundorientierung in der zweiten Qualifizierungsphase insbesondere Wert auf die Aneignung von fachdidaktischen Vertiefungen in den Fächern Mathematik, Literatur und Medien sowie Sprach- und Literaturwissenschaften gelegt. Überlegungen an anderen Hochschulstandorten favorisieren demgegenüber stärker die Verbindung von elementar- und familienpädagogischen Inhalten oder aber konzipieren das Studienprogramm, wie die Technische Universität Dresden, als ein Modell der »Akademisierung der ErzieherInnenausbildung« parallel zu bestehenden sozialpädagogischen Studiengängen. Darüber hinaus bestehen universitäre Initiativen, die den Aufbau von gemeinsam mit Fachschulen und Fachhochschulen kooperativ verantworteten Studienprogrammen planen, so beispielsweise in Schleswig-Holstein, wo die Universität Flensburg, die Fachhochschule Kiel und die regionalen Fachschulen für Sozialpädagogik einen Studiengang »Pädagogik der frühen Kindheit« planen. Hier einzuordnen ist auch die Initiative der Universität Potsdam, wo der Studiengang »Bachelor of Arts: Bildung und Erziehung in der Kindheit« gemeinsam mit der Fachhochschule Potsdam (2005) realisiert werden soll und »ErzieherInnen zu einem akademischen Abschluss« gelangen können.

- *Zweitens* erleben Studienprofile der »Pädagogik der frühen Kindheit«, der »Kleinkindpädagogik« und der »Elementar- und Familienpädagogik« als Studienrichtung der noch existierenden Diplom-Studiengänge eine Wiederbelebung – beispielsweise an der Universität Koblenz/Landau und an der Freien Universität Berlin – oder aber werden in neu zugeschnittene Bachelor- und Master-Studienprogramme – Universität Bamberg und Universität Trier – überführt. Kindheitspädagogische Studiensegmente werden hier neben anderen Studienprofilen als ausformulierte Studienschwerpunkte oder Studienrichtungen auf der Basis eines mehr oder weniger ausformulierten erziehungswissenschaftlichen Profils angeboten – *Modell Ypsilon*.
- Unterhalb der Konzeptualisierung der »Pädagogik der Kindheit« als eigenständige Studienprogramme – über zwei oder gar drei Studienrichtungen beziehungsweise Fächer modularisierte Studiengänge – existieren *drittens* Überlegungen, der »Elementarpädagogik« als Fach im Kontext von klassischen Magister-Studiengän-

gen oder neuen Bachelor- beziehungsweise Master-Studiengängen einen Ort zu geben – *Modell »kleine« Integration.*
- *Viertens* sind Weiterbildungsprogramme oder Überlegungen für entsprechende Programme – *Modell Nachqualifizierung* – für das Profil »Frühkindliche Pädagogik« an Universitäten auf dem Zertifikatsniveau und als MA-Studiengänge zu nennen. Diese Programme – partiell unterhalb eines formal qualifizierenden Studienganges – adressieren sich vornehmlich an die PraktikerInnen in Kindertageseinrichtungen. Vereinzelt werden solche Zertifikatskurse – beispielsweise an der Universität Bremen – auch mit dem Ziel angeboten, die Einrichtung von grundständigen Studiengängen mittelfristig zu ermöglichen, also das hochschulische Klima für die Implementierung von entsprechenden Studiengängen herzustellen.
- *Fünftens* existieren Überlegungen, an einen allgemein erziehungswissenschaftlich gerahmten Bachelor-Studiengang oder an einen breit angelegten, sozialpädagogisch kanonisierten Studiengang einen für eine professionelle Berufstätigkeit in Handlungsfeldern der Pädagogik der Kindheit qualifizierenden Master-Studiengang anzukoppeln – *Modell Aufbauqualifizierung.*
- *Sechstens* stehen weiterhin Weiterentwicklungen und die Neuauflagen von Studiengängen auf der Agenda, die für lehrende Tätigkeiten an Fachschulen, Sozialakademien und Kollegs qualifizieren, um eine fachspezifischere, theorie- und handlungsfeldbezogenere Fachschulausbildung zu ermöglichen – *Modell Qualifizierung der FachlehrerInnen.*

Die Unterschiede zwischen den einzelnen universitären Studienmodellen sind, soweit erkennbar, auf der strukturellen Ebene ebenso ausgeprägt wie auf der inhaltlichen Ebene und der der fachspezifischen Profilierung. Auf der formal-strukturellen Ebene werden unterschiedliche Qualifizierungsmöglichkeiten ausgewiesen: von einem einfachen Zertifikat, das keine akademisch-formale Qualifikation dokumentiert, über die Notierung der »Pädagogik der frühen Kindheit« als Haupt- oder Nebenfach oder als Schwerpunktbereich bis hin zu der Idee, die »Pädagogik der frühen Kindheit« als eigenständigen Studiengang mit einem eigenständigen akademischen Abschluss auszuweisen. Die inhaltlichen Akzentsetzungen reichen von Studiengängen, die die Empirie der Kindheit, also das Wissen über Kinder und Kindheiten in modernen Gesellschaften, exklusiv und primär vorhalten, bis hin zu Profilen, die die Didaktik der frühen Kindheit favorisieren und den Erwerb von Kompetenzen bezüglich der Lehr-Lernpraxis in vorschulischen Institutionen zentral favorisieren. Angeboten und konzeptualisiert werden die Studienangebote von grundschulpädagogischen beziehungsweise primarpädagogischen Instituten und Fachbereichen, von sozialpädagogischen und von genuin kindheitsbezogenen Fakultäten und Institutionen. Damit ist die Konzeptualisierung von elementarpädagogischen Studienprofilen sowohl im Visier von schulpädagogischen als auch von sozialisationstheoretischen, kindheitspädagogischen wie auch von sozialpädagogischen Überlegungen – zumindest drei erziehungswissenschaftliche Teildisziplinen reklamieren damit ihre Kompetenz, Zuständigkeit und Verantwortung für die Stärkung des elementarpädagogischen Profils an Universitäten.

Deutlich sind auch die Differenzen zwischen den fachhochschulischen und universitären Initiativen und Modellen (allgemein zu den Unterschieden zwischen diesen beiden Hochschultypen vgl. Thole 1994). Die Überlegungen an den Fachhochschulen weisen primär in die Richtung einer Implementierung von Studiengängen und entsprechenden -profilen. Relativ unklar bleibt allerdings hier bislang die Bedeutung von Forschung in Bezug auf die existierenden Studiengänge an den Fachhochschulen, insbesondere bezüglich einer Intensivierung der Kindheits-, der Sozialisations- und der Lehr-Lern-Forschung. Für die neu zu konzipierenden Studiengänge ist aber eine Forschung, die einerseits grundlagen- und professionstheoretisches Wissen operationalisiert und andererseits durch das Segment der Praxis- und Begleitforschung die professionellen und handlungsfeldbezogenen Entwicklungen evaluieren kann, unabdingbar. In diesem Sinne scheinen die Ausbuchstabierung von entsprechenden Forschungsprofilen und eine breit angelegten Landschaft der Kindheitsforschung langfristig eine nicht zu unterschätzende Grundlage für die hochschulische Ausbildung in diesem Segment zu sein.

Wenn zudem eine Verbesserung der generellen ErzieherInnenausbildung angestrebt werden sollte, ist neben der Einrichtung von kindheitspädagogischen Studienprofilen eine Ausweitung der Studienangebote wünschenswert, die das Lehrpersonal an Fachschulen auf einem akademischen Niveau und nach Möglichkeit in Kooperation mit berufspädagogischen oder lehramtsbezogenen Studienangeboten, wie es die Kultusministerkonferenz schon 1993 empfohlen hat, qualifiziert. Im Gegensatz zu den Universitäten verfügen die Fachhochschulen aufgrund ihrer Fächerstruktur über keine Möglichkeiten, eine solche Qualifizierung des Lehrpersonals über entsprechend ausgewiesene Studiengänge zu realisieren.

5 Professionalisierung der Qualifizierungslandschaft – Ausblick

Die Idee einer Akademisierung der Qualifizierung für Tätigkeiten in den Handlungsfeldern der Pädagogik der Kindheit und die Einführung entsprechender Studiengänge haben sich jenseits der genuin fachbezogenen, hochschulpolitischen Diskussionen auch skeptischen Anfragen auf den politischen Ebenen zu stellen. Im politischen Raum werden Einwände gegen eine weitere Akademisierung der Pädagogik der Kindheit im Kern mit finanzpolitischen Argumenten vorgetragen. Aber auch das Deutungsmuster, nach dem Kinder zuvorderst in der Familie aufwachsen sollten, findet in den Reden auf den politischen Bühnen zuweilen noch Anerkennung, wenn auch nicht mehr in Sprachspielen wie vor anderthalb Jahrzehnten, wo noch gefragt wurde, »weshalb man für den Beruf der Kindergärtnerin den Realschulabschluss brauche. Die können dann zwar unheimlich psychologisch daherreden, sind aber nicht in der Lage, ein Kind auf den Topf zu setzen« (Mayer-Vorfelder 1982). Zumindest erinnert sei hier ferner an das Ende der politischen Laufbahn von Ursula Lehr als Bundesministerin für Jugend, Familie, Frauen und Gesundheit. Nicht nur, aber auch wegen ihres Plädoyers für eine Ausweitung der Betreuungsmöglichkeiten für Kinder unter drei Jahren in »Krabbelstuben« musste sie 1991 relativ abrupt ihren Ministerinnenplatz räumen (vgl. Frankfurter Rundschau 2005, S. 25), den dann Angela Merkel besetzte, damals noch vehement engagiert gegen die Verankerung des Rechts auf einen Kindergartenplatz.

In den Vorbehalten gegen eine Akademisierung der vorschulischen Berufsprofile artikuliert sich der gesellschaftliche Stellenwert dieses Handlungsfeldes. So sind noch immer Wortmeldungen zu vernehmen, die meinen, »mit den Kindern spielen, malen, sie betreuen, bis die Eltern sie dann wieder nach Hause holen, na ja, das sollte doch fast jeder können«. Gegen diese Figur argumentiert schon Max Adler (1926) Mitte der 1920er-Jahre. Er wusste, dass »... auch derjenige, der bloß kleine Kinder unterrichtet, gründliches und allseitiges Wissen haben muss, weil kleine Kinder viel mehr fragen als große, ja als Erwachsene, weil sie noch überall Probleme sehen, wo das Interesse und die Wissbegierde der Erwachsenen längst abgestumpft ist. (...) Wir müssen eben allemal mit der armseligen Vorstellung brechen, dass für die Erziehung das Zufällige, nebenher und recht schlecht Geleistete gerade gut genug ist. Erziehung ist ein Beruf, und noch dazu einer der schwierigsten« (Adler 1926, S. 103). Adler plädiert zwar nicht explizit und direkt für eine Akademisierung der in der vorschulischen Pädagogik Tätigen, jedoch nachdrücklich für eine qualifizierte Verberuflichung der freiwilligen »Liebestätigkeit«, der vor- und außerschulischen Pädagogik, da diese nicht »jeder Beliebige, der gerade Lust und Zeit dazu hat, leisten kann«. Vehement reklamiert er mehr Wissen und Bildung für die ErzieherInnen und wendet sich damit gegen den zur gleichen Zeit von Aloys Fischer vorgetragenen Einwand, dass das »Pädagogische« in Form der natürlichen, familialen Erziehung durch die »Professionalisierung der Erziehung« (Fischer 1961, S. 163) bedroht sei.

Auch wenn die Verbreiterung der hochschulischen Qualifizierungslandschaft für die Pädagogik der Kindheit nicht ohne weiteres eine vertiefende Verfachlichung und Professionalisierung pädagogischer Handlungsfelder bedingt, liegt doch in der Etablierung von Qualifizierungen für pädagogische Berufstätigkeiten an Hochschulen strukturell die Chance verborgen, Professionalisierungsgewinne zu erzielen. Erst die wissenschaftliche Fundierung von beruflichen Qualifikationen ermöglicht eine reflexiv ausgerichtete, Wissen und Können ausbalancierende berufliche Praxis in pädagogischen Arbeitsfeldern. In dieser Erkenntnis verbirgt sich kein verstecktes Votum gegen die bisherige Fachschulausbildung, jedoch das Plädoyer für eine sukzessive Akademisierung der Qualifikation für Tätigkeiten in den Arbeitsfeldern der Pädagogik der Kindheit, insbesondere in den Kindertageseinrichtungen. Gleichwohl ist eine enge Kooperation zwischen Fachschulen, Fachhochschulen und Universitäten im Sinne einer generellen Qualifizierung der »Pädagogik der Kindheit« in dem Sinne wünschenswert. Die Ressourcen und Kompetenzen der jeweiligen Qualifizierungsebenen könnten so zukünftig vielleicht optimal genutzt werden.

Für eine umfassende, standortbestimmende Übersicht über bestehende Reformvorhaben und Modelle ist es noch zu früh. Im Zuge der Neuordnung der fachschulischen Erzieherinnen- und Erzieherausbildung und der akademischen Qualifizierungslandschaft stellt die hochschulische Einrichtung von kindheitspädagogischen Studiengängen allerdings eine kaum noch zu unterlaufende Option dar. Eine solche Option beinhaltet zudem auch Verantwortung für die weiterhin existierende Fachschulausbildung, um die hochschulnahe Neuverortung beziehungsweise Integration der sozialpädagogischen Fachschulausbildung in das System der akademischen Qualifizierungslandschaft nach sich ziehen zu können.[9] Der Ausbau der lehramts- oder berufspädagogisch abgefederten sozialpädagogischen Studiengänge kann ebenso einen Baustein in dem Professionalisierungsprozess der Pädagogik der Kindheit darstellen wie die Realisierung der Idee, Fachschulen stärker an die Hochschulen anzubinden, beispielsweise als angegliederte, ausbildungsbezogene, mit einem eigenen Profil ausgestattete Lehr-Lern-Institutionen. Vergleichbare Kooperationen existieren schon heute für Qualifizierungen im medizinischen Bereich und für den Bereich der Pädagogik der frühen Kindheit in Spanien und partiell auch in anderen Ländern. Die bisherige Qualität und Struktur der sozialpädagogischen Fachschulausbildungen könnte so gesichert und darüber hinaus durch die Anbindung an Hochschulen die Modularisierung der Qualifizierungslandschaft erleichtert werden – mit Gewinn für alle Beteiligten.

Vor dem Hintergrund der vorliegenden Bildungspläne, der anvisierten curricularen Neuorientierung der vorschulischen Einrichtungen und der auch darüber grundgelegten Notwendigkeit, den Anteil von akademisch qualifiziertem Personal in den entsprechenden Einrichtungen zu erhöhen, ist den Hochschulen – und hier auch und vielleicht insbesondere den Universitäten – zu empfehlen, Studiengänge zu implementieren,

- die die Übergänge zwischen den kindlichen Entwicklungsphasen beachten und studienprogrammatisch operationalisieren – insbesondere den Übergang zwischen dem Elementar- und dem Primarbereich mitdenken –, vielleicht sogar die gesamte Struktur des Studiums der Pädagogik für professionelle Tätigkeiten mit

---

9 Auf Fachschulen für ErzieherInnen als Qualifikationsinstitutionen auch für den Bereich der Pädagogik der Kindheit kann zumindest für die nahe Zukunft kaum verzichtet werden. Für Nordrhein-Westfalen hat Rudolf Nottebaum (2005, S. 46; vgl. hierzu auch Rauschenbach 2005) darauf verwiesen. Wenn alle 18 nordrhein-westfälische Hochschulen, die Studiengänge mit einem sozialpädagogischen Profil vorhalten, ab dem Wintersemester 2005 mit einem BA-Studiengang »Pädagogik der Kindheit« begännen und 50 Studierende aufnähmen, würde es rein rechnerisch 20 Jahre dauern, bis allein der Personalbedarf der über 9.000 Kindertageseinrichtungen in diesem Bundesland durch akademisch qualifiziertes Personal ersetzt wäre (vgl. zu den Kosten Fußnote 7).

Heranwachsenden des Alterbereiches der bis neun-, zehnjährigen Kinder umfassend in Qualifikationsangeboten flexibilisiert neu konzipieren,
- die sich über eine Kombination aus sozialpädagogischen, grundschulpädagogischen und kindheitsbezogenen Inhalten wissenschaftlich wie auch handlungsfeld- und professionsbezogen konzeptualisieren,
- die eine deutliche, auf die Phase der jüngeren Kindheit ausgerichtete Forschungsorientierung ausweisen und die
- weiter- und fortbildungsoffen angelegt sind, also in einer längeren Übergangsphase die MitarbeiterInnen in der kindheitspädagogischen Praxis mit einem Fachschulabschluss feld- und fallbezogen weiter qualifizieren.

Weitgehend dürfte Konsens dahingehend bestehen, dass gegenwärtig – und schon gar nicht kurzfristig – nicht die Akademisierung der gesamten ErzieherInnenausbildung ansteht. Zwar geht es auch um die Qualifizierung der ErzieherInnenausbildung, mehr jedoch um eine Qualifizierung der Ausbildungswege für Tätigkeiten in Handlungsfeldern der Pädagogik der Kindheit, insbesondere um den Anteil der akademisch qualifizierten Berufstätigen in den institutionalisierten Handlungsfeldern für die drei- bis sechsjährigen sowie die unter dreijährigen Kinder zu erhöhen. Zudem und darüber hinaus geht es auch um die qualifizierte Neurahmung des Übergangs zwischen dem Elementar- und dem Primarbereich, um das Nachdenken über eine moderate Neumodulation des Primarbereiches und die akademische Qualifizierung für diesen Bereich, also auch um das konzeptionelle Neudenken von Studiengängen für den Primar- und Elementarbereich, komponiert mit dem Wissen der neueren Kindheits-, Sozialisations- und Lehr-Lernforschung sowie dem sozialpädagogischen, elementar- und primarpädagogischen Theorie- und Methodenwissen.

Ziel bleibt die weitere Verfachlichung und Professionalisierung der Pädagogik der Kindheit. Dieses Ziel ist allerdings, so eine wesentliche Quintessenz dieses Beitrages, nicht ausschließlich über eine Qualifizierung der Ausbildung zu realisieren, sondern bedarf auch einer strukturellen wie inhaltlichen Verfachlichung der beruflichen Handlungspraxen. Faktizität ist jedoch auch, zumindest wenn den hier vorgetragenen Argumentationen darüber hinaus gefolgt wird, dass eine Qualifizierung der Handlungspraxen der Pädagogik der Kindheit ohne eine weitere Akademisierung des hier tätigen Personals sich nicht bewerkstelligen lässt. Auf der Tagesordnung steht damit die Professionalisierung des gesamten Qualifizierungsportfolio für berufliche Tätigkeiten in den institutionalisierten Handlungsfeldern der Pädagogik der Kindheit.

6 Literatur

Adler, Max (1926/1979): Neue Menschen. Berlin
Andermann, Hilke, Dippelhofer-Stiem, Barbara/Kahle, Irene (1996): Erzieherinnen vor dem Eintritt in das Berufsleben. Zu ihren beruflichen Orientierungen und zur Beurteilung ihrer Ausbildung an der Fachschule für Sozialpädagogik. In: Zeitschrift für Frauenforschung, Doppelheft 1/2, S. 138–151
Bauer, Jost (2005): Ausbildung zur Erzieherin/zum Erzieher ein alter-neuer Auftrag für die deutschen Fachhochschulen und Bereiche des Sozialwesens. München
Beher, Karin/Gragert, Nicola (2004): Aufgabenprofile und Qualifikationsanforderungen in den Arbeitsfeldern der Kinder- und Jugendhilfe. Dortmund/München
Beher, Karin/Hoffmann, Hilmar/Rauschenbach, Thomas (1999): Das Berufsbild der ErzieherInnen. Vom fächerorientierten zum tätigkeitsorientierten Ausbildungskonzept. Neuwied/Kriftel/Berlin
Beher, Karin/Knauer, Detlev/Rauschenbach, Thomas (1996): Beruf: ErzieherIn. Daten, Studien und Selbsteinschätzungen zur Situation der ErzieherInnen in Kindertageseinrichtungen und in der Heimerziehung. In: Böttcher, W. (Hrsg.): Die Bildungsarbeiter. Situation – Selbstbild – Fremdbild. Weinheim/München, S. 11–49
Cloos, Peter (2004): Biografie und Habitus. Ethnografie sozialpädagogischer Organisationskulturen. Kassel (bis. unveröff. Dissertation)
Cloos, Peter (2001): Ausbildung und beruflicher Habitus von ErzieherInnen. In: Hoffmann, H. (Hrsg.): Studien zur Qualitätsentwicklung von Tageseinrichtungen. Neuwied/Berlin, S. 97–130
Cloos, Peter (2000): Die Ausbildung der AusbilderInnen. LehrerInnen an Fachschulen für Sozialpädagogik und die Anstellungspraxis der Bundesländer. In: Neue Praxis, 30. Jg., Heft 4, S. 418–420
Cloos, Peter (1999): Ausbildung und beruflicher Habitus. Biographien von ErzieherInnen. Dortmund (unveröff. Manuskript)
Dewe, Bernd (1999): Das Professionswissen von Weiterbildnern: Klientenbezug – Fachbezug. In: Combe, A./Helsper, W. (Hrsg.): Pädagogische Profes-

sionalität. Untersuchungen zum Typus pädagogischen Handelns. Frankfurt am Main, S. 714–757
DGfE (2005): Stellungsnahme zur Qualifizierung des Personals im Bereich der »vorschulischen Pädagogik«. In: Erziehungswissenschaft, 16. Jg., Heft 31, S. 16–17
Dippelhofer-Stiem, Barbara (1999): Fachschulen für Sozialpädagogik aus der Sicht von Absolventinnen. Ergebnisse einer empirischen Studie. In: Thiersch, R./Höltershinken, D./Neumann, K. (Hrsg.): Die Ausbildung der ErzieherInnen. Entwicklungstendenzen und Reformansätze. Weinheim/München, S. 80–92
Dippelhofer-Stiem, Barbara /Kahle, Irene (1995): Die Erzieherin im evangelischen Kindergarten. Empirische Analysen zum professionellen Selbstbild des pädagogischen Personals, zur Sicht der Kirche und zu den Erwartungen der Eltern. Bielefeld
Ebert, Sigrid (2005): Anforderungen an die Ausbildung. Kommentar zum Arbeitspapier der BAG Bildung und Erziehung im Kindesalter – Weiterentwicklung der Erzieherinnenausbildung in Kooperation mit Hochschulen. Berlin
Ebert, Sigrid (2004): Die ErzieherInnen-Ausbildung (3). Das Lernfeldkonzept. In: Kindergarten heute, 34. Jg., Heft 1, S. 20–29
Engelhardt, Walter Josef/Ernst, Heinz (1992): Dilemmata der ErzieherInnenausbildung zwischen Institution und Profession. In: Zeitschrift für Pädagogik, 38. Jg., Heft 3, S. 419–435
Fischer, Aloys (1961): Erziehung als Beruf. In: Fischer, A. (Hrsg.): Ausgewählte Schriften. Paderborn, S. 13–39
Frankfurter Rundschau (2005): Zu neuen Ufern. Frankfurter Rundschau vom 7.12.2005, S. 24–25
Frey, Andreas (2003): Aus- und Weiterbildung. In: Fried, L. u. a. (Hrsg.): Vorschulpädagogik. Baltmannsweiler, S. 189–233
Fthenakis, Wassilios E. u. a. (1995): Neue Konzepte für Kindertageseinrichtungen: eine empirische Studie zur Situations- und Problemdefinition der beteiligten Interessengruppen. München
Gewerkschaft Erziehung und Wissenschaft (2005a): Erzieherinnenausbildung an die Hochschule. Frankfurt am Main
Gewerkschaft Erziehung und Wissenschaft (2005b): Synopse der Bildungspläne für Kindertageseinrichtungen. Frankfurt am Main
Hoffmann, Hilmar (2001): Entwicklungen der Kindertageseinrichtungen. Von der Institutionen- zur Feldperspektive. In: Hoffmann, H. (Hrsg.): Studien zur Qualitätsentwicklung von Tageseinrichtungen. Neuwied/Berlin, S. 7–13

Hoffmann, Hilmar/Cloos, Peter (2001): Die Ausbildung der AusbilderInnen. Zum Studium des Lehramtes an Fachschulen/Fachakademien für Sozialpädagogik. In: Hoffmann, H. (Hrsg.): Studien zur Qualitätsentwicklung von Tageseinrichtungen. Neuwied/Berlin, S. 51–96

Hoppe, Jörg Reiner (1993): Polemische Anmerkungen zur Kindertagesstättenpraxis, ErzieherInnenausbildung, LehrerInnenfortbildung und zu Innovationsbestrebungen. In: Nachrichtendienst des deutschen Vereins für öffentliche und private Fürsorge, 73. Jg., Heft 3, S. 113–116

Horn, Klaus-Peter/Wigger, Lothar/Züchner, Ivo (2004): Neue Studiengänge – Strukturen und Inhalte. In: Tippelt, R./Rauschenbach, Th./Weishaupt, H. (Hrsg.): Datenreport Erziehungswissenschaft 2004. Wiesbaden, S. 15–38

Klemm, Klaus (2005): Bildungsausgaben in Deutschland. Status Quo und Perspektiven. Expertise im Auftrag der Friedrich Ebert Stiftung. Berlin/Bonn

Konferenz der Kultusminister (1984): Empfehlungen der Studienreformkommission. Band 1 und 2. Bonn

Krenz, Armin (1993): Unzufriedenheit und neue Belastungen von Erzieherinnen in schleswig-holsteinischen Kindergärten. Ergebnisse und Hintergründe einer breit angelegten Befragung. In: Unsere Jugend, 45. Jg., Heft 5, S. 200–209

Krüger, Heinz-Hermann u. a. (2003): Diplom-Pädagogen in Deutschland. Weinheim/München

Küls, Holger (2005): Lernen in Lernfeldern. In: http://www.kindergartenpaedagogik.de/762.html

Küster, Ernst-Uwe (2002): Qualifizierung für die Soziale Arbeit. Auf der Suche nach Normalisierung, Anerkennung und dem Eigentlichen. In: Thole, W. (Hrsg.): Grundriss Soziale Arbeit. Opladen, S. 817–841

Küster, Ernst-Uwe/Cloos, Peter (2002): »Die Ausbildung war für mich wie ne Pizza ...«. Einige Anmerkungen zur Qualifizierung von ErzieherInnen. In: Möller. M./ Zühlke, E. (Hrsg.): ... zur Freiheit seid ihr berufen. Sozialpädagogische (ErzieherInnen-)Ausbildung gestern – heute – morgen. Kassel 2002, S. 120–138

Ludewigt, Irmgard/Otto-Schindler, Martina (1992): »... und irgendwann wühlt man sich wieder ans Tageslicht«. Ansprüche und Formen sozialpädagogischen Handelns von Heimerzieherinnen und Heimerziehern, Niedersächsische Beiträge zur Sozialpädagogik und Sozialarbeit, Band 8., Frankfurt am Main u. a.

Mayer-Vorfelder, Gerhard (1982): Redebeitrag auf dem Kreisparteitag in Schwäbisch-Gmünd 1982. Zitiert nach Metzinger, A (1993): Zur Geschichte der Erzieherausbildung. Quellen – Konzeptionen – Impulse – Innovationen. Frankfurt am Main u. a., S. 194

Nottebaum, Rudolf (2005): BA-Studium für ErzieherInnen das Ende der Fachschulausbildung? In: Pädagogik Unterricht, 25.Jg., Heft 2–3, S. 45–49

Rauschenbach, Thomas (2005): Erzieherinnen in neuer Höhenlage. Unübersichtliche Nebenwirkungen einer beabsichtigten Ausbildungsreform. In: Erziehungswissenschaft, 16. Jg., Heft 31, S. 18–35

Rauschenbach, Thomas (1997): Pädagogische Aus-, Fort- und Weiterbildung: Fachschule, Fachhochschule, Universität. In: Krüger, H.-H./Rauschenbach, Th. (Hrsg.): Einführung in die Arbeitsfelder der Erziehungswissenschaft. Opladen, S. 296–285

Rauschenbach, Thomas/Beher, Karin/Knauer, Detlev (1995): Die Erzieherin. Ausbildung und Arbeitsmarkt. Weinheim/München

Rauschenbach, Thomas/Züchner, Ivo (2001): Soziale Berufe. In: Otto, H.-U./ Thiersch, H. (Hrsg.): Handbuch Sozialarbeit/Sozialpädagogik. Neuwied/ Kriftel/Berlin, S. 1649–1667.

Schlicht, Hermann-Josef (1985): Wie ich Erzieher wurde – Schüler erzählen ihre Lebensgeschichte. Frankfurt am Main

Schmidt, Thilo (2005): Entwicklungen in der Ausbildung von ErzieherInnen. In: Zeitschrift für Pädagogik, 51. Jg., Heft 5, S. 713–728

Schweppe, Cornelia (2003): Wie handeln SozialpädagogInnen? Rekonstruktion der professionellen Praxis der Sozialen Arbeit. In: Schweppe, C. (Hrsg.): Qualitative Forschung in der Sozialpädagogik. Opladen, S. 145–165

Sell, Stefan (2004): Hochschulausbildung für Erzieherinnen zwischen Wunsch, Wirklichkeit und Hartz IV. Ein Blick auf die Landschaft neuer Studienmodelle. In: Theorie und Praxis der Sozialpädagogik, Heft 9/10, S. 88–93

Strätz, Rainer (1998): Neue Konzepte für Kindertageseinrichtungen. Eine empirische Studie zur Situations- und Problemdefinition der beteiligten Interessengruppen. Köln

Thiersch, Renate/Höltershinken, Dieter/Neumann, Karl (Hrsg.) (1999): Die Ausbildung der ErzieherInnen. Entwicklungstendenzen und Reformansätze. Weinheim/München

Thole, Werner (1994): Sozialpädagogik an zwei Orten. Professionelle und disziplinäre Ambivalenzen eines noch unentschiedenen Projektes. In: Krüger, H.-H./Rauschenbach, Th. (Hrsg.): Erziehungswissenschaft. Die Disziplin am Beginn einer neuen Epoche. Weinheim/München, S. 253–274

Thole, Werner/Cloos, Peter (2000): Nimbus und Habitus. Überlegungen zum sozialpädagogischen Professionalisierungsprojekt. In: Homfeldt, H.-G./ Schulze-Krüdener, J. (Hrsg.): Wissen und Nichtwissen. Weinheim/München, S. 277–297

Thole, Werner/Küster-Schapfl, Ernst-Uwe (1997): Sozialpädagogische Profis. Beruflicher Habitus, Wissen und Können von PädagogInnen in der außerschulischen Kinder- und Jugendarbeit. Opladen

Tietze, Wolfgang u.a. (1998): Wie gut sind unsere Kindergärten? Neuwied/Kriftel

Wendt, Wolf Rainer (2005): Helfertraining und Akademisierung – Grundlinien der Ausbildungsgeschichte. In: Thole, W. (Hrsg.): Grundriss Soziale Arbeit. Wiesbaden, S. 805–822

Zern, Hartmut (1980): Berufswahlmotive von Erzieherinnen in der Ausbildung. Weinheim

Die Fachkräfte: Aufgabenprofile und Tätigkeitsanforderungen[1]

Karin Beher

1	Das aktuelle Qualifikationsprofil	80
2	Wo arbeiten ErzieherInnen?	82
3	Mit welchen Anforderungen werden ErzieherInnen konfrontiert?	86
4	Wende ins Ungewisse?	91
5	Literatur	93

---

1 Vortrag auf dem DJI-Fachforum »Reform oder Ende der ErzieherInnenausbildung? Akademisierung – Professionalisierung – Aufgabenorientierung« am 8. und 9. Dezember 2004 in München.

Im Zeichen des Wandels der Gegenwartsgesellschaft verändern sich auch die Anforderungen an die Tätigkeit von ErzieherInnen. Bestehende Aufgabenschwerpunkte verlagern sich, neue Tätigkeiten gewinnen im Arbeitsalltag dieser Berufsgruppe an Bedeutung. Aufgrund dieses inhaltlichen Wandels der Anforderungsprofile für einzelne Aufgabenbereiche muss sich der ErzieherInnenberuf, wie auch andere Berufe, von Zeit zu Zeit fragen lassen, ob der Zuschnitt des zugrunde liegenden Qualifizierungskonzepts noch zeitgemäß ist, oder ob der Steuerungs- und Reformbedarf nicht so groß ist, dass grundsätzliche Veränderungen unabdingbar sind. Angesichts der sich beschleunigenden Wandlungserscheinungen in der Lebenswelt von Kindern und Jugendlichen erscheint eine Vergewisserung darüber, inwieweit dieser sozialpädagogische Beruf seiner Orientierungsfunktion für Arbeitsmarkt und Ausbildung noch gerecht werden kann, dringend erforderlich. Ausgehend vom aktuellen Qualifikationsprofil wird deshalb im folgenden Beitrag die Arbeitsmarktseite in den Vordergrund gestellt und nach den berufsfeldbezogenen Anforderungen an ErzieherInnen gefragt.

1 Das aktuelle Qualifikationsprofil

Das heutige Qualifizierungskonzept für ErzieherInnen beruht auf der KMK-Rahmenvereinbarung zu den Fachschulen, die im Jahr 2002 verabschiedet wurde und als grobes Orientierungs- und Kategoriensystem zur bundesweiten Angleichung der länderspezifischen Ausbildungsmodelle fungiert. Hiernach erfolgt die Ausbildung zur/ zum staatlich anerkannten ErzieherIn für die große Mehrheit der Auszubildenden überwiegend an Fachschulen (bzw. Fachakademien, Berufskollegs) für Sozialpädagogik im Rahmen des beruflichen Schulwesens (vgl. KMK 2002). Dort erwerben die angehenden ErzieherInnen einen postsekundären Berufsabschluss, der sie – so die generelle Intention aller Fachschulausbildungen – zur Übernahme von Führungsaufgaben und zur selbstständigen Ausführung verantwortungsvoller Tätigkeiten qualifizieren soll (vgl. ebd., S. 4). Mit Blick auf den speziellen Bildungsgang zur/zum ErzieherIn soll den Auszubildenden die Befähigung vermittelt werden, »Erziehungs-, Bildungs- und Betreuungsaufgaben« zu erfüllen und »in allen sozialpädagogischen Bereichen selbstständig und eigenverantwortlich tätig zu sein« (ebd., S. 21). Aus dieser Perspektive wird der

Fachkraftstatus des ErzieherInnenberufs – wie schon in der vorangegangenen Rahmenvereinbarung – bestätigt und ein nichtakademisches, sozialpädagogisches Berufsbild auf mittlerem Funktionsniveau beschrieben. Dieses Qualifikationskonzept ist dabei im Kern immer noch auf die Rahmenvereinbarung von 1967 zurückzuführen, in der durch die Zusammenlegung der vorgängigen Ausbildungen zur Kindergärtnerin und Hortnerin auf der einen Seite, mit der Heimerzieherinnenausbildung auf der anderen die Grundentscheidung für eine breit qualifizierende, sozialpädagogische Allroundqualifizierung getroffen wurde.

Gleichzeitig werden in der aktuellen Rahmenvereinbarung konkrete fachkraft- und damit arbeitsmarktrelevante Kenntnisse und Fähigkeiten aufgelistet, über die die angehenden Erzieherinnen nach Ausbildungsabschluss verfügen sollen (vgl. Abb. 1).

Abbildung 1: Anforderungen an die Qualifikation von Fachkräften der Fachrichtung »Sozialpädagogik« aus der Perspektive der KMK (2002, S. 21f.)

»Kinder und Jugendliche zu erziehen, zu bilden und zu betreuen erfordert Fachkräfte,
- die das Kind und den Jugendlichen in seiner Personalität und Subjektstellung sehen;
- die Kompetenzen, Entwicklungsmöglichkeiten und Bedürfnisse der Kinder und Jugendlichen in den verschiedenen Altersgruppen erkennen und entsprechende pädagogische Angebote planen, durchführen, dokumentieren und auswerten können;
- die als Personen über ein hohes pädagogisches Ethos, menschliche Integrität sowie gute soziale und persönliche Kompetenzen und Handlungsstrategien zur Gestaltung der Gruppensituation verfügen;
- die im Team kooperationsfähig sind;
- die aufgrund didaktisch-methodischer Fähigkeiten die Chancen von ganzheitlichem und an den Lebensrealitäten der Kinder und Jugendlichen orientiertem Lernen erkennen und nutzen können;
- die in der Lage sind, sich im Kontakt mit Kindern und Jugendlichen wie auch mit Erwachsenen einzufühlen, sich selbst zu behaupten und Vermittlungs- und Aushandlungsprozesse zu organisieren;
- die als Rüstzeug für die Erfüllung der familienergänzenden und -unterstützenden Funktion über entsprechende Kommunikationsfähigkeit verfügen;
- die aufgrund ihrer Kenntnisse von sozialen und gesellschaftlichen Zusammenhängen die Lage von Kindern, Jugendlichen und ihren Eltern erfassen und die Unterstützung in Konfliktsituationen leisten können;
- die Kooperationsstrukturen mit anderen Einrichtungen im Gemeinwesen entwickeln und aufrechterhalten können;
- die in der Lage sind, betriebswirtschaftliche Zusammenhänge zu erkennen sowie den Anforderungen einer zunehmenden Wettbewerbssituation der Einrichtungen und Dienste und einer stärkeren Dienstleistungsorientierung zu entsprechen.«

Hiernach bilden beispielsweise die subjektbezogene, entwicklungsorientierte Arbeit mit den Kindern, die systematische, planvoll-dokumentierende Gestaltung der einzelnen Aufgaben oder auch die

Entwicklung von Kooperationsstrukturen wesentliche qualifikatorische Bestandteile des Anforderungskatalogs an ErzieherInnen. Inwieweit es jedoch tatsächlich gelingt, den angehenden ErzieherInnen die entsprechenden Wissens- und Könnensbestände in der Ausbildungspraxis der Länder und innerhalb des gegebenen Rahmens eines – je nach Landesmodell und beruflicher Vorlaufphase – zwei- oder dreijährigen Bildungsgangs innerhalb des beruflichen Schulwesens zu vermitteln und ob der derzeitige Qualifikationszuschnitt dem erforderlichen Fachlichkeitsgrad in der Kinder- und Jugendhilfe überhaupt entspricht, wird bislang unterschiedlich bewertet.

Angesichts der lang anhaltenden Skepsis gegenüber der ErzieherInnenausbildung sind in der Fachöffentlichkeit verstärkt fächerartige Suchbewegungen nach einem Berufsprofil und Kompetenzzuschnitt zu beobachten, die den vielfältigen, sozialpädagogischen und bildungspolitischen Herausforderungen innerhalb und außerhalb der Kinder- und Jugendhilfe besser gerecht werden sollen. Die einzelnen Antworten auf die Frage: »Wohin mit der ErzieherInnenausbildung?« fallen jedoch – je nach Standort und Interessengruppe – sowohl konzeptionell als auch strukturell höchst unterschiedlich aus und reichen von der modifizierten Beibehaltung des bisherigen Ausbildungsmodells bis hin zur Universitätslösung – mit diversen Variationsmöglichkeiten dazwischen. Vor diesem Hintergrund erscheint es sinnvoll, zunächst die Entwicklung und Lage des ErzieherInnenberufs auf dem Arbeitsmarkt darzustellen, bevor dann die verschiedenen Wege in Richtung einer Neuformatierung der ErzieherInnenausbildung näher beleuchtet werden.

2 Wo arbeiten ErzieherInnen?

Im Horizont des Arbeitsmarktes gilt die Kinder- und Jugendhilfe als traditionelles Arbeitsfeld von ErzieherInnen – obgleich über den Berufseinmündungsprozess und die Erwerbsverläufe aus wissenschaftlicher Perspektive für diese Berufsgruppe zusammengenommen nur wenig bekannt ist (vgl. hierzu auch den Beitrag von Th. Rauschenbach in diesem Band). ErzieherInnen sind damit zu großen Teilen in einem Berufsfeld tätig, das sich in den letzten Jahrzehnten zu einem vielschichtigen Sozialleistungsbereich und einem fachlich regulierten Berufsfeld entwickelt hat. Wie nicht zuletzt die verschiedenen Vorstöße der Jugendministerkonferenz (JMK) in punkto einer

Optimierung der ErzieherInnenausbildung und anderer sozialpädagogischer Berufe dokumentieren, haben Ausbildungs- und Qualifizierungsfragen in der Kinder- und Jugendhilfe aufgrund der wachsenden Berufsanforderungen zunehmend an Stellenwert gewonnen. Bei der Umsetzung fachlicher Ansprüche kommt der Berufsgruppe der ErzieherInnen eine Schlüsselposition zu.

Die Relevanz des ErzieherInnenberufs für die Kinder- und Jugendhilfe wird dabei bereits an wenigen Eckdaten der aktuellen Kinder- und Jugendhilfestatistik des Statistischen Bundesamtes aus dem Jahr 2004 deutlich. Nach dieser Systematik stellen ErzieherInnen nach wie vor die mit Abstand größte Einzelberufsgruppe in der Kinder- und Jugendhilfe dar: Immerhin verfügte am 31. Dezember 2002 bundesweit fast jede(r) zweite der über 568.200 Beschäftigten in diesem Handlungsfeld über den Berufsabschluss einer Erzieherin bzw. eines Erziehers. Aus dieser Perspektive bilden ErzieherInnen – unter quantitativen Aspekten – den substanziellen Kern sozialpädagogischer Fachlichkeit in der Kinder- und Jugendhilfe. Wird allerdings im Horizont des Binnengefüges dieses Sozialleistungsbereichs nach den Tätigkeitsfeldern gefragt, in denen ErzieherInnen beschäftigt sind, dann zeigt sich, dass von den am 31. Dezember 2002 bundesweit knapp 280.000 gezählten ErzieherInnen allein 86 Prozent, d.h. immerhin fast 240.000, im Arbeitsfeld der Kindertageseinrichtungen tätig waren. Weitere Einsatzfelder bildeten – mit großem Abstand – die Einrichtungen im Bereich der erzieherischen Hilfen (mit einem Anteil von 9,1% aller in der Kinder- und Jugendhilfe tätigen ErzieherInnen) sowie die Kinder- und Jugendarbeit (mit einem Anteil von 2,3%). Im Unterschied zum breit angelegten sozialpädagogischen Qualifikationsprofil dominieren beim tatsächlichen Personaleinsatz – wie schon in der Vergangenheit – eindeutig Kindertageseinrichtungen als Beschäftigungsort von ErzieherInnen.

Die starke Verengung des Arbeitsmarktprofils von ErzieherInnen auf nur ein Teilsegment der gesamten Kinder- und Jugendhilfe verschärft sich noch einmal, wenn das Arbeitsfeld der Kindertageseinrichtungen selbst näher ins Blickfeld genommen wird: Wird nach den Tätigkeiten gefragt, die ErzieherInnen in Kindertageseinrichtungen hauptsächlich ausüben, werden die *Arbeitsinhalte* in den Vordergrund gestellt (vgl. Tab. 1). So wird ersichtlich, dass gegen Ende des Jahres 2002 rund 58 Prozent der ErzieherInnen in Kindertageseinrichtungen in der Kindergartenerziehung, 18,8 Prozent in der Erziehung in altersgemischten Gruppen, 8,1 Prozent in der Horterziehung und weitere 5,8 Prozent in der frühkindlichen Erziehung beschäftigt waren. Nach wie vor wird also das berufliche Handeln von ErzieherInnen durch die pädagogische Arbeit mit Kindergartenkindern geprägt, obgleich die Arbeit in altersgemischten Gruppen seit den 1990er-Jahren zunächst in Ost- und – im Vergleich zur Datenlage vom 31. Dezember 1998 – auch in Westdeutschland deutlich auf dem Vormarsch ist und mit Blick auf die Kleinst- und Kleinkinder sowie die Schulkinder politische Veränderungen intendiert sind.

Tabelle 1: ErzieherInnen im Arbeitsfeld der Kindertageseinrichtungen in ausgewählten pädagogischen Arbeitsbereichen (Deutschland; 31.12.2002)

Arbeitsbereich	Gesamtpersonal		ErzieherInnen		
	Abs.	%	Abs.	% an allen ErzieherInnen	% am Personal im Arbeitsbereich
Personal insgesamt	374.170	100,0	238.861	100,0	63,8
Darunter in der					
Frühkindlichen Erziehung	17.639	4,7	13.925	5,8	78,9
Kindergartenerziehung	209.173	55,9	139.454	58,4	66,7
Horterziehung	25.503	6,8	19.391	8,1	76,0
Erziehung in altersgemischten Gruppen	57.424	15,3	44.792	18,8	78,0
Betreuung behinderter Kinder und Jugendlicher	12.234	3,3	5.673	2,4	46,4
Zusammen	321.973	0,0	223.235	93,5	70,2

Quelle: Statistisches Bundesamt (2004); eigene Berechnungen

Innerhalb der einzelnen Arbeitsbereiche wird die sozialpädagogische Tätigkeit zu großen Teilen von ErzieherInnen gestaltet (vgl. Tab. 1) – wie u. a. die Berechnung des ErzieherInnenanteils am Personal verdeutlicht: Rund 64 Prozent der tätigen Personen in Kindertageseinrichtungen sind ErzieherInnen, in den pädagogischen Arbeitsbereichen fällt dieser Prozentwert sogar noch höher aus. Hier haben sieben von zehn tätigen Personen eine Ausbildung zur/zum ErzieherIn, wobei die Anteile je nach Arbeitsbereich zwischen 67 und 79 Prozent schwanken. Eine Ausnahme stellt der Bereich der Betreuung behinderter Kinder dar, in dem die kranken- und heilerziehungspflegerischen bzw. heilpädagogischen Berufe eine größere Rolle als in den anderen Arbeitsbereichen spielen.

Die herausragende Stellung von ErzieherInnen im Fachkraftgefüge wird auch an den Arbeitspositionen ersichtlich, die sie in Kindertageseinrichtungen besetzen (vgl. Tab. 2). Das Gros der ErzieherInnen (mit einem Anteil von 64 % an allen ErzieherInnen im Arbeitsfeld) ist im Positionsgefüge von Kindertageseinrichtungen auf dem mittleren Niveau der Gruppenleitung tätig. Weitere 6,4 Prozent aller ErzieherInnen in Kindertageseinrichtungen obliegt als freigestellte Leitung die Verantwortung für die Gesamteinrichtung. Umgekehrt betrachtet, sind von den insgesamt auf dieser Position beschäftigten gut 19.000 LeiterInnen fast 80 Prozent ErzieherInnen. Diese Daten sind auch ein Beleg dafür, dass selbst die Führungspositionen im Arbeitsfeld der Kindertageseinrichtungen mehrheitlich durch ErzieherInnen geprägt sind. Sie sind aber auch Ausdruck eines im Vergleich zu den anderen Arbeitsfeldern der Kinder- und Jugendhilfe relativ niedrigen Akademisierungs- und Professionalisierungsgrades im Feld der Kindertageseinrichtungen, der sich bis in die »Führungsetagen« fortsetzt.

Tabelle 2: Die Positionen in Kindertageseinrichtungen (Deutschland; 31.12.2002)

Arbeitsbereich	Personal insgesamt		ErzieherInnen		
	Abs.	% des Gesamtpersonals	Abs.	% aller ErzieherInnen	% am Personal in der Position
Freigestellte Leitung	19.184	5,1	15.232	6,4	79,4
Gruppenleitung	166.305	44,4	153.176	64,1	92,1
Zweit- bzw. Ergänzungskraft	143.434	38,3	64.386	27,0	44,9
Insgesamt	374.170	100,0	238.861	100,0	63,8

Quelle: Statistisches Bundesamt (2004); eigene Berechnungen

Und schließlich gerät im Horizont der Jugendhilfestatistik auch der relativ hohe Frauenanteil ins Blickfeld, der zu großen Teilen auf die Berufsgruppe der ErzieherInnen zurückzuführen ist: So liegt die Frauenquote bei 96 Prozent aller tätigen Personen in Kindertageseinrichtungen, bei den ErzieherInnen sind es sogar 98 Prozent. Das heißt, die fachpolitischen Appelle, mehr männliche Fachkräfte für die Tätigkeit in diesem Arbeitsfeld zu gewinnen, sind – mit Ausnahme weniger Modellprojekte – bislang ebenso erfolglos geblieben wie die Versuche, die Attraktivität der Erzieherausbildung für Schüler wesentlich zu erhöhen (wie die Daten der Schulstatistik verdeutlichen).

Neben der Tätigkeit in der Kinder- und Jugendhilfe scheint – wie punktuelle Erfahrungen und singuläre Befunde verdeutlichen – für ErzieherInnen mit der forcierten Expansion von Ganztagsschulen ein neues Beschäftigungsfeld an Bedeutung zu gewinnen. Seit der medienwirksamen Veröffentlichung der verschiedenen Schulleistungsstudien, darunter insbesondere der PISA- und der IGLU-Studie, ist die Ganztagsschule bundesweit im Aufwind. Als Hoffnungsträger der Bildungs-, aber auch der Familien- und Arbeitsmarktpolitik gewinnt diese Form ganztägiger Schulorganisation auch als Arbeitsplatz für Nicht-Lehrkräfte an Stellenwert, darunter auch für ErzieherInnen. Wie viele ErzieherInnen inzwischen schon einen Arbeitsplatz in einer Ganztagsschule haben, ist – statistisch betrachtet – bislang jedoch eine unbekannte Größe. Wird als Beispiel für neu entstehende ganztägige Schul- und Organisationsformen die offene Ganztagsschule (OGS) im Primarbereich in Nordrhein-Westfalen zugrunde gelegt, die mit Beginn des Schuljahrs 2003/2004 als freiwilliges Angebot für Familien an den Start gegangen ist, dann lässt sich auf der Grundlage einer qualitativen Pilotstudie (vgl. Beher u. a. 2005) festhalten, dass ErzieherInnen im Personalmix des offenen Ganztags die größte Beschäftigtengruppe bildeten, die in allen Handlungsbereichen dieses additiven Modells vertreten war. Unabhängig davon, in welchem Umfang sich dieses Ergebnis auf die Gesamtlage in Nordrhein-Westfalen und im Bundesgebiet übertragen lässt, verdichten sich derzeit die Hinweise, dass mit der dynamischen Ganztagsschulentwicklung ein neues Berufsfeld für ErzieherInnen an Bedeutung gewinnen wird, das möglicherweise einen anderen oder erweiterten Qualifikationszuschnitt voraussetzt.

3 Mit welchen Anforderungen werden ErzieherInnen konfrontiert?

Analog zum vorgestellten Beschäftigungsschwerpunkt von ErzieherInnen in der Kinder- und Jugendhilfe wurde und wird diese Berufsgruppe auch in der Fachöffentlichkeit zu großen Teilen in Relation zum Arbeitsfeld der Kindertageseinrichtungen wahrgenommen. Wenn das berufliche Handeln von ErzieherInnen im

Vordergrund steht, dann geht es zumeist um Ansprüche und Erwartungen, die sich auf die erforderliche Weiterentwicklung dieses Arbeitsfeldes richten, wobei zwischen dem Anforderungsprofil für einzelne Fachkraftgruppen in der Vergangenheit häufig nicht differenziert worden ist, d.h. Kindertageseinrichtungen und ErzieherInnen zum Teil weitgehend gleichgesetzt werden. So wurden im Spiegel der Fachlichkeitsdebatte spätestens seit Mitte der 1980er-Jahre vielfältige Anforderungen an die sozialpädagogische Arbeit von ErzieherInnen in Kindertageseinrichtungen formuliert, wobei seit Ende der 1990er-Jahre der fachpolitische Diskurs vor allem durch zwei übergeordnete Themenbereiche dominiert wird:

1. Zum einen richtete sich der Fokus auf die quantitativ-politische Dimension des Ausbaus, der Finanzierung und der Steuerung eines umfassenden bedarfs- und familienorientierten Bildungs-, Erziehungs- und Betreuungssystems für alle Altersgruppen. Diese Diskussion wurde zuletzt mit Blick auf die Kleinst- und Kleinkinder sowie die Schulkinder geführt – wie beispielsweise die Auseinandersetzungen rund um das Tagesbetreuungsausbaugesetz (TAG) sowie hinsichtlich ganztägiger Organisationsformen von Schulen verdeutlichen.

2. Zum anderen wurden zunehmend die qualitativen Aspekte des beruflichen Handelns in Kindertageseinrichtungen in den Vordergrund gestellt – sei es im Rahmen der »Nationalen Qualitätsinitiative« oder auch im Zuge der Stärkung und Umsetzung des Bildungsauftrags von Kindertageseinrichtungen. Die Suche nach einem für den frühkindlichen Bereich geeigneten Bildungsbegriff, die Konzipierung von Grundsätzen, Leitlinien, Programmen und Plänen zur elementaren Bildung im Arbeitsfeld oder die Optimierung der Schnittstelle zwischen Kindergarten und Grundschule bilden in diesem Kontext Beispiele für das Anforderungsprofil von ErzieherInnen.

Zusammengenommen ist für den Diskussionsverlauf die kontinuierliche Erweiterung der Erwartungen an die Fachkräfte in den Kindertageseinrichtungen (und d. h. vor allem an ErzieherInnen) kennzeichnend, um den sozialisationsrelevanten gesellschaftlichen Entwicklungen – wie sie etwa in der Kindheits- und Familiensoziologie oder auch in der Entwicklungspsychologie und Neurobiologie beschrieben werden – durch angemessene Formen sozialpädagogischen Handelns Rechnung zu tragen. Werden die verschiedenen Aufgaben, wie sie innerhalb der Fachdebatte formuliert worden sind, in additiver Form exemplarisch zusammengetragen (vgl. Abb. 2), dann ergibt sich eine Palette vielfältiger Funktionszuweisungen an ErzieherInnen, die in ihrer Gesamtheit ein komplexes und mehrdimensionales Anforderungsprofil markieren.

Abbildung 2: Berufliche Anforderungen an ErzieherInnen

Anforderungen an das berufliche Handeln von Erzieherinnen im Arbeitsfeld Kindertageseinrichtungen

- SpezialistInnen für öffentliches Kinderleben in Erziehungsinstitutionen
- ExpertInnen für das einzelne Kind und die Gruppe
- BegleiterInnen frühkindlicher Lern- und Bildungsprozesse
- »SozialpolitikerInnen« vor Ort
- SpezialistInnen für das kulturelle Nebeneinander
- Integrationsfachkräfte
- PartizipationsstrategInnen
- MedienexpertInnen
- DienstleisterInnen, BedarfsplanerInnen, KonzeptentwicklerInnen
- ExpertInnen für Familienarbeit
- NetzwerkarbeiterInnen
- Verbindungsglied zur infrastrukturellen Umwelt
- GemeinwesenarbeiterInnen und InteressenvertreterInnen
- InnovationsexpertInnen
- SpezialistInnen für Qualitätsfragen
- ExpertInnen für ökonomisches und unternehmerisches Denken
- StrategInnen für Genderfragen
- WegbereiterInnen einer gelingenden Zukunft der Kinder

Das umfangreiche Bündel der Erwartungen, dem ErzieherInnen im Berufsalltag gerecht werden und das sie in berufliches Handeln überführen sollen, erscheint dabei in seiner Gesamtheit zunächst einmal unstrukturiert und diffus. Zugleich resultieren hieraus von vornherein spezifische Defizitmodelle beruflichen Handelns oder bestenfalls unterschiedliche Einschätzungen zur Professionalität des ErzieherInnenberufs und der Arbeit in Kindertageseinrichtungen. Mit diesen Feststellungen sollen jedoch keineswegs die vermuteten Professionalisierungsdefizite des ErzieherInnenberufs oder gar die erforderliche Weiterentwicklung des Aufgabenverständnisses von Kindertageseinrichtungen in Abrede gestellt, sondern es soll vor allem auf zwei Punkte aufmerksam gemacht werden:

1. Zum einen geht es bei der Neuausrichtung der ErzieherInnenausbildung um mehr als die reine Addition verschiedenster und immer neuer Qualifikations- und Berufsanforderungen, mit denen die Fachkräfte in regelmäßigen Abständen von außen kon-

frontiert werden. Gesucht wird ein stimmiges Gesamtkonzept, das auf einem Kompetenzzuschnitt beruht, der es den Fachkräften ermöglicht, neue Wissensbestände zu integrieren, auf dieser Grundlage offene und sich wandelnde Arbeitsmarkt- und Arbeitsplatzsituationen situativ-flexibel zu bewältigen und ihr berufliches Handeln reflektierend den neuen Bedingungen anzupassen. Eine wichtige Voraussetzung bildet dabei – vor dem Hintergrund eines diffusen und ambivalenten Fachlichkeitsbegriffs – ein grundsätzlicher Verständigungsprozess darüber, welche Aufgaben die Fachkräfte in Kindertageseinrichtungen auf der Grundlage welchen Ausbildungsniveaus übernehmen sollen und über welche Grundkompetenzen sie als Einzelfachkraft oder als Team verfügen sollten.
2. Zum anderen soll auf den in weiten Teilen programmatischen Charakter der Diskussionsbeiträge aufmerksam gemacht werden. Denn die Frage, welche der Anforderungen bereits auf breiter Ebene (und nicht allein in Modelleinrichtungen) in selbstverständlicher Form im Berufsalltag der Fachkräfte verankert sind oder auch nicht, ist aus wissenschaftlicher Perspektive eine Unbekannte, die sich momentan nicht in repräsentativer Form bestimmen lässt. Jenseits der vielfältigen vorliegenden Praxis- und Modellversuchsberichte und singulärer qualitativer Studien werden die Analyse des tatsächlichen Entwicklungsstandes von Kindertageseinrichtungen und die Erfassung der beruflichen Handlungsvollzüge des pädagogischen Personals dadurch erschwert, dass gegenwärtig kein stimmiges, empirisches Gesamtbild über die beruflichen Handlungsvollzüge des Personals und den Grad der Fachlichkeit der sozialpädagogischen Arbeit zu konturieren ist.

In weit gravierenderer Form ist diese Einschätzung auch auf den Bereich der Schulforschung zu übertragen, in der der Arbeitsplatz »Ganztagsschule« empirisch weitgehend ausgeklammert wird. In den vorliegenden berufsbezogenen Diskussionsbeiträgen dominieren die Arbeitssituation und -belastung der Lehrkräfte in der (Halbtags-)Schule, so dass sich auf dieser Grundlage kaum Rückschlüsse auf dieses potenzielle Berufsfeld von ErzieherInnen ziehen lassen. Das fehlende systematische Wissen über das berufliche Handeln in Schule und Jugendhilfe bzw. die Singularität der vorliegenden Ergebnisse erschwert die Beschreibung der beruflichen Alltagsvollzüge der einzelnen Berufsgruppen, woran letztlich auch die Debatte um die Neuvermessung der sozialpädagogischen Ausbildungslandschaft krankt.

Mit Blick auf den ErzieherInnenberuf signalisieren die wenigen vorliegenden Forschungsergebnisse an vielen Punkten einen unübersehbaren Profilierungsbedarf bei der pädagogischen Tätigkeit – sei es beispielsweise im Arbeitsfeld der Kindertageseinrichtungen hinsichtlich einer differenzierteren, subjektbezogenen Arbeit mit einzelnen Kindern, bei der Wahrnehmung von Entwicklungs- und Erziehungsbedürfnissen sowie der Begleitung und Unterstützung von Heranwachsenden mit Erziehungsproblemen oder auch bei der Arbeit mit den Eltern, die auf eine Differenz zwischen dem, was in der Fachöffentlichkeit gedacht und in der Mehrheit der Einrichtungen getan wird, hindeuten. Hierbei verdichten sich die Hinweise, dass das breite und komplexe berufliche Anforderungsprofil der Fachkräfte in Kindertageseinrichtungen den bisherigen Qualifikationszuschnitt der ErzieherInnenausbildung übersteigt (vgl. u.a. BMFSFJ 2003). In diesem Kontext scheint – auch im internationalen Vergleich – bislang noch ein erheblicher Profilierungsbedarf des beruflichen Handelns in Kindertageseinrichtungen zu bestehen (vgl. hierzu z.B. den Länderbericht der OECD 2004).

Mit Blick auf die Ganztagsschule werden in den einzelnen Bundesländern unterschiedliche Konzepte favorisiert, die verschiedene Schulstufen und -formen sowie Organisationsmodelle ganztägiger Erziehung, Bildung und Betreuung umfassen. Das heißt, dass sich unter dem vereinheitlichenden Label »Ganztagsschule« eine höchst heterogene Ganztagsschultopografie verbirgt, mit der wiederum spezifische Personalmodelle und Anforderungsprofile korrespondieren, die verallgemeinernde Aussagen zum Aufgabenprofil der Fachkräfte erschweren. Mit Blick auf die Berufsgruppe der ErzieherInnen erlangen für die sozialpädagogische Arbeit mit Schülerinnen und Schülern in der Institution »Schule« ein veränderter organisatorischer Rahmen und ein neuer Arbeitsplatzzuschnitt an Relevanz, die – etwa im Vergleich zur Horterziehung – eine Neuakzentuierung des Anforderungs- und Aufgabenprofils an die Tätigkeit der ErzieherInnen nahe legen: Wie die Pilotstudie zur offenen Ganztagsschule in Nordrhein-Westfalen verdeutlicht, bilden die Arbeit in gemischten Teams, in denen unterschiedliche Beschäftigungs- und Qualifikationsgruppen im Neben- und Miteinander tätig sind, die gleichberechtigte Zusammenarbeit mit Lehrkräften, die Kooperation mit unterschiedlichen Akteuren (wie Schulleitung, Träger, Eltern etc.), die gezielte, auch unterrichtsbezogene Förderung der Kinder Aufgabenkomplexe, auf die ErzieherInnen im Rahmen ihrer Ausbildung bislang vermutlich nur unzureichend vorbereitet werden (vgl. Beher u. a. 2005; Wissenschaftlicher Kooperationsverbund 2005).

Im Rahmen der in der Studie durchgeführten Interviews mit den Fachkräften im Ganztag wurde darüber hinaus – im Spiegel der sozialpädagogischen Fachdebatte – deutlich, dass hinsichtlich eines profilierteren Fachlichkeits- und Aufgabenverständnisses bei den MitarbeiterInnen weiterer Entwicklungsbedarf besteht. So wurden bei der Selbstdefinition der Rollen seitens der befragten Fachkräfte häufiger auch Beschreibungen gewählt, die das Thema »Mutter« und »Mütterlichkeit« aufgreifen, wobei unklar bleibt, ob dies nicht allein, aber auch ein Reflex auf externe Erwartungen darstellt, die an das Denken und Handeln der MitarbeiterInnen als Rollenträger herangebracht werden. In diesem Zusammenhang war auffällig, dass die Bezeichnung »Betreuerin« der Begriff ist, der in den Interviews – insbesondere auf der Steuerungsebene – am häufigsten zur Bezeichnung derjenigen MitarbeiterInnen gewählt wurde, die in den Handlungsfeldern des Nachmittags tätig sind (vgl. ebd.).

4 Wende ins Ungewisse?

Wird zusammenfassend die Relation zwischen Arbeitsmarkt und Qualifizierung in den Vordergrund gerückt, dann erscheint die Diagnose einer Abkopplung der Ausbildung von einer sich rasant weiter entwickelnden Kinder- und Jugendhilfe nicht von der Hand zu weisen. Werden unter den offenen Punkten rund um den ErzieherInnenberuf einige Unstimmigkeiten herausgegriffen, dann gerät an erster Stelle die Kluft zwischen dem Selbstverständnis der ErzieherInnenausbildung als Breitbandqualifizierung gegenüber der segmentären Konzentration der Berufsgruppe auf das Arbeitsfeld der Kindertageseinrichtungen und hier des Arbeitsbereiches der Kindergartenerziehung ins Blickfeld. Die Verengung des Berufsbildes auf ein Arbeitsfeld wird begleitet durch eine Enthierarchisierung der Positionen in Kindertageseinrichtungen, in denen ErzieherInnen auf allen Verantwortungs- und Hierarchieebenen tätig sind. Unter Allokationsgesichtspunkten hat die absolvierte Ausbildung also nur bedingt etwas mit dem späteren Arbeitsfeld in der Kinder- und

Jugendhilfe und der zu erlangenden Berufsposition in Kindertageseinrichtungen zu tun. Unter diesem Gesichtspunkt wäre – unabhängig von der Höhenlage – grundsätzlich zu klären, ob bei einem Neuzuschnitt der Ausbildung eher ein generalistisches oder ein spezialisiertes Ausbildungsmodell zugrunde zu legen ist.

Im Vergleich zu anderen Arbeitsfeldern der Kinder- und Jugendhilfe wird darüber hinaus deutlich, dass es sich – nicht zuletzt aufgrund der Dominanz der Berufsgruppe der ErzieherInnen – bei Kindertageseinrichtungen um eine nahezu akademikerfreie Zone handelt, in denen selbst die Leitungspositionen von Prozessen der Akademisierung und Professionalisierung ausgespart bleiben. In der Diskrepanz zwischen dem Qualifikations- und Berufsgefüge in Tageseinrichtungen für Kinder und den anderen Teilsegmenten der Jugendhilfe spiegeln sich in besonderem Maße arbeitsfeldspezifische Fachlogiken und Rekrutierungsmuster wider, die bei der Diskussion um die zukünftige Höhenlage der ErzieherInnenausbildung im Kontext des sozialpädagogischen Berufsgefüges zu berücksichtigen sind.

Wenn zudem in Rechnung gestellt wird, dass es sich beim Arbeitsfeld der Kindertageseinrichtungen um ein nahezu männerfreies Tätigkeitsfeld handelt, so ist nicht von der Hand zu weisen, dass die gegebenen Qualifikationsstrukturen in diesem Arbeitsfeld auch heute noch auf einem tradierten sozialmütterlichen Verständnis fußen, dessen geschlechtsselektierende Zuweisungsmechanismen entgegen wissenschaftlichen Erkenntnissen zur Bedeutung frühkindlicher Bildungsprozesse und damit zum erforderlichen Kompetenzbedarf stehen. Vor diesem Hintergrund ist die geringe Repräsentanz von Männern im ErzieherInnenberuf und im Arbeitsfeld der Kindertageseinrichtungen mit Status- und Prestigefragen in Verbindung zu bringen.

Und schließlich verdeutlichen die neueren Entwicklungen rund um die Ganztagsschule, dass in der Diskussion um Ausbildungsfragen der Annäherung der Systeme »Schule« und »Jugendhilfe« hinsichtlich der Erziehung, Bildung und Betreuung von Kindern bei der Konstruktion einer reformierten und verbesserten ErzieherInnenausbildung Rechnung getragen werden muss.

5 Literatur

Beher, Karin (2004): Das Arbeitsfeld Tageseinrichtungen für Kinder. In: Beher, K./Gragert, N.: Aufgabenprofile und Qualifikationsanforderungen in den Arbeitsfeldern der Kinder- und Jugendhilfe. Abschlussbericht. Band 1. Dortmund/München, S. 103–192. In: www.dji.de

Beher, Karin u. a. (2005): Offene Ganztagsschule im Primarbereich. Begleitstudie zu Einführung, Zielsetzungen und Umsetzungsprozessen in Nordrhein-Westfalen. Weinheim/München

BMFSFJ (Hrsg.) (2003): Perspektiven zur Weiterentwicklung des Systems der Tageseinrichtungen für Kinder in Deutschland. Berlin

KMK (2002): Rahmenvereinbarung über Fachschulen. Beschluss der Kultusministerkonferenz vom 7.11.2002. In: www.kultusministerkonferenz.de

OECD (2004): Die Politik der frühkindlichen Betreuung, Bildung und Erziehung in der Bundesrepublik Deutschland. Ein Länderbericht der Organisation für wirtschaftliche Zusammenarbeit und Entwicklung

Wissenschaftlicher Kooperationsverbund (2005): Die offene Ganztagsschule im Primarbereich in Nordrhein-Westfalen. Ausgewählte Befunde der Pilotphase. Dortmund/Köln/Münster/Soest. In: www.isa-münster.de

Mütterlichkeit und Profession – oder: Mütterlichkeit, eine Achillesferse der Fachlichkeit?[1]

Ursula Rabe-Kleberg

1	Maternalimus und Profession in Deutschland	98
2	Mütterlichkeit und Erziehen als Profession	101
2.1	Mütterlichkeit als Argument und Gegenargument	101
2.2	Mütterlichkeit als Ressource	103
3	Mütterlichkeit – professioneller Habitus »in progress«?	105
4	Literatur	106

---

1 Überarbeitete Fassung des Vortrages unter gleichem Titel anlässlich der Fachtagung »Reform oder Ende der ErzieherInnenausbildung? Akademisierung – Professionalisierung – Aufgabenorientierung« des Deutschen Jugendinstitutes e.V. am 8./9. Dezember 2004 in München.

Die Überlegungen zum Verhältnis von Mütterlichkeit und Profession sollen mit drei aktuellen Erfahrungen begonnen werden:
1. In der englischsprachigen Pressemitteilung der OECD (November 2004) heißt es anlässlich des Erscheinens des aktuellen Länderberichtes Deutschland zur internationalen Vergleichsstudie »Starting strong« (OECD 2004b), die deutsche, vor allem die westdeutsche Gesellschaft sei traditioneller Weise durch einen ausgeprägten »Maternalism« gekennzeichnet. Maternalismus wird dabei als Prinzip bzw. als ein Phänomen verstanden, das als Erklärung für grundlegende Vorbehalte gegen angeblich zu frühe sowie gegen ganztägige Bildung, Erziehung und Betreuung in Kindereinrichtungen und auch in Schulen herangezogen werden kann. Maternalismus kann aber auch allgemeiner als ein bestimmtes kulturelles Verständnis von Mütterlichkeit begriffen werden und als ein für Deutschland spezifischer gesellschaftlicher Umgang mit Müttern, ihrer Form von Arbeit und ihren Kompetenzen (Randall 2000).
2. Rund um die aktuelle Einführung von akademischen Studiengängen für Erzieherinnen nun auch in Deutschland hört man – übrigens aus allen gesellschaftspolitischen Richtungen – immer wieder zwei Warnungen: Zum einen, jungen Mädchen aus den Hauptschulen werde eine Berufsmöglichkeit versperrt. Oder anders gesprochen: Die jungen Frauen könnten zwar nicht so gut lesen und schreiben und Mathematik schon gar nicht, aber »sie könnten gut mit Kindern«, sie seien eben »mütterlich«, und das sei doch das Wichtigste. Zum anderen wird immer wieder die Befürchtung geäußert, dass junge Frauen, seien sie erst einmal »Studierte«, ihre Mütterlichkeit einbüßen würden und von den Kindern weg womöglich in Führungsetagen streben könnten. In diesen Argumenten werden Wissen und Bildung auf der einen Seite sowie »Mütterlichkeit« auf der anderen als sich gegenseitig ausschließend gedeutet. Von Mütterlichkeit wird zudem eine Art Garantie gegen Ansprüche von Frauen auf berufliche Entwicklung und Karriere erwartet, vielleicht erhofft.
3. Eine dritte Erfahrung resultiert aus der Forschung und Kooperation mit Erzieherinnen.[2] Viele von ihnen berichten in narrativen biografischen Interviews über ihre Berufserfahrungen, dass

---

2 Zuletzt in dem von mir geleiteten Forschungsprojekt »Elternhaus und Kindergarten« im Rahmen des Sonderforschungsbereichs 580 (Halle-Jena).

sie sich gegenüber den Müttern »ihrer« Kinder, der Kinder in den von ihnen geleiteten Kindergartengruppen, erst dann als ebenbürtig und in ihrer beruflichen Arbeit sicherer fühlten, wenn sie selbst eigene Kinder bekommen hätten. Und Leiterinnen äußern in Befragungen zu den Problemen ihrer Tätigkeit eher Unbehagen und Vorbehalte gegenüber solchen Erzieherinnen, die sich zwar laufend fortbilden und über aktuelle Bildungsdiskurse gut informiert sind, die aber gleichzeitig als Singles leben und selbst keine Kinder haben. Zudem konnte aus vielen der biografischen und berufsbiografischen Interviews mit Erzieherinnen, die in den letzten Jahren durchgeführt wurden, interpretierend herausgearbeitet werden, in welcher Weise und mit welch starker Wirkung die eigenen Erfahrungen als Kind mit der Mutter und andererseits als Mutter mit den eigenen Kindern in die berufliche Praxis hineindrängen – geradezu osmotisch, unbewusst, unkontrolliert und zumeist fachlich völlig unerkannt und unreflektiert. Mütterlichkeit stellt hier so etwas wie die dunkle, weil unaufgeklärte Seite der Professionalität dar.

In diesen drei Beispielen werden Mütterlichkeit und Profession wie selbstverständlich in eine enge, wenn auch jeweils höchst unterschiedliche Beziehung gesetzt. Das Verhältnis zwischen den beiden Begriffen wird dabei kaum oder gar grundlegend reflektiert. Im Folgenden soll versucht werden, die Interdependenzen zwischen den Begriffen und die Verstrickungen zwischen den beiden gesellschaftlichen Phänomenen aufzuzeigen bzw. zu entwirren. Hierzu wird in drei Schritten argumentiert:
1. Zunächst wird auf den historischen, gesellschaftlichen und kulturellen Rahmen geschaut, und dabei wird Maternalismus als ein in Deutschland in besonderer Weise ausgeprägter Modus des Spannungsverhältnisses zwischen Geschlecht (Gender) und Generation begriffen. Dabei wird das hier kulturell fest verankerte Bild von der »Guten Mutter« auf seine Auswirkungen auf die Zuständigkeit der Mütter sowie deren Habitus und ihre Kompetenz hin überprüft.
2. In einem zweiten Schritt wird das Verhältnis von Mütterlichkeit und Erziehen als Profession thematisiert und gezeigt, dass die Frage danach, ob und was Mütterlichkeit (und damit Frauen insgesamt) zur Profession beiträgt, oder ob Frauen und ein ihnen sozial und kulturell zugesprochenes spezifisch weibliches Ar-

Ursula Rabe-Kleberg

beitsvermögen der Entwicklung von Erziehen als Profession eher schaden und diese schwächen, seit mehr als 150 Jahren immer aktuell ist und immer wieder in neuem Gewand auftaucht.
3. Und in einem dritten Schritt werden die Frage neu formuliert und eine oder zwei mögliche Antworten gefunden, wenn die Spezifik der Arbeit, die wir professionell nennen, und die hierzu notwendigen Kompetenzen mit denen verglichen werden, die wir traditionell »Mütterlichkeit« nennen. Mütterlichkeit – so viel sei hier bereits vorweg genommen – mutiert in dieser Argumentation einerseits zu einer allgemein menschlichen Fähigkeit und andererseits zu einer reflexiven Kompetenz. Sie wird auf diesem Weg elementarer Bestandteil des professionellen Habitus, der Profession.

1 Maternalismus und Profession in Deutschland

Bei dem Versuch, die Spezifik der deutschen Entwicklung zu kennzeichnen und den bis heute wirksamen und gültigen Modus des Verhältnisses von Gender und Generation, den wir Maternalismus nennen könnten, zu beschreiben, müssen wir ein wenig historisch ausholen.

In allen modernen Gesellschaften beobachten wir im 18. und 19. Jahrhundert die Herausbildung des Modells der bürgerlichen Familie mit einer klaren Trennung von innen und außen, privat und öffentlich, von Funktions- und Arbeitsteilung sowie einer hierarchischen Ordnung zwischen Männern und Frauen, Vätern und Müttern (Horkheimer 1936). Vergleichen wir nach Nationen, Gesellschaften und Kulturen, so ist zunächst entscheidend für unsere Frage, in welcher der bürgerlichen Schichten oder Fraktionen sich dieses Modell zuerst durchsetzt, dann in welcher Modalität und nicht zuletzt, auf welche Traditionsbestände dieses dort trifft.

Schauen wir auf Deutschland, genauer Preußen, so registrieren wir zu Beginn des 19. Jahrhunderts für unsere Frage entscheidende sozio-kulturelle Veränderungen. Zum einen ist die Entwicklung der Vorstellung von Gattenliebe und partnerschaftlicher Ehe mit einer romantischen Idealisierung alles Weiblichen in literarisch und akademisch gebildeten Kreisen zu beobachten, zum anderen ist hier, im entstehenden deutschen Bildungsbürgertum, aber auch der historisch-gesellschaftliche Ort, an dem ein Berufsbegriff entsteht, der

Bildung und Arbeit untrennbar miteinander verbindet und so als Vorgänger des modernen Professionsverständnisses gelten mag. Als Teil des öffentlichen Raums ist Beruf selbstverständlich Männern vorbehalten (Kocka 1991; Hausen 1976; Rabe-Kleberg 1993).

Den Frauen wurde stattdessen der »Beruf der Mutter« angeboten (Campe 1988 (1796); Niethammer 1808; Mayer 1996; Rabe-Kleberg 2003) – ein Begriff, der an den emphatischen Berufsbegriff des Bildungsbürgertums anschloss und durchaus eine Vorstellung von Bildung und (nun) weiblicher Arbeit einschloss. Dieser unterschied sich allerdings grundlegend von den sich durchsetzenden gymnasialen und akademischen Verkürzungen des idealistischen Bildungsverständnisses. So »verzichtete« der »weibliche Beruf« auf anerkannte Zertifikate und damit auf gesellschaftliche Positionierungs- und Partizipationschancen für die Frauen. Der Beruf der Mutter und die damit sich entwickelnde Mütterlichkeit als »berufliche« Kompetenz ist vielmehr ein Ergebnis des Ausschlusses von Frauen aus der Öffentlichkeit und ihres Einschlusses im privaten Raum der Familie.

Entscheidend für unsere heutige Problematik aber ist, dass sich diese Vorstellung von den Aufgaben der Mütter in Deutschland in einem Teil der bürgerlichen Klasse entwickelte, in der sich die Form der kleinen Ein-Generationen-Familie bereits durchgesetzt hatte, die an Bildung reich, aber an Reichtum arm war und in der die bürgerliche Hausfrau nicht über Dienstboten und Gouvernanten verfügte, mit denen sie die Mutterarbeit hätte teilen können. So entstand hier das für Deutschland bis heute bestimmende Bild der für alles *allein* zuständigen Mutter, legitimiert und zunehmend wissenschaftlich gefordert von (männlichen) Wissenschaftlern aller Disziplinen (Wunder/Vanja 1991; Schütze 1991; Hausen 1976).

Die Entwicklung in Deutschland unterscheidet sich damit bedeutend von der in Frankreich (Badinter 1999), wo sich das Mutterbild viel stärker an dem großbürgerlichen Familienmodell orientierte, oder der in Skandinavien (Haas 1993), wo bis weit ins 20. Jahrhundert hinein eine agrarisch eher gleichberechtigte Arbeitsteilung im Geschlechterverhältnis bestimmend war, und auch von der in den USA, wo sich die klare Zuweisung von Geschlechtscharakteren erst um die Wende ins 20. Jahrhundert ausdifferenzierte (Coltrane/Galt 2000). Solche historisch begründeten kulturellen Unterschiede haben ihre Auswirkungen bis heute und können in ihrer »Nachhaltigkeit« gar nicht überschätzt werden.

Das deutsche Verständnis der Generationenbeziehung basiert somit auf einer stark emotional verantwortungsethisch bestimmten Mutterschaft, nach der der Mutter in erster Linie eine die gesellschaftliche Kälte kompensierende emotionale und auf Mutterliebe basierende Funktion zugeordnet wird. Horkheimer (1936) hat in seinen Überlegungen zum Verhältnis von Autorität und Familie das dialektische Verhältnis von mütterlicher Liebe und väterlicher Autorität betont, wonach es gerade die Fähigkeit der Mütter zur ausgleichenden Liebe ist, die die Reproduktion autoritärer gesellschaftlicher Kälte (durch den Vater) immer wieder zulässt. Allgemeiner formuliert bedeutet dies, dass die einseitige Zuordnung von »Mütterlichkeit« – als Erwartung, als Fähigkeit und Bereitschaft, emotionale Nähe und Bindung sowie Geduld und Zurückhaltung – zum weiblichen Geschlecht nicht nur hierarchische Genderstrukturen sichert, sondern auch männliche Kompetenzen begrenzt und sie in ihrer Entwicklung beschneidet.

Für die hier aufgeworfene Frage bleibt festzuhalten, dass dieses Mutterbild – zusammen mit der spezifischen Ausprägung des bürgerlichen Familienmodells – für alle Schichten und Klassen in Deutschland offensichtlich attraktiv war und sich nach und nach bis in die kleinbürgerlichen und proletarischen Schichten und Klassen durchsetzen konnte. Es stellt bis heute im Unterschied zu vielen anderen europäischen und amerikanischen Gesellschaften die Basis der wohlfahrtsstaatlichen Leistungsstrukturen dar (Kaufmann 1982) und damit auch – zumindest bisher – die Basis für Vorstellungen von Mütterlichkeit und der Professionalisierung von traditionell mütterlichen Aufgaben.

Dem Einwand, in der DDR und heute in Ostdeutschland sei die Rolle der Frauen doch ganz anders gewesen, kann im Rahmen dieser Überlegungen begegnet werden. In der DDR wurde – bei weitgehender sozialer Gleichberechtigung – die Funktion von Frauen als Mütter durch die Politik des Staates (nicht zufällig ironisch »Muttipolitik« genannt) vielmehr nach innen verfestigt und von außen gestützt durch entsprechende Infrastrukturen (Rabe-Kleberg 1999).

In Ost- wie in Westdeutschland wird die Mütterfrage und damit die der Mütterlichkeit fast immer noch ohne die Väterfrage oder die Frage der Väterlichkeit diskutiert. Die vor allem in USA und Skandinavien virulenten Auseinandersetzungen über die Aufgaben der Männer im Generationsverhältnis sind in Deutschland erst in Ansätzen rezipiert worden. Es ist, so kann man jetzt verstehen, eben jenem immer noch geltenden Mütterverständnis geschuldet, dass von der Gesellschaft und den Frauen selbst kaum eine Aufforderung an die Männer ergeht, sich als Väter und väterlich zu gerieren.

Was wir also unter Mütterlichkeit verstehen, hat überwiegend mit dem traditional begründeten und in gesellschaftlich und kulturell spezifisch ausgeprägten Beziehungen zwischen Geschlecht und Generation zu tun. Mutter als bildungsbürgerlicher »Beruf« mit der Entwicklung spezifischen Wissens und komplexer Kompetenzen (»Mütterlichkeit«) wurde im Genderkontext zu einer angeblich allen Frauen anhängenden Fähigkeit sozialisiert, schon bald auch als Teil der weiblichen Natur verstanden. Alle Verantwortlichkeit wurde nicht nur bei dem einen Geschlecht, den Frauen, monopolisiert, sondern alleinig bei der Mutter.

2 Mütterlichkeit und Erziehen als Profession

Ob Mütterlichkeit und professionelle Fachlichkeit vereinbar sind, ob sie sich gegenseitig schaden und beschädigen, oder genauer, in welchem Verhältnis sie zueinander stehen, diese Fragen gehören mit zu den zentralen erziehungswissenschaftlichen und bildungspolitischen Diskussionen um Verständnis und Selbstverständnis von Erziehungseinrichtungen und pädagogischen Berufen. Es geht dabei um Kompetenzen, deren Erwerb und die institutionellen Spielräume pädagogischen Handelns. Nicht zuletzt aber ging und geht es bis heute dabei um die soziale und politische Wertschätzung eben dieser Institutionen und Akteure.

Es sollen im Folgenden zwei Ebenen unterschieden werden, auf denen eine Antwort zu suchen ist: Es ist dies zum einen die Ebene der Struktur und der Entwicklung der Profession, hier wird »Mütterlichkeit« als Argument und als Gegenargument benutzt. Zum zweiten geht es um Voraussetzungen und Inhalte professionellen Handelns, hier geht es darum, Mütterlichkeit als »hidden curriculum« zu entdecken.

2.1 Mütterlichkeit als Argument und Gegenargument

Mütterlichkeit wird bei der professionellen Entwicklung ehemals traditioneller Frauenberufe als quasi natürlich dem einen Geschlecht anhängende Kompetenz zu einem Argument – und zu einem Gegenargument – in der Auseinandersetzung um die Frage, wer für die Bildung, Erziehung und Betreuung von Kindern außerhalb der Familie, in Kindergarten und Primarschule zuständig und geeignet sei, Männer oder Frauen oder gar beide, aufgrund welcher Fähigkeiten und aufgrund wie und wo erworbenen Wissens und entsprechender Kompetenzen.

Auf dem Hintergrund der bereits thematisierten historisch nur symbolischen oder vielleicht besser rhetorischen Verberuflichung der Mutterarbeit war es in Deutschland schwierig, Frauenberufe nach dem Vorbild männlicher Professionen zu etablieren. Im Bereich der Kleinkinderziehung ist Fröbel mit seinen Bemühungen, einen Beruf für Frauen zu schaffen, in dem Bildung und Arbeit nach dem Vorbild männlicher Professionen eine Einheit bilden, gescheitert (Fröbel 1841a, 1841b). Die Idee der hoch (d.h. akademisch) gebildeten Kindergärtnerin musste mit ihren Protagonistinnen vor der politischen Reaktion in die USA ausweichen, wo sie auf fruchtbaren Boden fiel. US-amerikanische Frauen hatten nicht nur um Positionen in der Pädagogik und Sozialpädagogik, sondern auch immer um gesellschaftliche und politische Partizipation gerungen, mit Erfolg.

In Deutschland, wo Helene Lange und ihre Mitstreiterinnen mit dem Konzept der »geistigen Mütterlichkeit« ihre Zuständigkeit für bestimmte, begrenzte professionelle Claims legitimieren wollten, wird Mütterlichkeit, auch in ihrer vergeistigten Form, als Kompetenz sozusagen »gendermonopolisiert«. Diese Art des »mütterlichen Feminismus« – wie Ann Allan Taylor diesen Modus der Auseinandersetzung nennt (Taylor 2000) – brachte den Frauen allerdings nur »bescheidene Professionen« (Schütze 1996) ein.

Gerade dieses »Mütterlichkeitsargument« ließ sich in den professionellen Auseinandersetzungen um Zuständigkeiten, um Berufe und Positionen gut umkehren. Bürokratien, männlich bestimmte Lehrerverbände und pädagogische Theoretiker haben sich nicht gescheut, Mütterlichkeit als Argument gegen Frauen einzusetzen:

- Preußische Behörden haben sich um 1900 geweigert, staatliche Prüfungen für Kindergärtnerinnen einzuführen, weil das, was Kindergärtnerinnen ausmache, ihrer Logik nach nicht abzuprüfen sei: eben Mütterlichkeit (Rabe-Kleberg 1990).
- Anders als in Frankreich und Italien hatten zur Jahrhundertwende in Preußen nur wenige Frauen einen Weg als Lehrerinnen

in Volksschulen gefunden. Dort hatten sich seit der Mitte des 19. Jahrhunderts bereits Männer festgesetzt, die ihre Positionen politisch gut zu verteidigen wussten, indem sie mit Mütterlichkeit gegen Wissen argumentierten (Rabe-Kleberg 2004).
- Das heute so gerühmte Buch von Ellen Key (1992 [1900, dt. 1902]) wurde in den ersten Jahrzehnten des 20. Jahrhunderts höchst kontrovers aufgenommen. Vor allem die Pädagogen Nohl und Paulsen argumentierten gegen das »mütterliche Prinzip« in der Pädagogik und dass zumindest Jungen strenge männliche Erzieher bräuchten (Nohl 1988 (1933); Paulsen 1912).

Es wird deutlich, dass »geistige Mütterlichkeit« und »mütterliches Prinzip« Argumente und Gegenargumente in einem Machtkampf um Positionen waren, und zwar im Sinne von »Deutungshoheit« wie um materielle Chancen beruflicher Entwicklung für die eine oder andere Gruppierung. Diese Auseinandersetzungen können im Sinne Abbotts (1988) als »professional war« verstanden werden, als innerprofessioneller Machtkampf um Exklusion und Inklusion, um Claims und Einfluss. Ein solcher Kampf fand in Deutschland insbesondere als eine Auseinandersetzung zwischen den Geschlechtern statt (Rabe-Kleberg 1993).

2.2 Mütterlichkeit als Ressource

Wie war es möglich, dass die Erziehung, Bildung und Betreuung in Kindergärten so lange von Frauen ausgeübt wurde, denen das notwendige Niveau von Bildung und Wissen zum einen und professionelle Handlungsmöglichkeiten zum anderen verwehrt wurden – ohne dass wir hier unumwunden von einer Bildungskatastrophe oder gar von einer massenhaften Schädigung der Kinder reden können?

Kindergärtnerinnen stammten in Deutschland vermutlich bis in die 1960er-Jahre in ihrer Mehrheit aus gut- und bildungsbürgerlichem Hause und brachten von dort im Bourdieu'schen Sinne zwei Sorten »Kapital« (Bourdieu 1987) mit:
- eine relativ gute allgemeine Bildung, die über das schulisch Gelernte weit hinaus ging und
- eine durch Erfahrung und Sozialisation gefestigte Vorstellung davon, welchem Bild von Mütterlichkeit sie zu folgen hätten.

Auf der Basis dieses »Stammkapitals« reichte es damals offensichtlich, eine relativ kurze, spezielle Ausbildung für den Beruf zu durchlaufen, der in der Regel sowieso nur bis zur Ehe ausgeübt wurde, was bedeutet, dass das »Kapital« bis dahin kaum aufgrund von alltäglicher Routine aufgezehrt werden konnte.

In den 1960er-Jahren haben die bürgerlichen Töchter in Westdeutschland die Bildungsexpansion genutzt und sind in akademische Berufe gewechselt. Im Zuge mehrerer insgesamt aber unzureichender Reformen wurde die schulische Ausbildung der Erzieherinnen verlängert und angereichert, ohne dass die Frage der Entwicklung der Erzieherinnenpersönlichkeit gelöst werden konnte. In vielen Fachartikeln und Diskussionen wurde dieser Tatbestand immer wieder beklagt.

In der DDR konnten – zumindest nach den 1960er-Jahren – Kindergärtnerinnen nicht länger aus den zuvor genannten Bildungsschichten rekrutiert werden, zum einen, weil diese nicht regimenah genug waren, zum anderen, weil der Beruf der Kindergärtnerin auch in der DDR offenbar zu einem Aufsteigerinnen-Beruf für Frauen aus der Arbeiterklasse geworden war. Ausbildung, Aufstieg im Beruf und die tägliche Erziehungspraxis mit den Kindern waren durch einen verpflichtenden Korpus von standardisiertem Wissen und der Kontrolle von Normen und Regeln bestimmt (Rabe-Kleberg 2003). In berufsbiografischen Erzählungen (s. o.) wird von Kritikerinnen wie von Apologetinnen des DDR-Kindergartens die immer unentrinnbare Präsenz dieses Top-Down-Schemas bestätigt (Musiol 1998).

Die »natürliche« Mütterlichkeit der Kindergärtnerinnen, obwohl systemisch nicht gewollt, könnte sich für die Kinder wie eine Ressource der Kompensation und des alltagsbanalen »Überlebens« unter den spielzerstörenden Bedingungen von Eingriff und Kontrolle ausgewirkt haben. Warum, so müssen wir uns fragen, waren im System des DDR-Kindergartens nur Frauen zugelassen? Vielleicht gab es doch eine Ahnung von dem spezifisch-weiblichen Arbeitsvermögen, das mehr oder weniger bewusst wie ein Surplus genutzt wurde.

Offensichtlich – so eine These, die der empirischen Überprüfung bedarf – setzen beide Systeme mehr oder weniger offen auf traditionelle Mütterlichkeit als biografisch erworbene Ressource, ohne diese zu reflektieren oder gar zu würdigen. Bildung und berufsspezifisches Wissen werden dabei getrennt und teils im Widerspruch zu

Fähigkeiten gedacht und behandelt, die in einem genderspezifischen, Generationen und Klassen von Frauen übergreifenden historischen Sozialisationsprozess entstanden sind, deren Weitergabe und Erwerb dem biografischen Zufall überlassen bleiben und deren Einsatz und Relevanz in der professionellen Beziehung allerdings unbewusst, unreflektiert und daher unverstanden bleiben – und genau das ist das Problem!

3 Mütterlichkeit – professioneller Habitus »in progress«?

Die Beziehung einer Mutter zu ihrem Kind hat sehr viele Ähnlichkeiten zur Beziehung eines Professionellen zu seinem Klienten – und sehr viele Unterschiede. Professionelles Handeln greift in die materielle und soziale, die physische und psychische Existenz eines Menschen ein, es wird idealiter durch Freiwilligkeit des Klienten und durch ein Arbeitsbündnis zwischen Professionellem und Klienten legitimiert, das auf gegenseitigem Vertrauen und Respekt sowie auf einem hohen Maß von Verantwortlichkeit basiert, die beide für das Gelingen der Bearbeitung des Falles übernehmen (Oevermann 1996; Schütze 1996; Rabe-Kleberg 1996).

Unter anderem Namen, in einer anderen Begrifflichkeit, finden wir viele dieser Elemente auch in der Mutter-Kind-Beziehung: existentielle Abhängigkeit des Kindes, gegenseitige Beziehung und Bindung, Vertrauen und Respekt, Verantwortung und Sorge. All dieses finden wir in normativen Konzepten wie in empirischen Beschreibungen mütterlicher Beziehungen (Schütze 1991; Badinter 1999).

Mütterliche und professionelle Beziehungen unterscheiden sich weniger in Bezug auf die Kompetenzen, die dafür benötigt werden, als in Bezug auf den gesellschaftlichen Ort und die Strukturen der Institutionen, unter denen sich die Kompetenzen realisieren. Es ist eben der Unterschied zwischen privat und öffentlich, persönlich und beruflich, exklusiv und universell, emotional-expressiv und gefühlskontrolliert. Die Gegensatzpaare ließen sich fortführen. Sie unterscheiden sich weiterhin in Bezug auf das systematische professionelle Wissen, das unabdingbar zu diesen personenbezogenen Kompetenzen dazugehört. Dieses spezifische Wissen ist notwendig, um das eigene Handeln und das des Klienten in der professionellen Beziehung ständig neu zu reflektieren, zu begründen, zu kritisieren – mit anderen Worten: zu kontrollieren. Die Paradoxie von Nähe und Distanz, von Wissen und Ungewissheit, die hier auftritt, ist eben nicht durch mütterliche Herzlichkeit zu überwinden, sondern nur professionell auszuhalten, zu balancieren und zu gestalten.

Mütterlichkeit hat zu professionellem Habitus nur dann eine gefährliche Nähe und kann zur notorischen »Achillesferse« werden, wenn sie unreflektiert und unkontrolliert in die professionellen Beziehungen eindringen kann. Eine mütterliche Haltung und die individuelle Ausprägung der entsprechenden Kompetenzen kann auf dem Weg zum professionellen Habitus daher zugleich Hilfe und Behinderung sein.

Für Frauen und Männer wäre es einfacher, die für professionelles Handeln notwendigen Kompetenzen und den entsprechenden Habitus als allgemein menschliche und professionell-spezifische ganz neu und systematisch zu erlernen, ohne Mütterlichkeit als gender-kulturelles Erbe und biografisches »Gepäck« beachten und bedenken zu müssen. Das aber ist nicht möglich. Eine grundlegende gesellschaftsstrukturelle und ganz persönlich-individuelle Reflexion muss daher den Prozess der Professionalisierung begleiten, und zwar den der Entwicklung der Profession wie auch die Entwicklung des Professionellen. Sie muss zunächst in der Ausbildung einen wichtigen Stellenwert haben sowie lebenslang die kritische Selbstreflexion bestimmen. Niemand hat gesagt, es sei einfach, ein Professional zu werden, zu sein und zu bleiben. Im Gegenteil!

4 Literatur

Abbott, Andrew (1988): The System of Professions. An Essay on the Division of Expert Labor. Chicago/London

Badinter, Elisabeth (1999): Die Mutterliebe: Geschichte eines Gefühls vom 17. Jahrhundert bis heute. München

Bourdieu, Pierre (1987): Die feinen Unterschiede. Kritik der gesellschaftlichen Urteilskraft. Frankfurt am Main

Campe, J. H. (1988): Väterlicher Rath für meine Tochter. Ein Gegenstück zum Theophron. (Neudruck der 5. Aufl. Braunschweig 1796, mit einer Einleitung von Ruth Bleckwenn. Paderborn)

Coltrane, Scott/Galt, Justin (2000): The History of Men's Carring. Evaluating Precedents for Father's Family Involvement. In: Harrington Meyer, Madonna (Hrsg.): Care Work: Gender, Labor and the Welfare State. New York/London, S. 15–36

Fröbel, Friedrich (1841a): Die Bildung von Kinderpflegerinnen: Kindermädchen und Kinderwärterinnen – überhaupt die Bildung zur ersten Kindererziehung und die Führung von Bewahranstalten – besonders den deutschen Kindergarten betreffend. Zitiert nach: Hofmann, Erika (Hrsg.) (1982a): Friedrich Fröbel. Ausgewählte Schriften, Bd. 4: Die Spielgaben. Stuttgart, S. 179–202

Fröbel, Friedrich (1841b): Die Kindergärten als um- und erfassende Pflege- und Erziehungsanstalten der Kindheit, der Kinder bis zum schulfähigen Alter und der deutschen Kindergarten als eine Musteranstalt dafür insbesondere. Zitiert nach: Hofmann, Erika (1982b) (Hrsg.): Friedrich Fröbel. Ausgewählte Schriften und Briefe von 1809–1851. Godesberg, S. 149-178

Haas, Linda (1993): Nurturing Fathers and Working Mothers. Changing Gender Roles in Sweden. In: Hood, Jane C. (Hrsg.): Men, Work and Family. Newbury park/London/New Dehli, S. 238–261

Hausen, Karin (1976): Die Polarisierung der Geschlechtscharaktere. Eine Spiegelung der Dissoziation von Erwerbs- und Familienleben. In: Conze, Werner (Hrsg.): Sozialgeschichte der Familie in der Neuzeit Europas. Stuttgart, S. 363–393

Horkheimer, Max (1936): Autorität und Familie. Paris

Kaufmann, Franz Xaver (1982): Staatliche Sozialpolitik und Familie. München

Key, Ellen (1992): Das Jahrhundert des Kindes. Neu herausgegeben und mit einem Nachwort von Ulrich Hermann. Weinheim/Basel (Erstaufl. 1900, dt. 1902)

Kocka, Jürgen (1991): Bürgertum and professions in the nineteenth century: two alternative approaches. In: Burrage, M./Torstendahl, R. (Hrsg.): Professions in Theory and History. Rethinking the Study of Professions. London, S. 62–74

Mayer, Christine (1996): Zur Kategorie »Beruf« in der Bildungsgeschichte von Frauen im 18. und 19. Jahrhundert. In: Glumpler, E./Kleinau, E. (Hrsg.): Frauen in pädagogischen Berufen. Bd. 1. Bad Heilbrunn/Obb., S. 14–38

Musiol, Marion (1998): »Gewohntes« und »Verändertes« im pädagogischen Handeln von Erzieherinnen in den neuen Bundesländern und die Transformation in Kindertageseinrichtungen. Dissertation

Niethammer, Friedrich Immanuel (1808): Der Streit des Philanthropinismus und des Humanismus in der Theorie des Erziehungs-Unterrichts unserer Zeit. Jena. IZitiert nach: Hillebrecht, Werner (Bearb.) (1968): Niethhammer, F.J.: Philanthropismus – Humanismus. Texte zur Schulreform. Weinheim/Berlin/Basel, S. 79–359

Nohl, Hermann (1988): Pädagogik aus dreißig Jahren. (Erstaufl. 1933) Frankfurt am Main

OECD (2004a): Bildung auf einen Blick. OECD-Indikatoren 2004. OECD Publikation, Paris
OECD (2004b): Die Politik der frühkindlichen Betreuung, Bildung und Erziehung in der Bundesrepublik Deutschland. Ein Länderbericht der Organisation für wirtschaftliche Zusammenarbeit und Entwicklung (OECD)
OECD (November 2004): Early Childhood Education and Care Policy in the Federal Republic of Germany, Presseerklärung
Oevermann, Ulrich (1996): Theoretische Skizze einer revidierten Theorie professionellen Handelns. In: Combe, A./Helsper, W. (Hrsg.): Pädagogische Professionalität. Weinheim, S. 70–182
Paulsen, Friedrich (1912): Väter und Söhne. In: Ders.: Gesammelte pädagogische Abhandlungen. Stuttgart/Berlin, S. 497–561
Rabe-Kleberg, Ursula (2004): Feminisierung der Erziehung. Chancen oder Gefahren für die Bildungsprozesse von Mädchen und Jungen?. In: Sachverständigenkommission 12. Kinder- und Jugendbericht (Hrsg.): Materialien zum 12. Kinder- und Jugendbericht. Bd. 2: Steuerung frühkindlicher Bildung, Betreuung und Erziehung. München
Rabe-Kleberg, Ursula (2003): Gendermainstreaming und Kindergarten. Eine Expertise im Auftrag des Bundesministeriums für Familie, Senioren, Frauen und Jugend. Weinheim/Basel
Rabe-Kleberg, Ursula (1999): Wie aus Berufen für Frauen Frauenberufe werden. – Ein Beitrag zur Transformation des Geschlechterverhältnisses. In: Nickel, H. M./Völkel, S./Hüning, H. (Hrsg.): Transformation Unternehmerreorganisation Geschlechterforschung. Opladen, S. 93–107
Rabe-Kleberg, Ursula (1996): Professionalität und Geschlechterverhältnis. Oder: Was ist »semi« an traditionellen Frauenberufen? In: Combe, A./Helsper, W. (Hrsg.): Pädagogische Professionalität. Weinheim, S. 276–302
Rabe-Kleberg, Ursula (1993): Verantwortlichkeit und Macht – Ein Beitrag zum Verhältnis von Geschlecht und Beruf angesichts der Krise traditioneller Frauenberufe. Bielefeld
Rabe-Kleberg, Ursula (1990): Besser gebildet und doch nicht gleich! Frauen und Bildung in der Arbeitsgesellschaft. Bielefeld
Randall, Vicky (2000): The Politics of Child Daycare in Britain. Oxford
Schütze, Fritz (1996): Organisationszwänge und hoheitsstaatliche Rahmenbedingungen im Sozialwesen: Ihre Auswirkungen auf die Paradoxien des professionellen Handelns. In: Combe, A./Helsper, W. (Hrsg.): Pädagogische Professionalität. Weinheim, S. 183–275
Schütze, Yvonne (1991): Die gute Mutter: zur Geschichte des normativen Musters »Mutterliebe«. Bielefeld

Taylor, Ann Allan (2000): Feminismus und Mütterlichkeit in Deutschland 1800–1914. Weinheim
Wunder, Heide/Vanja, Christina (1991): Wandel der Geschlechterbeziehungen zu Beginn der Neuzeit. Frankfurt am Main

Ausbildung zur Erzieherin – ein alt-neuer Auftrag für Fachhochschulen?

Jost Bauer

1	Kompetenzprofile der Fachkräfte in den sozialen Berufen auf dem Prüfstand?	112
2	Bildungs-, professions- und sozialpolitische Neuvermessung der Kompetenzprofile	114
3	Wechselwirkungen der Reformdiskurse auf die verschiedenen Ausbildungsebenen	116
3.1	Der Beitrag der Fachhochschulen zur Professionalisierung der Sozialen Arbeit	116
3.2	Bildung als internationaler Zukunftsmarkt	117
4	Die Position der Fachschulen zur Zukunftsfähigkeit der Ausbildung von Erzieherinnen und Erziehern	119
4.1	Rückblicke auf Reformdiskurse der Fachschulausbildung	119
4.2	Die Zukunftsfähigkeit der Ausbildung von Erzieherinnen und Erziehern erneut auf dem Prüfstand	121
5	Neue bildungspolitische Impulse für eine notwendige Reform der Ausbildung zur Erzieherin/zum Erzieher	122
5.1	Nachhaltigkeitsstrategie	122
5.2	Zukunft der Kinder- und Jugendarbeit – eine Bildungsfrage?	123
5.3	Zur Ausbildungsreform von Lehrerinnen und Lehrern	124
5.4	Zur Weiterentwicklungen der Reformen – erste Ergebnisse und offene Fragen	125
5.5	Zur Frage der Anhebung der Ausbildung zur Erzieherin/zum Erzieher auf Hochschulebene	126
5.6	Offene Fragen und Perspektiven in der Hochschulentwicklung	127
6	Literatur	131

Die folgenden Ausführungen reflektieren die differenzierte Reformgeschichte der ErzieherInnenausbildung. Im Kontext der Veränderungsprozesse der Fachhochschulen und der Fachbereiche des Sozialwesens werden die offenen bildungs- und professionspolitischen Fragen, die für die Weiterentwicklung der Kompetenzprofile der professionellen Fachkräfte im System der sozialen Berufe relevant sind, markiert. Eine kritische Würdigung der verschiedenen Reforminitiativen kann in diesem Beitrag nicht erfolgen (vgl. dazu Beher u. a. 1999; Reinicke 2002).

1 Kompetenzprofile der Fachkräfte in den sozialen Berufen auf dem Prüfstand?

Die Ausbildung der professionellen Fachkräfte in den sozialen Berufen ist nun schon seit 100 Jahren ständig in Bewegung und befindet sich fast ebenso lang in einem permanenten Reformdiskussionsprozess. Etablierung, Anerkennung und Akademisierung sind Stufen eines Prozesses, der zeitweilig zu einem Status quo verschiedener Ausbildungen auf den unterschiedlichsten Ausbildungsniveaus für soziale Berufe geführt hat.

Zurzeit werden Qualifizierung und Profilbildung in den sozialen Berufen als ein *offener Prozess* gesehen, in dem sich die Bildungsinstitutionen auf den verschiedenen Ausbildungsebenen (Fachschulen, Fachhochschulen, Universitäten) konkurrierend abgrenzen, sich aber auch kooperierend um die Entwicklung neuer Studiengänge auf Hochschulebene bemühen, mit anschlussfähigen Übergängen von der Fachschule auf die Fachhochschulebene und einer Perspektive zu weiterführenden Universitätsstudiengängen einschließlich der Promotion. Leitgedanke ist hier, die Aus-, Fort- und Weiterbildung im System der sozialen Berufe so zu konzipieren, dass damit Sackgassen in den individuellen Berufskarrieren zugunsten der »Perspektive eines Lebensberufs« vermieden werden können.

Insoweit ist die heutige Situation gekennzeichnet von unterschiedlichsten Ausbildungen auf nahezu allen Niveaus des Bildungssystems und mit allen möglichen Spezialisierungsvarianten. Seit Ende der 1990er-Jahre werden auf allen Ausbildungsebenen im System der sozialen Berufe Ausbildungs- und Studienreformen mit großer Geschwindigkeit vorangetrieben, die teilweise grundlegende Änderungen im System der Ausbildung und des Studiums bewirken.

Die aktuellen Reformbemühungen um (Erst-)Ausbildungen für die Fachkräfte in den sozialen Berufen vermitteln aus der *Perspektive der Fachhochschulen* ein ausgesprochen zwiespältiges Bild: Überwiegend markieren Binnenreformen in den ausbildenden Institutionen die sich abzeichnenden weit reichenden Veränderungen. So versuchen sich Fachschulen und Fachhochschulen gegenwärtig in regionalen Kooperationsmodellen und Ausbildungszentren, unterstützt durch bildungspolitische Vorgaben, mit neu entwickelten Studiengängen und Abschlussarten zu positionieren. Zu beachten sind dabei auch die zumeist inneren Ausbildungsreformen, die sich in der Weiterentwicklung und Umstrukturierung einzelner Ausbildungsgänge in einem gestuften System von grundständiger Ausbildung und Weiterbildung äußern. Zugleich scheinen die ausbildenden Institutionen durch den Versuch des »Upgrading« bestehender Ausbildungsgänge oder mit der Einführung neuer Bachelor- und Masterstudiengänge vorrangig ihre eigene Etablierung und Profilierung voranzutreiben.

Weiterhin müssen die Ausbildungsinstitutionen auf neue Herausforderungen und politisch programmatische Anforderungen der Berufsfelder reagieren – beispielsweise auf die geforderte Flexibilisierung von Hilfen: Migrationseffekte, eine verstärkte Partizipation von Adressaten sowie organisationsspezifische Kenntnisse in punkto Qualität, Controlling oder Management erfordern neue Kompetenzen. Schließlich werden mit Blick auf die vermeintlich zunehmend prekärer werdende Finanzlage der öffentlichen Haushalte im politischen Raum die Stimmen immer lauter, die eine »Flexibilisierung« der Personalstandards, sprich: eine Absenkung der damit verbundenen Kosten – gegebenenfalls auch zulasten von Qualität und Professionalität – fordern.

Zu klären ist deshalb, inwieweit Ausbildungsreformen auf einen offenen Prozess abzielen müssen, in dem sowohl die vorhandenen Formen und Niveaus als auch das Nebeneinander von Fachschule, Fachhochschule und Universität berücksichtigt werden. Eine stärkere Modularisierung der Ausbildungsinhalte könnte die Entwicklung (auch international) vergleichbarer Qualifikationsstandards sowie eine verbesserte Abstimmung für veränderte Praxiserfordernisse fördern.[1]

---

1 Aus einem unveröffentlichten Diskussionspapier von Jost Bauer und Thomas Rauschenbach für den Deutschen Fürsorgetag, Freiburg 2003.

2 Bildungs-, professions- und sozialpolitische Neuvermessung der Kompetenzprofile

Drei Diskursstränge markieren die neueren Entwicklungen im System der sozialberuflichen Aus-, Fort- und Weiterbildung:
1. Ein Diskursstrang befasst sich mit der Umsetzung von gesetzlich schon geregelten oder geplanten Anforderungsprofilen an die *Qualität sozialstaatlicher Leistungsangebote auf dem Weg nach Europa*. Verbunden damit sind Fragen der Qualitätsentwicklung und Qualitätssicherung im Zusammenhang mit gesteigerten Erwartungen an die notwendigen fachlichen Kompetenzen. Europäische Vergleichsmaßstäbe zwingen in einigen Teilbereichen der sozialen Berufe auch zu Überlegungen der Höherqualifizierung, z.B. in den Bereichen der Bildungs-, Erziehungs-, Gesundheits- und Pflegeberufe. In den dazu geführten fachpolitischen Diskussionen kollidieren allerdings die Interessen der Bildungsinstitutionen mit den monetären Interessen der Anstellungsträger.
2. Ein weiterer Diskursstrang ergibt sich für die Fachhochschulen aus dem *Bolognaprozess*. Hier wird ebenfalls angestrebt, im Rahmen von Qualitätsdiskussion und im Interesse einer internationalen Vergleichbarkeit über Evaluation und Akkreditierung Standards zu entwickeln. Dabei geht es auch um die Anschlussfähigkeit und Durchlässigkeit zwischen den Ausbildungsebenen Fachschule – Fachhochschule – Universität im Sinne einer *vertikalen und horizontalen Mobilität individueller Berufskarrieren*. Anschlussfähigkeit und Durchlässigkeit werden durch die Weiterbildungsprogramme der Fachhochschulen auch schon zum jetzigen Zeitpunkt realisiert. Mit postgradualen Masterstudiengängen[2] (»Weiterbildungsmaster«) sowie teilweise berufsbegleitend organisierten Kontaktstudiengängen mit einem hochschulzertifizierten Abschluss auch für Fachkräfte ohne Hochschulzugangsberechtigung werden Spezialisierungen angeboten[3], die diese wünschenswerte Gestaltung individueller Berufskariaren ermöglichen.

Das angestrebte einheitliche Graduierungssystem mit Bachelor- und Masterstudiengängen mit einer anschließenden Promotions-

---
2 Vgl. dazu den aktuellen Stand: www.akkreditierungsrat.de und www.hrk.de.
3 Zum Beispiel in Baden-Württemberg durch den Weiterbildungsverbund im Diakonischen Werk der Evang. Landeskirche in Württemberg in Kooperation mit der EFH Reutlingen-Ludwigsburg auf der Basis eines Handbuches zur Qualitätssicherung von Kontaktstudiengängen/Informationen: wertz.P@diakonie-wuerttemberg.de.

studienphase zwingt zu Überlegungen, wie in der kurz bemessenen Übergangszeit bis zum Jahr 2010 neben den bestehenden Diplom- und Magisterabschlüssen an den Hochschulen neue berufsqualifizierende Studiengänge mit Bachelorabschlüssen und Masterstudiengänge im Konsekutivmodell sowie als postgraduale Weiterbildung organisiert werden sollen.
3. Der dritte Diskursstrang ist im fachpolitischen Feld verortet und fokussiert die *Entwicklung des bürgerschaftlichen Engagements als politisches demokratisches Prinzip* zur Gestaltung des Sozialen in unserer Gesellschaft. Damit verbunden ist die Frage nach dem Verhältnis von professionell zu erbringenden und freiwilligen Leistungen, das im Rahmen der ganzen Bandbreite des ehrenamtlichen Engagements, der Selbsthilfe, der Bürgerbeteiligung zu einer Neuvermessung der sozialstaatlichen Leistungsangebote führt. Das neu zu bestimmende Verhältnis zwischen professioneller Sozialarbeit (Fachkräfte) und dem freiwilligen Segment wird vielfältige Auswirkungen auf das System der sozialen Berufe haben, z. B. auf das Verhältnis von Regulierung und Deregulierung und auf die Verknüpfung von professionellen und semiprofessionellen Tätigkeiten.[4]

Eine erste Analyse dieser drei Diskursstränge und ihrer Wechselwirkungen macht deutlich, dass die Kompetenzprofile der sozialen Berufe sich insgesamt *auf dem Prüfstand* befinden. Dies *impliziert* auch eine Neubewertung der Aus-, Fort- und Weiterbildung, die eine internationale, zumindest aber die europäische Perspektive berücksichtigen sollte.
Mit Blick auf diesen Gesamtzusammenhang muss daher auch die Frage diskutiert werden, wie sich eine Internationalisierung auf das System der sozialen Berufe insgesamt auswirkt. Teilreformen einzelner sozialer Berufe – wie die hier zu diskutierende Frage der Ausbildung zum Erzieher/zur Erzieherin – implizieren auch eine Neubewertung dieser Berufsgruppe im Gesamtsystem der sozialen Berufe. Aus berufspolitischer Sicht muss daher auch gefragt werden, wie sich die Neubewertung der Fachkräfte im Verhältnis zu Assistenz-

---

4 Als Indiz dafür kann auf das Schiedsstellenverfahren nach § 78 SGB VIII verwiesen werden. Bei der Aushandlung von Leistungs- und Entgeltvereinbarungen über die prospektiven Kostenkalkulationen sind der sog. Personalmix und die kostensenkende Einbeziehung von freiwilligem Engagement und Selbsthilfe schon ein ständiger Streitpunkt zwischen den Leistungserbringern und den Leistungsträgern.

qualifikationen auf die tarifliche Einordnung im Beschäftigungssystem der sozialen Dienste auswirkt.

3 Wechselwirkungen der Reformdiskurse auf die verschiedenen Ausbildungsebenen

3.1 Der Beitrag der Fachhochschulen zur Professionalisierung der Sozialen Arbeit

In der *ersten Phase der Professionalisierung* ging es um die Anhebung der Ausbildung für die Fachkräfte in der Sozialen Arbeit von der höheren Fachschule auf die Hochschulebene (vgl. Klockner 2002, S. 306f.). Die Einbeziehung der Ausbildungsreform für Erzieherinnen und Erzieher war seit Gründung der Fachhochschulen im Bereich des Sozialwesens (1970) nicht von zentraler Bedeutung. Eine Begründung lässt sich nun aus folgenden Zusammenhängen ableiten: Mit der Anhebung der Qualifizierung der Fachkräfte in den Arbeitsfeldern der sozialen Arbeit wurden bestimmte Qualifizierungsbereiche der bisherigen ErzieherInnenausbildung auf Fachhochschulebene angehoben.

Die damalige Aufbauausbildung (HFS) zur Jugendleiterin wurde in die Diplomstudiengänge der Sozialpädagogik integriert, und die Fachhochschulen boten im Rahmen einer generalistisch organisierten Grundausbildung in den Diplomstudiengängen der Sozialpädagogik Wahlschwerpunkte an, die für bestimmte Funktionen in diesen Bereichen qualifizieren sollten (z.B. Leitungsaufgaben/Fachberatung/Jugendbildungsarbeit).

Hinzu kam, dass mit einem Diplomabschluss an einer Fachhochschule für berufserfahrene ErzieherInnen auch in einigen Bundesländern (z.B. in Baden-Württemberg) die Lehrbefähigung an Fachschulen in den Methodenfächern erworben werden konnte. Damit wurde eine alte Forderung der Fachhochschulen im Hinblick auf die Qualifizierung von so genannten BerufsrollenträgerInnen für die Ausbildungsaufgaben erfüllt.

Auch ein längerer Diskurs auf der Ebene des Deutschen Vereins für öffentliche und private Fürsorge zur Überarbeitung der Rahmenvereinbarungen der Kultusministerkonferenz (KMK) (vgl. Deutscher Verein für öffentliche und private Fürsorge 1978, S. 258f.) und zur »Einheit der Erzieherausbildung« (Zusammenfassung der

Ausbildung zur Erzieherin/zum Erzieher in Kindergarten/Kindertagesstätten und des Jugend- und Heimerziehers) auf der Fachschulebene fand zunächst keine nennenswerte Resonanz auf der Hochschulebene. Kennzeichnend für diese Entwicklungsphase der Fachhochschulen im Bereich des Sozialwesens seit 1970 waren vielmehr die Diskurse zur Konkurrenz und Abgrenzung zu universitären Studiengängen, zur Berufsakademie (einer Konzeption im Land Baden-Württemberg, die auch in anderen Bundesländern etabliert wurde) sowie einer fachwissenschaftlichen Fundierung der Ausbildung durch die Entwicklung einer eigenständigen Sozialarbeitswissenschaft (vgl. dazu Gängler/Rauschenbach 2005, S. 489ff.; Rauschenbach/Züchner 2002, S. 842ff. und Mühlum 2002, S. 846f.).

In der *zweiten Entwicklungsphase* der Studienreformprozesse an den Fachhochschulen, im so genannten »Bolognaprozess«, kommen nun die entscheidenden bildungspolitischen Impulse (vgl. Teichler 2005, S. 6ff.) von der europäischen Bühne. Leitgedanke dieser Diskurse sind die Fragen der anzustrebenden Kompetenzprofile und Standardentwicklungen für die Fachkräfte der Sozialen Arbeit mit Auswirkungen auf das gesamte System der sozialen Berufe, die Studienstrukturen auf den entsprechenden Ausbildungsebenen sowie die Integration der Fort- und Weiterbildung. Es besteht zwar noch kein generalisierbarer Konsens über Mindeststandards für eine notwendige professionelle Qualifizierung, doch sind in den bisher durchgeführten Evaluations- und Akkreditierungsverfahren verallgemeinerbare Tendenzen sichtbar geworden: In einem modularisierten und gestuften Konzept haben interdisziplinäre Ansätze, Praxis- und Berufsorientierung sowie der Erwerb von Schlüsselqualifikationen für die zu definierenden Qualifikations- und Kompetenzprofile einen deutlich höheren Stellenwert als die von den Fachdisziplinen postulierten Ausbildungsinhalte.

Die Definition von Mindeststandards für eine professionelle Qualifizierung und somit auch die Lehr- und Lernqualität einer Hochschule ist indirekt auch für das Leistungsprofil der sozialen Dienste relevant.

3.2 Bildung als internationaler Zukunftsmarkt

Kennzeichnend für diese Entwicklungsphase ist die Marktfähigkeit der Bildungsinhalte. Ein Indiz dafür ist die regelmäßig wiederkehrende Zeremonie des Hochschulrankings in den Medien. Die Hochschulen positionieren sich unter Marketinggesichtspunkten am *Bildungsmarkt*. Mit diesen Marketingaspekten wollen sie in erster Linie Studierende aus dem In- und Ausland gewinnen. Hinzu kommt, dass die Hochschulen sich in dem Verteilungskampf um eine leistungsbezogene Mittelvergabe auch Wettbewerbsvorteile verschaffen wollen. Dieser Wirkungszusammenhang verschärft die Konkurrenz zwischen Universitäten und Fachhochschulen bei der Entwicklung der Studiengänge.

Die Internationalisierung der Studiengänge und die Modularisierung der Studieninhalte eröffnen Bildungsanbietern eine völlig neue Perspektive der Vermarktung ihrer Produkte: Bildungskonzerne und/oder Hochschulen können im Prinzip zukünftig international tätig werden, soweit ihre Angebote akkreditiert sind.

An den Fachhochschulen ist schon jetzt – vor allem durch die postgradualen Masterabschlüsse – ein Konkurrenzkampf entstanden. Die Fachhochschulen des Sozialwesens bieten zunehmend mit ihren bisherigen Fort- und Weiterbildungsprogrammen auch in Kooperation mit den großen etablierten Weiterbildungsträgern eine meist berufsbegleitende, teilweise auch »modisch« akzentuierte Spezialisierung im Gewand eines viel versprechenden postgradualen Masterabschlusses an. Da hier aber noch keine gesicherten vergleichbaren Mindeststandards durch Evaluations- und Akkreditierungsverfahren vorliegen, könnte dies zu einer neuen Unübersichtlichkeit bzw. Inflation führen. Eine angemessene Bewertung und Einordnung postgradualer Masterabschlüsse im Beschäftigungssystem der sozialen Dienste ist zur Zeit (noch) nicht möglich, da auch die Kriterien für einen Masterabschluss im Konsekutivmodell, aufbauend auf einem ersten berufsqualifizierenden Abschluss eines Bachelorstudiengangs, noch nicht abschließend geklärt und politisch entschieden sind. Nach Einschätzung vieler Experten in der Hochschulpolitik und in der Praxis könnte diese Entwicklung den Fachhochschulen eher schaden als nützen (vgl. Bauer 2001a, S. 288ff. und Bauer 2001b, S. 24ff.).

4 Die Position der Fachschulen zur Zukunftsfähigkeit der Ausbildung von Erzieherinnen und Erziehern

Die an den rund 200 Fachschulen und Fachakademien für Sozialpädagogik in der Bundesrepublik Deutschland ausgebildeten Fachkräfte stellen mit circa 70 Prozent die größte Berufsgruppe der qualifizierten Fachkräfte in den breit gefächerten Arbeitsfeldern der Kinder- und Jugendhilfe (vgl. Rauschenbach 2002, S. 307 f.; Derschau 2002, S. 308ff.).[5] Die sich verändernden Problemlagen in der Kinder- und Jugendhilfe, verbunden mit neuen Anforderungen an die Kompetenzprofile der Fachkräfte, haben im Ausbildungssegment unterhalb der Fachhochschulebene vor allem im Bereich der Bildung, Erziehung und Betreuung einen parallelen Reformprozess bewirkt.

4.1 Rückblicke auf Reformdiskurse der Fachschulausbildung

Die entscheidenden Impulse für die Reformprozesse der ErzieherInnenausbildung kamen aus professions-, sozial- und bildungspolitischen Zusammenhängen sowie von Institutionen, die, basierend auf den Befunden der Kindheits- und Jugendforschung, diese Fragen thematisiert haben: So haben vor allem die Gewerkschaft Erziehung und Wissenschaft (GEW), das Deutsche Jugendinstitut (DJI) und das Staatsinstitut für Frühpädagogik/München (IFP) in vielen regionalen und bundeszentralen Fachtagungen über einen langen Zeitraum diese Diskussion entscheidend mitgeprägt.

Im Auftrag der Kultusministerkonferenz (KMK) hat das Land Brandenburg am 25./26 September 1997 in einer länderoffenen Fachtagung in Potsdam neue Strukturmodelle für die Ausbildung zur Erzieherin/zum Erzieher vorgestellt. Damit sollte zunächst eine Grundlage für die Fortschreibung der Rahmenrichtlinien der KMK für die Ausbildung zur Erzieherin/zum Erzieher geschaffen werden, mit der die Kriterien für die Binnenreform der Ausbildung definiert aber auch die Fragen der Durchlässigkeit der Ausbildungsebenen und der Höherqualifizierung nach europäischen Vergleichsstandards fachpolitisch beantwortet werden könnten. An diesen Expertengesprächen in der Zukunftswerkstatt beteiligten sich neben den oben

---

5 Vgl. Statistisches Bundesamt, Fachserie 13, Reihe 6.3, Stuttgart 2002.

genannten Institutionen und Verbänden auch der Deutsche Verein für öffentliche und private Fürsorge, der sich bereits mit seiner Empfehlung über die Aus- und Fortbildung des Erziehers (Deutscher Verein für öffentliche und private Fürsorge 1978, S. 258f.) zu dieser Frage geäußert hatte.

Die unter anderem von der GEW im Interesse der europäischen Vergleichbarkeit immer wieder geforderte Anhebung der gesamten Ausbildung von Erzieherinnen und Erziehern auf die Hochschulebene konnte (noch) nicht erreicht werden. Wie weit zu diesem Zeitpunkt die Entwicklung einer »reformierten ErzieherInnenausbildung« schon fortgeschritten war, wurde im Rahmen einer Fachtagung der GEW/Baden-Württemberg im April 1997 in der Evangelischen Akademie Bad Boll diskutiert und dokumentiert (vgl. Wulk 1997). Bemerkenswert erscheint in diesem Zusammenhang, dass die dort vorgestellte reformierte Konzeption bereits nach Lernbereichen und interdisziplinären Beiträgen zu formulierten Lernzielen und notwendigen Kompetenzen ausgestaltet ist. Dies ermöglicht eine Übertragung in die modularen Konzeptionen der Hochschulen und damit eine Anrechenbarkeit von Bildungselementen von »prior-learning« (Lüthje/Wolter 2005, S. 73ff.).

In der Folge dieser exemplarisch benannten Fachtagungen befassten sich auch die Fachhochschulen in regionalen und überregionalen Gremien zunehmend mit der Fragestellung und diskutierten zusammen mit den Anstellungsträgern die Konsequenzen für die Ausbildung auf der Fachhochschulebene.[6]

Im gleichen Zeitraum hatte die Arbeitsgemeinschaft der obersten Landesjugendbehörden im Zusammenhang mit dem Fachkräftegebot im SGB VIII Kompetenzprofile der Fachkräfte definiert und in einer Beschlussvorlage an die Jugendministerkonferenz am 23./24. April 1998 in Stuttgart sich »zur Weiterentwicklung der Struktur der Ausbildung von Erzieherinnen und Erziehern« positioniert. Intendiert war damit auch eine Unterstützung durch die Jugendministerkonferenz zur Neufassung bzw. Fortschreibung der Rahmenvereinbarung der KMK über die Ausbildung und Prüfung von Erzieherinnen und Erziehern als bundespolitisches Signal für die Weiterentwicklung in den Ländern.

---

6 Beispielhaft für das Bundesland Baden-Württemberg: Am 30.10.1997 diskutierte die Arbeitsgemeinschaft der Rektoren und Dekane des Sozial- und Gesundheitswesens (ARDSG) an der FH Ravensburg erstmals zusammen mit der Landesarbeitsgemeinschaft der öffentlichen und freien Wohlfahrtspflege die Konsequenzen neuer Strukturmodelle in der ErzieherInnenausbildung für die Fachhochschulebene.

Ein bemerkenswertes Etappenziel in diesem Reformprozess ist erreicht. Durch die Einführung von Lernbereichen – ohne Festlegung auf Fächer – und die Forderung nach neuen Inhalten für die notwendigen Qualifikationen wurde durch die KMK-Rahmenvereinbarung die Öffnung für Länderspezifika und neue didaktisch-methodische Konzeptionen gewährleistet.

In der öffentlichen (politischen) Diskussion um die Weiterentwicklung der Ausbildung von Erzieherinnen, die vor allem durch die Ergebnisse der PISA-Studie (vgl. Deutsches Pisa-Konsortium 2000) und die neuesten Vergleichszahlen der OECD-Studie in der Bundesrepublik Deutschland neu belebt wurde, wird erneut die Anhebung dieser Ausbildung auf die Hochschulebene, teilweise ohne Rücksicht auf die dargestellte Geschichte der Binnenreform und die schon zwischen den Universitäten, Fachhochschulen und Fachschulen entwickelten Konzepte einer anschlussfähigen Weiterbildung, gefordert (vgl. Fthenakis 2003; Fthenakis/Oberhuemer 2002; Balluseck u. a. 2003; GEW 2005).

4.2 Die Zukunftsfähigkeit der Ausbildung von Erzieherinnen und Erziehern erneut auf dem Prüfstand

In einem gemeinsamen Positionspapier vom 15. Mai 2004 der Bundesarbeitsgemeinschaft der katholischen Ausbildungsstätten für Erzieherinnen/Erzieher (BAGKAE), der Bundesarbeitsgemeinschaft öffentlicher und freier nicht konfessionell gebundener Ausbildungsstätten für Erzieher/innen (BöfAE) und dem Bundesverband evangelischer Ausbildungsstätten für Sozialpädagogik (BeA) werden die Ausbildungsverantwortung der Fachschulen und Fachakademien herausgestellt, die besondere Qualität der fachschulischen Ausbildung mit ihrer gezielten Persönlichkeitsentwicklung, einer engen Verzahnung von Theorie und Praxis sowie ihrer sozialräumlichen Verankerung begründet und die Unverzichtbarkeit der fachschulischen Ausbildung aufgrund ihres besonderen Profils hervorgehoben. In diesem Positionspapier werden Anforderungen an eine zukünftige fachschulische ErzieherInnenausbildung formuliert, in deren Mittelpunkt die Frage der Zugangsvoraussetzungen, der Ausbildungsdauer und der inhaltlichen sowie curricularen Standards angesprochen wird (vgl. Müller-Neuendorf in diesem Band).

Mit diesem gemeinsamen Positionspapier vom 15. Mai 2004 wird in erster Linie nicht ein Rettungsversuch der Fachschulen unternommen – auch wenn es manchen Kritikern auf der Hochschulebene vordergründig so erscheinen mag. Mit der Beschreibung eines zukunftsfähigen Ausbildungsprofils für Erzieherinnen und Erzieher auf der Ebene einer reformierten Fachschulausbildung werden die Binnenreformprozesse der Ausbildung unterhalb der Fachhochschulebene fortgeschrieben.

Mit Blick auf die Teilergebnisse in der langen Reformgeschichte der Ausbildung zur Erzieherin/zum Erzieher wird deutlich, dass gegenwärtig eine zeitnahe Anhebung der gesamten Ausbildung von der Fachschulebene auf die Hochschulebene nicht realistisch ist, auch wenn im europäischen Vergleich nur in Österreich und Deutschland Erzieherinnen und Erzieher nicht ausschließlich auf dieser Ebene ausgebildet werden.

5 Neue bildungspolitische Impulse für eine notwendige Reform der Ausbildung zur Erzieherin/zum Erzieher

Die Kernaussage des 12. Kinder- und Jugendberichts: »Bildung, Erziehung und Betreuung müssen Kindern aller Altersstufen zugänglich sein« und die Empfehlungen zur Förderung bis zum 6. Lebensjahr markieren sowohl für Forschung und Lehre »als auch für die Ausbildungsreformen eine dynamische Vegetationszone« (die Empfehlungen der Bundesregierung können verschiedenen politischen Querschnittsthemen zugeordnet werden).

5.1 Nachhaltigkeitsstrategie

Auf der europäischen Bühne werden zurzeit die politischen Parameter für eine *nachhaltige Entwicklung* definiert. »Ziel der Nachhaltigkeitsstrategie ist es, eine ausgewogene Balance zwischen den Bedürfnissen der heutigen Generation und den Lebensperspektiven künftiger Generationen zu finden.« Mit dieser Zielsetzung legte die Bundesregierung im Frühjahr 2002 einen »Entwurf der Nationalen Nachhaltigkeitsstrategie« vor. Es geht darin um Generationengerechtigkeit, sozialen Zusammenhalt, Lebensqualität und internationale Verantwortung. In diesem Zusammenhang ist auch die Entwicklung der Zukunft der Kinder- und Jugendhilfe in Deutschland auf dem Weg nach Europa zu sehen, denn die Träger der Jugendhilfe und die Bildungsverantwortlichen haben in Deutschland begonnen, global zu denken und lokal zu handeln, indem sie die Leistungsprofile in den Bereichen der Kindererziehung, Betreuung und Bildung im europäischen Kontext abgleichen und dann entsprechend den lokalen Bedingungen nach fachlichen und marktmäßigen Gesichtspunkten entwickeln und neu organisieren.

5.2 Zukunft der Kinder- und Jugendarbeit – eine Bildungsfrage?

Der Bildungsauftrag/das Bildungsverständnis ist eine der Determinanten im gesamten Spektrum der Kinder- und Jugendarbeit. Aus der aktuellen Bildungsdebatte zu den Folgerungen aus den PISA-Vergleichsstudien mit den alarmierenden Befunden für das Bildungssystem der Bundesrepublik Deutschland lassen sich die zentralen Herausforderungen zur Reform der schulischen und außerschulischen Bildung markieren (vgl. Fthenakis 2003; Balluseck u. a. 2003; GEW 2005). Dabei geht es vor allem um die Verbesserung der schulischen und vorschulischen Lernbedingungen und um die Neubewertung des Bildungsbegriffs in der Kinder- und Jugendhilfe.

In den disziplinorientierten Diskursen zur Herausbildung von Standards für ein allgemeines Kompetenzprofil in den Bereichen der Kinder- und Jugendarbeit ist die Ausdifferenzierung des Bildungsbegriffs schon immer ein Gegenstand für die erziehungswissenschaftliche Theoriebildung und Forschung gewesen. Die aus diesen Diskursen ableitbaren bildungspolitischen Forderungen waren zum Beispiel auch für die Kinder- und Jugendberichte der Bundesregierung ein Orientierungsrahmen für eine entsprechende Querschnittspolitik, die jedoch oft nur halbherzig oder gar nicht umgesetzt wurde.

Schon im 11. Kinder- und Jugendbericht hat sich die Bundesregierung im Februar 2002 zur Weiterentwicklung der Kinder- und Jugendarbeit mit europäischer Perspektive eindeutig positioniert. Im Rahmen der jugendpolitischen und fachlichen Bewertung der Expertisen des 11. Kinder- und Jugendberichts hat die Bundesregierung mit einer zukunftsorientierten jugendpolitischen Initiative (»Chancen im Wandel«) ein umfassendes ressortübergreifendes Jugendprogramm vorgelegt, in dem auch der Bildungsfrage ein hoher Stellenwert zugemessen wird.

Im Fokus der zwölf Kernempfehlungen, die das Forum Bildung im Januar 2002 beschlossen hat, stehen die durch Bildung zu fördernde soziale Kompetenz, die Sprach- und Kommunikationskompetenz sowie die interkulturelle Kompetenz, verbunden mit einer Vielzahl von Fähigkeiten und Fertigkeiten, die zum einen der umfassenden Persönlichkeitsentwicklung und der Lebenskompetenz dienen, zum anderen aber auch eine Voraussetzung für das Lernen und den Wissenserwerb darstellen. Dazu soll die Kinder- und Jugendhilfe etwa auf der Grundlage von § 11 Absatz 3 SGB VIII mit ihren vielfältigen *außerschulischen Angeboten der kulturellen, multikulturellen, politischen, gesundheitlichen, technischen und sportlichen Bildung* einen Beitrag leisten. In diesem Diskussionszusammenhang wurde auch der Bildungsauftrag für den Vorschulbereich neu definiert. Dies konnte schon als neuer Impuls für die Reform der ErzieherInnenausbildung gesehen werden, der durch die Empfehlungen des 12. Kinder- und Jugendberichts der Bundesregierung vom 25. August 2005 bekräftigt wird (vgl. Bauer 2002, S. 31 ff.; Münchmeier u. a. 2002).

5.3 Zur Ausbildungsreform von Lehrerinnen und Lehrern

Nicht nur durch den »PISA-Schock« ausgelöst, setzt sich die auf Forschungsbefunde zur frühkindlichen Entwicklung gegründete Erkenntnis durch, dass im Kindergarten und in der Grundschule die Weichen für die Zukunft der Kinder gestellt werden. Folgerichtig entstehen daher in den Bundesländern abgestimmte Erziehungs- und Bildungspläne mit dem Ziel, die Kontinuität des Bildungsprozesses vom Kindergarten in die Grundschule zu gewährleisten. Mit Blick auf die dazu notwendigen Kompetenzprofile der ErzieherInnen und LehrerInnen zeichnen sich neue Kooperationsmöglichkeiten zwischen den Bildungsinstitutionen ab. An einigen Hochschulen (Universitäten und Fachhochschulen) in Kooperation mit Weiterbildungsinstituten wurden gemeinsame Weiterbildungsstudiengänge für ErzieherInnen und GrundschullehrerInnen mit dem Akzent auf die frühkindliche Bildung entwickelt, die mit großer Nachfrage bereits durchgeführt werden. Damit wird zumindest teilweise die

ErzieherInnenausbildung in das Gesamtkonzept einer akademischen Ausbildung integriert.[7]

5.4 Zur Weiterentwicklungen der Reformen – erste Ergebnisse und offene Fragen

Die Ausgangsfrage lautete: »Ist die Ausbildung zur Erzieherin/zum Erzieher ein alter – neuer Auftrag für die Fachhochschulen?« Mit Blick auf die oben skizzierten Diskurse zum Bildungsbegriff in der Kinder- und Jugendarbeit, zur Verbesserung der Bildungschancen für Kinder bis zum Beginn der Schulpflicht (6 Jahre) im Bereich frühkindlicher Erziehung, Bildung und Betreuung wird deutlich, dass hier zumindest Teilbereiche der Qualifikation von Fachkräften für diesen wichtigen Aufgabenbereich der Kinder- und Jugendhilfe zum Auftrag der Hochschulen – hier insbesondere auch der Fachhochschulen – gehören. Die Einbeziehung der Forschung im Bereich der frühen Kindheit (early childhood) in die Aufgabenbereiche der Hochschulen und die Ausgestaltung der Lehre für die Berufsprofile in der schulischen und außerschulischen Bildung (die auch schon vor dem 6. Lebensjahr beginnen sollte) steht im Vergleich zu anderen europäischen Ländern zwar noch am Anfang, hat aber in relativ kurzem Zeitraum umfangreiche Weiterentwicklungen initiiert. Gerade in diesem Entwicklungssegment für die Lehr- und Erziehungsberufe haben die konkurrierenden Fachschulen, Fachhochschulen, Pädagogischen Hochschulen und Universitäten in überraschender Weise überwiegend Kooperationsmodelle für eine Höherqualifizierung der Erzieherinnen und Erzieher entwickelt. Hinzu kommt, dass dieser Kooperationseffekt im Hinblick auf die Forschungs- und Entwicklungsbedarfe im Ausbildungsbereich der frühkindlichen Bildung insbesondere durch Initiativen der Bertelsmann Stiftung und der Robert Bosch Stiftung befördert wird.

Mit der Förderung eines Forschungsprojektes an fünf regional vernetzten Bildungszentren (»*Modellzentren als Labor zur Weiterentwicklung der Frühpädagogik*«) möchte die Robert Bosch Stiftung fünf Hochschulen (Universitäten/Fachhochschulen) als Projektträ-

---

7 Vgl. z. B. die Konzepte der Universitäten Bremen, Lüneburg, Koblenz-Landau, Dresden und der Fachhochschulen Emden, ASH Berlin, EFH Hannover, EFH Freiburg sowie weiterführende Informationen unter www.erzieherinnenforum.de und die Veröffentlichung des GEW-Hauptvorstandes (Hrsg.): Erzieherinnenausbildung an die Hochschule. Der Anfang ist gemacht, Februar 2005.

ger fördern, die in Kooperation mit Fachschulen, Fortbildungseinrichtungen, der Praxis und ausländischen Universitäten die zentralen Fragen und Ziele der frühkindlichen Bildung und Erziehung erarbeiten, um damit auch die Kriterien für die Professionalisierung der Fachkräfte für Kindertageseinrichtungen empirisch zu fundieren und in bildungspolitische Programme umsetzen zu können.[8]

Die große Zahl der Hochschulen, die sich auf die Ausschreibung der Robert Bosch Stiftung beworben haben, macht deutlich, dass nahezu flächendeckend in Deutschland bereits in solch regionalen Netzwerken gearbeitet wird. Gegenwärtig werden an nahezu allen Fachhochschulen und Fachbereichen im Sozialwesen entsprechende Studiengänge mit unterschiedlichen Akzenten geplant und bereits angeboten oder befinden sich in der Phase der Akkreditierungsverfahren.

5.5 Zur Frage der Anhebung der Ausbildung zur Erzieherin/zum Erzieher auf Hochschulebene

In den fachlichen Diskursen besteht weitgehend Konsens darüber, dass das Niveau der ErzieherInnenausbildung angehoben werden muss, damit auch zukünftig die sozialen Fachkräfte im Bereich der frühkindlichen Bildung und Erziehung den an sie gestellten Anforderungen gerecht werden können. Ein Klärungs- und gegebenenfalls auch politischer Entscheidungsbedarf besteht jedoch weiterhin darüber, ob und inwiefern eine Anhebung des Niveaus der Fachschulausbildung zur Erzieherin/zum Erzieher auch zu einer Einordnung der grundständigen Ausbildung auf einem höheren Niveau des Ausbildungssystems und damit auf Fachhochschul- oder Universitätsebene führen sollte, oder ob es sich um *Aufbauausbildungen* in einem durchlässigen System handeln soll, wie etwa die gemeinsamen Weiterbildungsstudiengänge für ErzieherInnen und GrundschullehrerInnen.

In der aktuellen Entwicklung haben sich hier unterschiedliche Modelle herausgebildet, die sich grob typisieren lassen als:

---

8 Auf der Grundlage der Ausschreibung der Robert Bosch Stiftung: www.robert-bosch-stiftung.de – erhielten 5 Hochschulen den Zuschlag für dieses Projekt: Universität Bremen, TU Dresden, ASH Berlin, FH Koblenz und EFH Freiburg.

- integratives Kooperationsmodell zwischen Fachschule und Fachhochschule oder additives Kooperationsmodell von Fachschule und Fachhochschule,
- grundständige fachhochschulische Ausbildungsgänge,
- grundständige universitäre Studiengänge – oder auch
- Kooperationsmodelle, in denen die unterschiedlichen Ausbildungsebenen insgesamt miteinander verbunden werden.[9]

Wenn eine zukunftsfähige Ausbildung zur Erzieherin/zum Erzieher nur in der Angleichung der deutschen Ausbildung an den europäischen Standard gesehen wird, hätte dies zur Folge, dass eine sozialpädagogische Erstausbildung auf der Fachschulebene auf Assistenzniveau abschließen würde. Eine Ausbildung zur sozialen Fachkraft würde sich nach dieser Vorstellung dann auf der Ebene der Hochschulen (hier auch Fachhochschule) anschließen. Damit wäre zumindest sichergestellt, dass auch künftig der Zugang zu Erziehungs- und Pflegeberufen Realschülerinnen und -schülern eröffnet bliebe (vgl. Deutscher Verein für öffentliche und private Fürsorge 2005, S. 307ff.). Eine Klärung dieser Frage muss jedoch politisch entschieden werden.

Bislang bestehen in den einzelnen Bundesländern noch Probleme der Durchlässigkeit und Anschlussfähigkeit der fachschulischen ErzieherInnenausbildung zu den Fachhochschulstudiengängen. Auch unabhängig von der Frage der Anhebung der ErzieherInnenausbildung ist es notwendig, diese Durchlässigkeit und Anschlussfähigkeit zukünftig zu gewährleisten. Damit verbunden sind auch die Anerkennung von Studienleistungen, die Zugangsvoraussetzungen zu den jeweiligen Ausbildungsgängen sowie die Frage des Erwerbs des Hochschulzuganges mit dem Fachschulabschluss.

5.6 Offene Fragen und Perspektiven in der Hochschulentwicklung

Im Kontext der aktuellen Hochschulentwicklung sind noch einige weitere Problembereiche zu benennen, die für die Kooperation zwischen den Fachschulen und den Fachhochschulen zu bedenken sind: Der Deutsche Verein für öffentliche und private Fürsorge hat in sei-

---

9 Vgl. dazu den gemeinsamen Aufbaustudiengang für ErzieherInnen und GrundschullehrerInnen an der Universität Bremen sowie eine Übersicht über die schon bestehenden akkreditierten Bachelorstudiengänge: www.akkreditierungsrat.de und www.hrk.de.

nem Positionspapier vom 22. Juni 2005 zur Einführung gestufter Studiengänge an den deutschen Hochschulen zu weiteren Problembereichen Eckpunkte und Empfehlungen formuliert, die als offene Fragen zur Weiterentwicklung der Reformdiskurse zur Fachkraftausbildung auf der Ebene der Fachhochschule dienen sollen. Eine zentrale Bedeutung hat demnach die Frage der Anschlussfähigkeit der Ausbildungsebenen unterhalb der Fachhochschulebene und die Gestaltung der Studieninhalte in Bezug auf die mit den einzelnen Ausbildungsabschnitten in einem gestuften System zu erzielenden Kompetenzen für die Fachkräfte im Bereich der Bildung, Betreuung und Erziehung.

In der Bundesarbeitsgemeinschaft »Bildung und Erziehung im Kindesalter« werden gegenwärtig mit großer Beteiligung der Fachhochschulen und Universitäten die Fragen der Qualifizierung für sozialpädagogische Fachkräfte in Verbindung mit der Ausbildung für das Lehramt an Grundschulen diskutiert und die Entwicklung in den von der Robert Bosch Stiftung geförderten »Modellzentren« kritisch reflektiert. Offen sind in diesem Zusammenhang vor allem die Fragen, ob und wie die Ausbildung einer Pädagogik der frühen Kindheit mit der Ausbildung zum Lehramt im Primarbereich (Grundschule) verzahnt werden kann und soll – und auf welcher Ausbildungsebene diese Ausbildungsgänge angesiedelt werden sollen. Hier konkurrieren die Ausbildungskonzepte der Fachhochschulen mit denen der Universitäten. Offen sind damit ausgehend vom »Bildungsbegriff« auch die Fragen, ob für die Ausbildung der »Elementarpädagoginnen und -pädagogen« von einem engeren Bildungsbegriff der allgemeinen Schulpädagogik oder von einem erweiterten Bildungsbegriff einer ganzheitlichen Förderung der Persönlichkeitsentwicklung von Kindern unter Einbeziehung sozialpädagogischer Prinzipien ausgegangen werden soll.

Diese Diskussion impliziert mit Blick auf nachhaltige Reformen zur Professionalisierung der Fachkräfte auch neue Anforderungen an Ausbildung in struktureller und inhaltlicher Sicht. Dazu gehören Überlegungen zur Spezialisierung der Ausbildung mit einem Fokus auf Erziehung und Bildung in den Tageseinrichtungen für Kinder unter sechs Jahren. Wenn diese Spezialisierung bereits in der grundständigen Erstausbildung – sei es auf Fachschul- oder auf Fachhochschulebene mit Bachelorabschluss – erfolgen soll, bedeutet diese »frühe« Spezialisierung eine Aufgabe der bisherigen generalistisch orientierten sozialpädagogischen Grundausbildung. Noch weitergehend wäre eine Einbeziehung bzw. enge Verzahnung der ErzieherInnenausbildung mit der Ausbildung zum Lehramt an Grundschulen. Mit Blick auf die Entwicklung von institutionsübergreifenden Bildungs- und Erziehungsplänen müsste dann auch geprüft werden, ob nicht weitgehend gleiche Ausbildungen angeboten werden sollen, damit die beiden Professionen eine Qualifizierung für die Erziehung und Bildung von Kindern in den Tageseinrichtungen und in der Grundschule erwerben und in der Praxis nutzen können. Bei der Entwicklung von Kompetenzprofilen für die Fachkräfte in Leitungsfunktionen sollte darauf geachtet werden, nicht alle Kompetenzen in der ersten Stufe einer Hochschulausbildung anzusiedeln, um diese Ausbildungsebene nicht zu überfrachten. Hier bietet sich eine Überprüfung an, ob in den vielfältigen Hochschulangeboten an konsekutiven oder postgradualen Masterprogrammen, die eine Qualifizierung für Managementkompetenzen vermitteln, auch Kompetenzprofile angezielt werden, die sich für die Leitungsfunktion in Kindertageseinrichtungen eignen und nutzen lassen. Hinzu kommt, dass sich auch das Profil der »Kindergartenfachberatung«, das bisher ein Gegenstand der FH-Ausbildung und der Weiterbildungsträger war, zu einem anderen Profil mit mehr Managementanteilen und Steuerungskompetenzen entwickelt hat.

Im Interesse der Vergleichbarkeit und Standardentwicklung müssten aber auf allen Ausbildungsebenen konsensfähige Basisqualifikationen in modularisierten Konzepten vereinbart werden, die für Spezialisierungen und Hochschulprofilbildungen einen angemessenen Raum lassen.

Eine Klärung dieser offenen Fragen und die Herausbildung nationaler und internationaler Standards können nur gelingen, wenn in einem offenen Prozess der Aushandlung alle Bildungsträger (die Hochschulen, die Fachschulen einschließlich der Weiterbildungsträger) sowie die Praxis beteiligt sind.

Das auf der europäischen Ebene bereitgestellte TUNIG-Projekt bietet eine »Plattform für den Austausch von Erfahrungen und Wissen zwischen den Ländern, Hochschuleinrichtungen und Hochschulpersonal«. Wesentliches Merkmal der Weiterentwicklung soll die Orientierung an den gewünschten bzw. notwendigen *learning outcomes* (Kompetenzprofile) sein, die nur in engem Bezug zum Beschäftigungssystem angesichts der vielfältigen Modernisierungs- und Diversifizierungsprozesse im beruflichen Segment und in den

Hochschulen definiert werden können (vgl. Deutscher Verein für öffentliche und private Fürsorge 2005, S. 311).

Die Frage, welche realistischen Chancen für die Umsetzung einer reformierten ErzieherInnenausbildung auf der Hochschulebene bestehen, kann nicht eindeutig beantwortet werden. Die Jugendministerkonferenz hat dazu in ihrer Sitzung vom 13/14. Mai 2005 einen weitreichenden Beschluss gefasst: Die Jugendminister schlagen vor, die verschiedenen Ansätze der Verbesserung der ErzieherInnenausbildung an den Fachschulen und Fachakademien zu begleiten und auszuwerten, um beurteilen zu können, ob die eingeleiteten Maßnahmen tragen und gegebenenfalls weitere Optimierungen möglich sind. Die Jugendministerkonferenz zeigt sich grundsätzlich offen für eine notwendige Differenzierung der Ausbildung und den damit verbundenen Höherqualifizierungen durch akademische Aus-, Fort- und Weiterbildungsangebote, mit denen auch der Anteil des akademisch ausgebildeten Personals in diesem Praxisfeld zunehmen würde und regt ausdrücklich eine Weiterqualifizierung für Leitungskräfte in Kindertagesstätten an. Orientiert an den sich wandelnden Aufgabenstellungen in Arbeitsfeldern der Kinder- und Jugendhilfe sollen nach Auffassung der Jugendministerkonferenz für das in den kommenden Jahren auf Fachschul- und Fachakademieebene ausgebildete Personal, akademisch gestützt, Fort- und Weiterbildungsangebote in enger Verzahnung mit der Praxis konzipiert und erprobt werden. Dabei ist sicherzustellen, dass eine Anrechnung der Ausbildung an einer Fachschule/Fachakademie aber auch durch Fort- und Weiterbildungsangebote in einem modularisierten Ausbildungssystem möglich ist. Die Arbeitsgemeinschaft der Obersten Landesjugendbehörden soll über diese Weiterentwicklungen der Jugendministerkonferenz 2008 einen Erfahrungsbericht vorlegen. Mit diesem Beschluss der Jugendministerkonferenz ist somit für die Weiterentwicklung der Reformen an den Hochschulen/Fachschulen und Weiterbildungseinrichtungen eine zeitliche Rahmenvorgabe gegeben.

6 Literatur

Armbruster, Jürgen/Wertz, Peter (2004): Die Zukunft der Sozialen Arbeit und der Sozialen Berufe – Anforderungen an die Gestaltung von Ausbildungs- und Berufsbiographien und lernende diakonische Einrichtungen. In: NDV 4/2004

Balluseck, Hilde von/Metzner, Helga/Schmidt-Wenkebach, Barbara (2003): Ausbildung von Erzieherinnen und Erziehern an Fachhochschulen. In: Fthenakis, W.E. (Hrsg.): Elementarpädagogik nach PISA. Stuttgart

Bauer, Jost (2002): Berufs- und bildungspolitische Aspekte zur Neuvermessung der Kompetenzprofile der Sozialen Arbeit. In: AGJF Sachsen e.V. (Hrsg.): Ein/e kompetente/r Jugendarbeiter/in braucht … Kompetenzprofil: Jugendarbeit. Chemnitz

Bauer, Jost (2001a): Internationalisierung und Akkreditierung der Sozialen Berufe: Zur Einführung neuer Bachelor- und Masterstudiengänge an den deutschen Hochschulen – Rückwirkungen auf das System der Sozialen Berufe. In: NDV 9/2001

Bauer, Jost (2001b): Bac&Mac und die Sozialen Berufe – Bildung boomt zu neuer Unübersichtlichkeit. In: Sozial Extra 9–10/2001

Beher, Karin/Hoffmann, Hilmar/Rauschenbach, Thomas (1999): Das Berufsbild der Erzieherin. Neuwied/Berlin

Beschlüsse der KMK/HRK (1999): Neue Studiengänge und Akkreditierung. Bonn

BMFSJF (Hrsg.) (2005): 12. Kinder- und Jugendbericht der Bundesregierung. Berlin

Bundesarbeitsgemeinschaft katholischer Ausbildungsstätten für Erzieherinnen/Erzieher (BAGKAE) und Bundesarbeitsgemeinschaft öffentlicher und freier nicht konfessionell gebundener Ausbildungsstätten für ErzieherInnen (BöfAE) und Bundesverband evangelischer Ausbildungsstätten für Sozialpädagogik (BeA) (2005): Gemeinsames Positionspapier zur Zukunftsfähigkeit der Ausbildung von Erzieherinnen und Erziehern in der Bundesrepublik Deutschland. Freiburg/Lotte/Stuttgart

Derschau, Dietrich von (2002): Fachoberschulen. In: DV-Fachlexikon. Frankfurt am Main, S. 308/309

Deutscher Verein für öffentliche und private Fürsorge (2005): Positionspapier: Zur Einführung gestufter Studiengänge an den deutschen Hochschulen. Frankfurt am Main

Deutscher Verein für öffentliche und private Fürsorge (DV) (Hrsg.) (2002): Fachlexikon der sozialen Arbeit. Frankfurt am Main

Deutscher Verein für öffentliche und private Fürsorge (1994): Empfehlungen: Bundeseinheitliche Neuordnung der Berufsfachschul- und Fachschulausbildung für soziale Berufe. Frankfurt am Main

Deutsches Pisa-Konsortium (Hrsg.) (2000): Bildungskompetenz von Schülerinnen und Schülern im internationalen Vergleich. Opladen

Fthenakis, Wassilios E. (Hrsg.) (2003): Elementarpädagogik nach Pisa. Stuttgart

Fthenakis, Wassilios E./Oberhuemer, Pamela (Hrsg.) (2002): Ausbildungsqualität – Strategiekonzepte zur Weiterentwicklung der Ausbildung von Erzieherinnen und Erziehern. Neuwied/Kriftel/Berlin

Gängler, Hans/Rauschenbach, Thomas (2005): Professionalisierung der sozialen Arbeit. In: Deutscher Verein für öffentliche und private Fürsorge (Hrsg.): Forum für Sozialreformen – 125 Jahre Deutscher Verein für öffentliche und private Fürsorge. Berlin

Gewerkschaft Erziehung und Wissenschaft (GEW) – Hauptvorstand (Hrsg.) (2005): Erzieherinnenausbildung an die Hochschule – Der Anfang ist gemacht. Frankfurt am Main

Klockner, Clemens (2002): Fachhochschulen (FH). In: DV-Fachlexikon. Frankfurt am Main, S. 306/307

Lüthje, Jürgen/Wolter, Andrä (2005): Lebenslanges Lernen und »prior-learning« als Elemente des Bologna-Prozesses. In: Hanft, A./Müskens, I. (Hrsg.): Bologna und die Folgen für die Hochschulen. Bielefeld

Mühlum, Albert (2002): Sozialarbeitswissenschaft. In: DV-Fachlexikon. Frankfurt am Main, S. 846/847

Münchmeier, Richard/Otto, Hans-Uwe/Rabe-Kleberg, Ursula (2002): Bildung und Lebenskompetenz. Leverkusen

Rauschenbach, Thomas (2002): Fachkräfte. In: DV-Fachlexikon. Frankfurt am Main, S. 307/308

Rauschenbach, Thomas/Züchner, Ivo (2002): Sozialarbeit/Sozialpädagogik. In: DV-Fachlexikon. Frankfurt am Main, S. 842–846

Reinicke, Peter (2002): Soziale Berufe. In: DV-Fachlexikon. Frankfurt am Main, S. 854–858

Teichler, Ulrich (2005): Gestufte Studiengänge und Studienabschlüsse: Studienstrukturen im Bologna-Prozess. In: Hanft A./Müskens, I. (Hrsg.): Bologna und die Folgen für die Hochschulen. Bielefeld

Terbuyken, Gregor (2002): Bedingungen und Chancen für konsekutive Studiengänge. In: EJ 2/2002

Wulk, Johannes (1997): Die reformierte ErzieherInnenausbildung in Schleswig-Holstein – Konzeption und Stoffpläne der Fachschule für Sozialpädagogik in Travemünde-Kiel (III 503-3243.760). In: GEW BW (Hrsg.): Dokumentation zur Fachtagung: Reformierte ErzieherInnenausbildung/Bad Boll. Stuttgart

Wege in die Zukunft – Anforderungen an ein modernes Ausbildungskonzept

Maria-Eleonora Karsten

1	Wege in die Zukunft: Viele Bewegungen – doch was bewegt sich wirklich?	134
2	Professionalisierung pädagogischer (Frauen-)Berufe bleibt ein vieldimensionales Projekt: für eine neue Bildungsreform in der Perspektive auf Kinderlebens-, Bildungs- und Erziehungsarbeitsqualität	137
3	Viele Wege führen nach Rom – zu einigen Entwicklungspfaden im aktuell-offenen Entwicklungsfenster	143
3.1	Kernkompetenzen für Erziehungsarbeit: Anforderungen an Studium, Lehre und Forschung	143
3.2	Wege entstehen beim Gehen – aber die Richtung muss stimmen	145
4	Literatur	147

1 Wege in die Zukunft: Viele Bewegungen – doch was bewegt sich wirklich?

Bei einer bewusst von einem außen liegenden Beobachtungspunkt beschreibenden und reflektierenden Betrachtung der Entwicklung und Entwicklungssprünge im Bereich der ErzieherInnenausbildung zwischen Ende 2004 und Ende 2005 findet sich eine Vielzahl gleichzeitiger Bewegungen, die entstehen und vorerst noch nebeneinander stehen. Ein Teil dieser »Wege« ist bislang Programm, andere wurden begonnen und wieder andere sind im Planungsprozess:

- Erste Fachhochschulstudiengänge werden akkreditiert und beginnen das Studium (Alice Salomon Fachhochschule, Berlin, FH Hannover).
- Eine Mehrheit der Fachschulen formuliert eine gemeinsame Plattform (BöfAE, BAKKAE, beaonline 2004) zur Stärkung der vollzeitschulischen Berufsausbildung.
- Die »BAG: Bildung in früher Kindheit in Kooperation mit Hochschulen« bildet sich als »loose-coupled-network« und praktiziert ein Forum, um die verschiedenen Bewegungen zu bündeln.
- McKinsey führt Fachforen und Kongresse durch unter dem Titel »McKinsey bildet« und entwickelt so eine wirtschaftsnahe Plattform, interaktiv und im Internet.
- Internationale Konzeptionen, wie z. B. das der »early-excellence-centre« in der Berliner Schillerstraße oder der »Baum der Erkenntnis« (verdi 2003), ein schwedisches Modell, werden in Deutschland implementiert.
- Die Initiative der Robert Bosch Stiftung zur »PIK – Professionalisierung in Kindertagesstätten« wählt zwei Universitäten und drei Fachhochschulen als Modellzentren aus (2005) und auch die Politik wird aktiv, und so formuliert die Kultusministerkonferenz (KMK) in Kooperation mit der Jugendministerkonferenz Anforderungen an die Qualität der Arbeit von ErzieherInnen einschließlich der Einbeziehung der Ganztagsschule.

Es ist sehr deutlich: Eine Vielzahl an Bewegungen gewinnt an Fahrt. Eine Zwischenbilanz heißt somit: Es gibt keinen »one-way-best«, sondern es bedarf der Anstrengung auf mehreren Ebenen und dementsprechend auch mehrerer Ausprägungen der Anforderungen an moderne Ausbildungskonzeptionen.

Das meint ausdrücklich kein »anything goes«, sondern ein
- kooperatives, konzentriertes,
- abgestimmtes und sich abstimmendes,
- auf Folgen und Wirkungen wie auch Nebenwirkungen reflektiertes und reflektierendes,
- aber im Vor-Denken, Entwickeln, Erproben und Weiterentwickeln mutiges, vielleicht sogar forderndes Vorgehen, einschließlich der
- Differenzierung der Lehr- und Lernwelten hinsichtlich Gender und Nachhaltigkeit.

Alles in allem meint dies also professionelles Praktizieren der Modernisierung und Qualifizierung der Berufs-, Aus-, Fort- und Weiterbildungen im Feld der pädagogischen und ErzieherInnenarbeit und Bildung mit und für Kinder sowie ihre »öffentliche« Lebensgestaltung in den ersten rund zehn Lebensjahren.

Um die skizzierte Vielfalt der Bewegungen zu ordnen und um Ziele, Reichweite und Wirkungen einschätzen zu können, ist es sinnvoll, mit einer Methode zu arbeiten, die vier Denkoperationen (Dierkes/Marz 1998) miteinander verbindet. Dieses Arbeitsprogramm verbindet:

1. *Zurückdenken:* Was ist wie entstanden – historisch, politisch, gesellschaftlich und beruflich, professionsbezogen im Bereich der ErzieherInnenarbeit?
2. *Querdenken:* Was hat sich wie international entwickelt? Es geht dabei darum, sich inspirieren zu lassen durch die Erweiterung der Perspektive oder, wie die Psychologen es nennen, des Problemlösungshorizontes. Querdenken würde danach auch heißen, über den Bereich der ErzieherInnen hinaus zu denken und sich zu beteiligen an den Aktivitäten der OECD-Dekade »Bildung für eine nachhaltige Entwicklung«, die sich immerhin auch um die Erfordernisse einer zukunftsfähigen Bildung zwischen Ökonomie, Ökologie, Kultur und Sozialem kümmert.
3. *Durchdenken:* Diese dritte Denkoperation richtet sich auf die Bearbeitung der Frage nach Entwicklungswegen und Entwicklungspfaden in der Perspektive der verschiedenen Akteurinnen und Akteure im Ausbildungsbereich, an ElementarpädagogInnen und ErzieherInnen. Sie bezieht VertreterInnen und Entwicklungsgeschichten aus Fachschule, Fachhochschule und Universitäten, aus Administrationen, der Fort- und Weiterbildung, der

Fachberatung, Supervision, aus Jugendhilfe und Grundschule, aus Theorie und Praxis sowie der disziplinären Diskurse mit ein.

Denn das, was alle anstreben, ist ein fundiertes, kluges und zukunftsfähiges *Neudenken*, das dann tragfähig ist für Fortschritte in den Ausbildungs- und Studiengängen, für eine auch internationale Anerkennung in der Öffentlichkeit im Interesse von Professionalitätsgewinnen und positiven Effekten für

- die Bildung, Erziehung, Betreuung der Kinder, das Lehren und Lernen und Arbeiten in einem Lebensberuf als PädagogIn oder ErzieherIn;
- die Qualität der Arbeit der ErzieherInnen, also der PädagogInnen in der Arbeit mit 0- bis 10-Jährigen, wie immer dieser Beruf zukünftig heißen wird;
- eine nachhaltige Entwicklung der Geschlechter-, Generationen- und weiterer Gesellschaftsverhältnisse – als zentraler Beitrag für eine sozial gerechtere und durch Lebens- und Bildungsqualität gestaltete, demokratische Dienstleistungsgesellschaft.

Dieses Arbeitsprogramm gilt es professionell zu können und praktizieren zu wollen, und es immer neu auszugestalten in Studien- und Berufs-Bildungsgängen, was jeweils eigene Wege ausmacht.

Dabei ist zusätzlich die Erkenntnis der Gleichstellungsarbeit und -forschung hilfreich, die besagt, dass, wenn gleiche Strategien, Programme und Aktivitäten von Forschung bis Politik auf eingelebte und deswegen unaufgeklärte Ungleichheiten und Ungleichheitsverhältnisse treffen, immer neue Ungleichheiten entstehen.

In Feldern der ErzieherInnenaus-, Fort- und Weiterbildung gibt es Ungleichheiten wie

- die historische Entwicklung zwischen Frauen- und Männerberufen (Rabe-Kleberg 2004a, 2004b),
- die unvollendete Gleichstellung von vollzeitschulischen, dualen und hochschulischen Studiengängen (Karsten 2004),
- die nur punktuell verwirklichte Durchlässigkeit zwischen Bildungsgängen und Bildungsbiografien bisheriger ErzieherInnenarbeit,
- die mangelnde wissenschaftliche und politische Wertschätzung (Karsten u. a. 2003),
- die länderspezifischen Wege der föderalen Organisation der Sozial-, Kultus- und Wissenschafts-, Familien-, Arbeitsmarkt- und

Gesellschaftspolitik, die ihrerseits Bildung und Erziehung definieren und formieren.

Die Ungleichheiten haben bisher in der Regel zu immer größeren Ungleichheiten geführt, was auch in der PISA-Studie zur Forderung nach Vereinheitlichung führte (OECD 2004).
Eine solche Vielfalt kann allerdings auch zum Ausgangspunkt für Vielgestaltigkeit, oder als Vorteil bestimmt werden. Hier lehrt die internationale Wirtschaft mit Ansätzen wie »Managing diversity« selbstbewusst zu sagen: Im Bereich der Berufsausbildung und der Studiengänge für die pädagogische Arbeit mit Kindern gibt es eine neue vielfältige Struktur; diese nachhaltig zukunftsfähig zu machen, ist das Gebot der Stunde.
Dies würde heißen, neues Zusammenhangswissen zu bilden und zu organisieren, dass ein bewusst mehrdimensionaler Entwicklungsprozess der Professionalisierung gestartet wird, und daran zu arbeiten, dass vielfältige Umwälzungen stattfinden.
Werden somit die vielen neuen Einzelbewegungen in neue Zusammenhänge gestellt, bestehen gute Chancen, dass die Bewegungen zu einer Bewegung im Interesse des gesamten Feldes werden: Das »Entwicklungsfenster« hierfür ist weit geöffnet.

2 Professionalisierung pädagogischer (Frauen-)Berufe bleibt ein vieldimensionales Projekt: für eine neue Bildungsreform in der Perspektive auf Kinderlebens-, Bildungs- und Erziehungsarbeitsqualität

In diesem »Fenster« für eine neue Ausbildungs- und Bildungsreform, das durch die öffentlichen Diskurse um Bildung, Erziehung und Betreuung in der Nachfolge von PISA, OECD und weiteren internationalen Studien (Karsten 2003) eröffnet wurde, geht es um nicht mehr, aber auch nicht weniger als um eine neuerliche Bildungsreform für Kinderlebensqualität und Erziehungsarbeitsqualität sowie die politische Notwendigkeit, in die Kinder als Garanten der Zukunft des Standortes zu investieren.
In der Bildungsreform der 1960er- und 1970er-Jahre war es nicht gelungen, die grundlegenden Strukturen in Ausbildung und Arbeitsmarkt sozialer Berufe und insbesondere in der Erziehungsarbeit in

Kindereinrichtungen so zu reformieren, dass formal eine europäische Gleichwertigkeit im Bildungssystem für Kinder und ErzieherInnen entstanden wäre; vielmehr wurde, auch hier, ein jeweils spezifisch deutscher Weg in Bildungs- und Jugendhilfepolitik, Organisation, Administration, Berufsaus- und Weiterbildung (Karsten u. a. 1999) gegangen, so dass es für eine neue Bildungsreform der Entwicklung mehrperspektivischer Strategien bedarf.

Dies heißt, den Generationenwechsel, der sich gleichermaßen in den Kindertageseinrichtungen, in den Kommunen, in den Administrationen, in der Politik, in den Berufsausbildungen, in den Studiengängen, in der Wissenschaft und in der Jugendhilfe innerhalb der nächsten zehn Jahre vollziehen wird, aktiv und fachlich sowie wissenschaftlich fundiert mitzugestalten.

Die tendenzielle Defensivität der letzten 30 Jahre heißt es für die gegenwärtige Situation programmatisch aufzugeben und ganz bewusst Kinderlebensgestaltung, Qualität in Erziehungsprozess und Bildung zentral in den Blick zu nehmen. Dies bedeutet vor allem, nicht mehr allein reaktiv danach zu fragen, was Kinder, Eltern und Wirtschaft brauchen. Zentral wird vielmehr die Frage: Wie soll fachlich mit Kindern, Eltern, der Wirtschaft und der Gesellschaft das Aufwachsen der Kinder für die Zukunft und für ihre Zukunftsfähigkeit gestaltet werden? Und wie kann es gelingen, Erziehungs- und Bildungsarbeit so zu professionalisieren und gesellschaftlich aufzuwerten, dass damit ein Lebensberuf Wirklichkeit wird?

Dies heißt aber auch, diese defensive Strategie, mit der immer wieder andere, wie z. B. Schul- oder Familienpolitik, definieren, was denn die Fachfrauen und Fachmänner in diesem Feld der Erziehungsarbeit zu tun haben, zu verlassen. Dies bedeutet dann in der Konsequenz die Beantwortung der Frage, was die professionellen Standards sind und wie diese in der tagtäglichen Arbeit in den Einrichtungen verwirklicht werden.

Dafür aber ist eine Veränderung des Blicks notwendig, um sich darüber klar zu werden, dass natürlich Eltern, Kinder und die Wirtschaft AdressatInnen sind, gewissermaßen AbnehmerInnen dessen, was in diesem Feld als Kindererziehung verhandelt wird. Das heißt, sie sind als »Mitdefinierende« durchaus sehr ernst zu nehmen. Die fachliche Definitionsmacht aber liegt in der Hand der Professionellen, die von ihrer Fachlichkeit her Qualität gewährleisten, weil sie, die MitarbeiterInnen der Jugendhilfe, die GarantInnen dafür sind, dass es eine für sie selbst, für Kinder und Eltern nachhaltige Lebens- und Arbeitsqualität gibt.

Vor allem diese fachliche Qualität steht auf dem Prüfstand, da sie es ist, die ermöglicht, dass eine nachhaltige Lebensqualität im Kinderleben realisiert wird. So gesehen sind all diejenigen, die in sozialen Berufen haupt- und ehrenamtlich, praktisch, lehrend, bildend, weiterbildend, beratend, unterstützend, supervisionierend und politisch tätig sind, mit ihrer Bildungsqualität und ihrer sozialen und Gleichstellungsqualität die GarantInnen dafür, dass in der deutschen Gesellschaft die Standortfrage zugunsten der Verbesserung der Lebens- und Arbeitsverhältnisse positiv gestaltet wird.

Angesichts der gesellschaftspolitischen tief greifenden Wandlungssituation zur Wissens- und Dienstleistungsgesellschaft geht es dabei um den Gesamtzusammenhang von Personal – Professionalität – Qualität, wie nachfolgend skizziert, den es für eine Bildungsreform für Kinder und ErzieherInnen klug und nachhaltig auszugestalten gilt, und nicht allein um eine Frage der Berufsausbildung oder der Akademisierung in der Form von Studiengängen.

Abbildung 1: Personal – Profession – Gender – Qualität

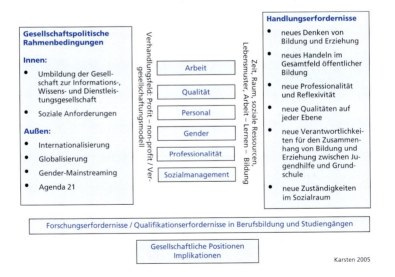

Karsten 2005

Für eine neue Bildungsreform im Elementarbereich einzutreten bedeutet, mindestens folgende drei Bereiche in ihren Wirkungen

139

und Wechselwirkungen zu reflektieren, auszuarbeiten, zu dokumentieren und zu evaluieren:
1. den *Perspektivenwechsel,* der daraus resultiert, dass Investitionen in Kinder als Zukunftsinvestitionen bewertet werden und dadurch eine neue volkswirtschaftliche Wertschätzung begründet wird;
2. die *Professionalität des Erziehungspersonals* als Professionalisierung dieses spezifischen Frauenberufsfeldes in personenbezogenen sozialen Dienstleistungen zu beschreiben und, darauf aufbauend, auch
3. die Berufsausbildung und die Studiengänge einschließlich der Ausbildung der AusbilderInnen konsequent durchlässig zu machen, sowohl vertikal in Promotionen und Leitungsfeldern als auch horizontal zwischen verschiedenen Bereichen der Jugendhilfe und der Schule.

Die Qualitäten sind somit wechselseitig aufeinander verwiesen, nur im Feld allein zu denken wäre zu kurz.

Demnach sind folgende Bereiche in ihren Wirkungen und Wechselwirkungen zu erarbeiten, zu analysieren und zu bedenken, um zusammenhängende und bereichsbezogene Strategien begründen zu können (vgl. Abb. 2).

Abbildung 2: Wirkungen und Wechselwirkungen

© Karsten 2005

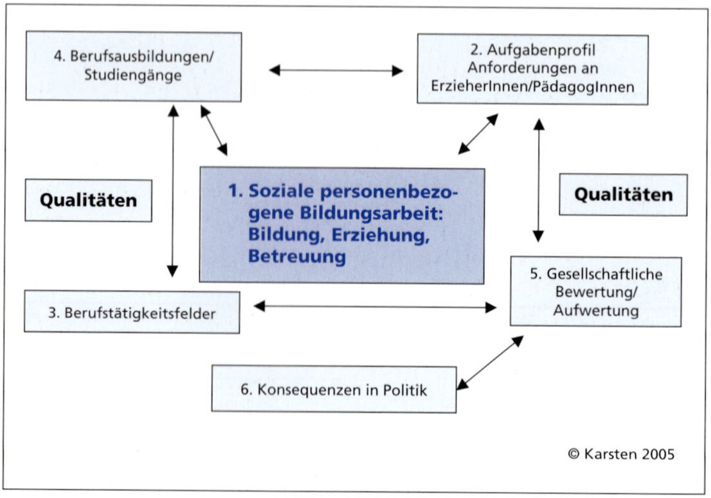

Werden Erziehungs- und Sozialberufe als personenbezogene soziale Dienstleistungsberufe mit der Aufgabe »Bildung, Erziehung und Betreuung« (gemäß KJHG) gefasst, dann ist die Berufsausübung, also die Verwirklichung dieser Arbeitsaufgabe in der tagtäglichen Praxis und ihre Qualität, beschreibbar und empirisch nachzeichenbar zu machen. ErzieherInnen sind die wesentlichen AkteurInnen der Entwicklung und dieses ist in ihrem Wissen und Handeln eingeschrieben. Sie sind ExpertInnen, die es in ihrer Arbeit wertzuschätzen gilt.

Zusätzlich ist zu berücksichtigen, dass Kindereinrichtungen zugleich Orte sozialen und sozialpädagogischen Praxislernens im Rahmen der schulberuflichen Ausbildung sind. So entstehen weitere Aufgaben personenbezogener Dienstleistungsarbeit wie z.B. Beratung, Anleitung, Prüfung für die auszubildenden MitarbeiterInnen. Für diese besondere Arbeit sind ErzieherInnen als Fachpersonen ausgebildet. Das Ziel weitgehender, auch wissenschaftlicher Reflexionen ist es, die Standards und Niveaus der derzeitigen Qualität der Arbeit zu beschreiben, um sie diskutierbar, wissenschaftlich einschätzbar und politisch vertretbar, also sichtbar und verhandelbar zu machen. Grundlage eines solchen Erarbeitens ist die begründete Einschätzung, dass die – durchaus verschiedenen – Qualitäten der Bildungs-, Erziehungs- und Betreuungsarbeit heute von den derzeit berufstätigen ErzieherInnen und sozialen Fachfrauen prinzipiell qualitativ gut geleistet werden, aber durchaus auch weiterentwickelbar sind.

In einem zweiten Denk-, Reflexions- und Analyseschritt wird die Aufmerksamkeit auf die Anforderungen und die Besonderheiten der Qualitäten des Aufgabenprofils im ErzieherInnenberuf gerichtet. Diese entstehen dadurch, dass in der Lebenssituation von Kindern, Familien und ihren gesellschaftlichen und sozialen Lagen deutliche Veränderungen nachgewiesen sind, wie z.B. die Zunahme von prekären Lebenslagen in Arbeitslosigkeit und Armut, die Situation des Alleinaufwachsens mit einem Elternteil, zumeist der Mutter, das Leben in Migrationskontexten, aber auch infotechnologische, mediale Veränderungen, die dazu führen, dass die Arbeit mit den Kindern noch vor allen konzeptionellen Varianten erhöhte Anforderungen an die ErzieherInnen stellt (vgl. BMFSFJ 2005, 2002a, 1998, 1994; BMJFFG 1989).

Hinzu kommen fachlich-konzeptionelle Entwürfe und Ansprüche wie Bildungsempfehlungen, Organisationsideen zu Kinderhäusern, neuen Medien und Technologien bis zu spielzeugfreien, Wald- oder sonstigen Kindereinrichtungen, die Fachfrauen und Fachmänner in ihrem Handeln zu realisieren haben. Aus solchen Konzeptionen ebenso wie aus den oben skizzierten Bildungsaufgaben und -bereichen entstehen weitere Anforderungen an Handlung und Reflexion der ErzieherInnnen. Diese sind auszuarbeiten, zu erforschen und neu zu durchdenken, um begründet einen Beitrag zur Verwirklichung von Bildungsprozessen, Kompetenzerwerb und sozialen Qualitäten in Kinderleben kooperativ, vorrangig mit Müttern, zu leisten.

In einer dritten Betrachtungsrichtung geht es darum, wie sich derzeit die Berufsfelder der Arbeit mit Kindern als Orte der Berufsausübung entwickeln. Ein Blick auf die Strukturen des Arbeitsfeldes zeigt eine bunte Vielfalt an Organisationsmöglichkeiten. Es gibt nebeneinander Einzeleinrichtungen der öffentlichen und verbandlichen Träger sowie Selbsthilfen. Darüber hinaus etablieren sich Kombinationseinrichtungen in verschiedenen Bundesländern, Kombinationen mit halben, ganzen oder verlässlichen Grundschulen.

Variationen sind in Alter, Anzahl, Dauer der Berufstätigkeit, Studiengängen und Weiterbildung, sozialem Status, Motivation etc. auf der Seite der MitarbeiterInnen nachzeichenbar. Diese Variationen bedingen in Verbindung mit den Bereichen »Erziehen und Bilden als personenbezogene Dienstleistungsarbeit« und »Aufgabenprofil der ErzieherInnentätigkeit« so deutliche Unterschiede, dass nur ihr Zusammendenken eine annähernd angemessene Wertschätzung der Arbeit erlaubt. Genau diese aber ist Gegenstand der Erarbeitungsperspektive von Argumentationen zu einer adäquaten gesellschaftlichen Bewertung.

Erst in diesen Zusammenhängen von Bildung, Berufsausbildung, Ausbildung der AusbilderInnen werden dann die Spezifika der Berufsausbildungen, der Anforderungen, der Formen, Inhalte und Niveaus erklärbar.

Die Rekonstruktion von Geschichte, aktueller Ausprägung, Systematik und empirischer Entwicklung des ErzieherInnenberufs als Frauenberuf, des Entgeltsystems und seiner Anerkennung lenkt den Blick auf spezifische Entwertungen, Abwertungen und frauenberufsbesondere Bedingungen und Konstitutionsmerkmale, die eine Um-, Auf- und Neubewertung seit Beginn der Frauenberufsforschung und Erzieherinnenforschung herausfordern.

Schon dieses kurze Szenario zeigt, dass fachliche Argumentationen problembezogen im Horizont unterschiedlicher Wissenschaften, Fachdiskurse und Themen interdisziplinär zu diskutieren sind sowie, dass die Frauenberufssituation im Erziehungsberuf einer geschlechtsbewussten Analyse bedarf, so dass dementsprechend auch politische Konsequenzen nicht in *einem* administrativen und politischen Feld ausreichen: Die Weiterentwicklung der Qualität und der Bildungsaufgabe ist mindestens in den Bereichen Bildungspolitik, Wissenschaftspolitik, Kinder- und Jugendhilfepolitik, Frauen-, Arbeitsmarkt- und Berufsausbildungspolitik zu konkretisieren.

Solche reflexiven Dimensionen können in der weiteren Entwicklung dazu genutzt werden, fachliche und wissenschaftliche Erkenntnisse zur Bildungs- und Erziehungsarbeit und ihren Standards und Qualitäten zu ordnen und neue Fragestellungen zu entwickeln, die dann auch in Berufsausbildungen und Studiengängen Thema sind.

Zu jedem dieser Bereiche fanden, wie skizziert, zwischen 2000 und 2004 Diskussionen statt. Das Ergebnis sind nunmehr in 2005 neue Ausgangssituationen, die ein historisches Zeitfenster geöffnet haben, welches durch vielfältige Programmatiken, Bildungspläne und politische Beschlüsse zu füllen begonnen wurde. Hierzu gehört auch, dass das Gesamtfeld öffentlich verantworteter Bildungsprozesse von und mit Kindern neu vermessen wird. Faktisch geht es also um eine Bildungsreform, zu der die Wege der Entwicklung zusammengedacht und zusammengeführt werden können.

3 Viele Wege führen nach Rom – zu einigen Entwicklungspfaden im aktuell-offenen Entwicklungsfenster

Wird von einem dynamischen Verständnis der Herausbildung, Umbildung und Weiterentwicklung von Professionalität ausgegangen, dann sind, in Thesen pointiert, die in Punkt 3.1 zusammengefassten Bereiche zu Kernkompetenzen zu entfalten.

3.1 Kernkompetenzen für Erziehungsarbeit: Anforderungen an Studium, Lehre und Forschung

Die aktuelle Situation in der Elementarpädagogik mit den Bereichen
- soziale Dienstleistungen in Kindertagesstätten, Krippen, Hort

- Bilden, Erziehen und Betreuen in Jugendhilfe und (Grund-)-Schule

stellt einen wesentlichen (volks-)wirtschaftlichen Wachstumsbereich dar und ist die Basis für die Gestaltung der Lebens- und Standortqualität in Deutschland und Europa.

In elementar- und primärpädagogischen Entwicklungen sind diese Gestaltungsaufgaben und nachhaltigen Zukunftsorientierungen erkennbar und konzeptionell auszuarbeiten. Dies ist ein mehrdimensionales Entwicklungsprojekt.

Die Wohlfahrtspflege mit ihrem spezifischen deutschen Charakter mit parallelen öffentlichen, wohlfahrtsverbandlichen, Selbsthilfe- und privatwirtschaftlichen Unternehmungen zur Verwirklichung von Bildung, Erziehung und Betreuung und deren Organisation, hat großflächig den Qualitäts- und Professionalitätsanspruch bis in das Management zu gestalten.

Studiengänge sowie Fort- und Weiterbildung haben somit curricular zu sichern, dass Fach-, Sozial-, Methoden- und Personalkompetenzen sowohl die öffentliche Verantwortung, die fachliche Professionalität als auch die weltanschaulich-ethische Fundierung in personen- und leistungsbezogenen Handlungskompetenzen verwirklichen werden. Dabei sind Besonderheiten des heutigen Frauenberufsbereichs zu berücksichtigen.

Die Elementarpädagogik in Kooperation mit dem (Schul-)Bildungswesen ist im Rahmen der europäischen sozialpolitischen und der fachlichen Kontinuität in Theorie, Politik und Praxis in Deutschland wesentlich verantwortlich für die Modernisierung sozialer Dienstleistungen und für Qualitätsentwicklungen in Bildungsprozessen im Kinderleben auf kommunaler bis Bundesebene in einem wiederum besonderen, föderalen Aufbau.

Die Studiengänge haben fachlich-inhaltlich zu gewährleisten, dass die weitere Professionalisierung zwischen Internationalisierung und Regionalisierung zu innovativen, interdisziplinären Konzeptionen und ihrer Realisierung beiträgt. Hierfür sind Fachwissen, Erkenntnisse und Handlungskompetenzen auszuweisen. Dazu gehört auch die geschlechtergerechte Arbeitsgestaltung im Denken und Handeln im Sozialmanagement bei den Leitungen von Einrichtungen, Diensten und Administrationen.

Die Bildungs-, Karriere- und Qualifikationswege in interaktiven und Leitungsfunktionen in den Wohlfahrtsorganisationen und insbesondere im Bereich Arbeit mit Kindern von 0 bis 14 Jahren weisen bis heute in Deutschland eine »geordnete Unordnung« auf, die im Bildungs-, Berufsbildungs- (BFS, FS), Hochschul- und Fortbildungssystem historisch gewachsen ist und dadurch eine Vielzahl von »Sackgassen« herausgebildet hat.

Die neuen Studiengänge, Fort- und Weiterbildungen sind ein wesentlicher Ort, die Entwicklung von Durchlässigkeiten, die Gestaltung von konstruktiven Karrierewegen und die Standards als Feld der Personalarbeit auszugestalten und in Anlage und Durchführung selbst einen besonderen Beitrag hierzu zu leisten. Dies ist in der Struktur, in Inhalten, Öffnungen, Anerkennungen und in der (hochschul-)didaktisch-methodischen Ausgestaltung sowie (auch) personell durch die Lehrenden zu realisieren.

Studiengänge, BA/MA und Fort- und Weiterbildungen treffen derzeit auf einen grundlegenden Wandel der Bildungs- und Hochschullandschaft, zusammengefasst in der Übersichtsskizze, in der ein durchlässiges Gesamtmodell vorgestellt wird (vgl. Abb. 3).

Zukunftsfähige elementarpädagogische Studiengänge sowie Fort- und Weiterbildungen sind in diesem Prozess ausgewiesen zu platzieren und haben sich transparent in Konzeption, Inhalte und Abschlüsse einzuordnen sowie an Akkreditierungen gemäß Akkreditierungsstandards und Evaluierungen teilzunehmen.

Forschung, Monitoringprozesse und Evaluationen müssen sich auf den gesamten Entwicklungsprozess beziehen und dadurch einen Beitrag zur Professionalisierung und Qualitätsentwicklung leisten.

3.2 Wege entstehen beim Gehen – aber die Richtung muss stimmen

Unstreitig ist: Viele Fachmenschen, Frauen und Männer aus Praxis, Wissenschaft, Politik, Wirtschaft, Berufs- und Fachverbänden und Gewerkschaften sind »losgegangen«. Sie haben begonnen, neue Wege zu beschreiten. Dieses Vorangehen wird zu neuem Denken, Handeln, Organisieren und Reflektieren führen. Die Richtung dabei im Interesse der Qualitätsentwicklung für Bildung der Kinder, Arbeitsqualität für die PädagogInnen, die Studien- und Berufsausbildungsqualität in internationalem Maßstab in der heutigen sozialwirtschaftlichen Situation beizubehalten und als Investition in die Zukunft stark zu machen, das bleibt das Arbeitsprogramm, das dadurch selbst die Anforderungen an ein modernes Ausbildungskonzept beinhaltet.

Abbildung 3: Aufbau zukünftiger Berufsausbildungen und Studiengänge im Bereich Erziehung/Bildung/Soziale Arbeit/Sozialpädagogik/Sozialwirtschaft (2004)

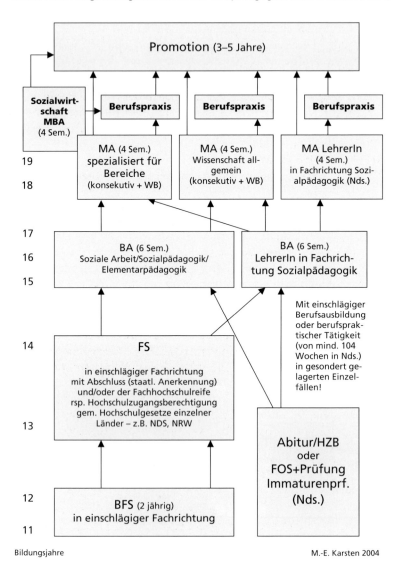

M.-E. Karsten 2004

BFS = Berufsfachschule; **FOS** = Fachoberschule; **FS** = Fachschule; **HZB** = Hochschulzugangsberechtigung; **BA** = Bachelor; **FHZB** = Fachhochschulzugangsberechtigung; **MA** = Master; **MBA** = Master of Business-Administration

4 Literatur

Alice Salomon Fachhochschule Berlin (Hrsg.) (2004): Erziehung und Bildung im Kindesalter – Bachelor of Arts. Ein Studiengang für Erzieherinnen und Erzieher. http://asfh-berlin.de/02/bc_erz/start.pht
BMFJGG (1989): 8. Jugendbericht. Bonn
BMFSFJ (2005): 12. Kinder- und Jugendbericht. Bericht über die Bildung, Betreuung und Erziehung vor und neben der Schule. Berlin
BMFSFJ (Hrsg.) (2003): Perspektiven zur Weiterentwicklung des Systems der Tageseinrichtungen für Kinder in Deutschland. Zusammenfassung und Empfehlungen. Berlin
BMFSFJ (2002a): 11. Kinder- und Jugendbericht. Berlin
BMFSFJ (2002b): Zukunftsfähigkeit sichern. Streitschrift Bundesjugendkuratorium. Berlin
BMFSFJ (2001): Bericht der Bundesrepublik Deutschland an die Vereinten Nationen gemäß Artikel 44 Abs. 1 Buchstabe b des Übereinkommens über die Rechte des Kindes. Berlin
BMFSFJ (1998): 10. Kinder- und Jugendbericht. Berlin
BMFSFJ (1994): 9. Kinder- und Jugendbericht. Bonn
BöfAE, BAKKAE, beaonline (2004): Zukunftsfähigkeit der Ausbildung von Erzieherinnen und Erziehern in der Bundesrepublik Deutschland. www.boefae.de
Dierkes, Meinolf/Marz Lutz (1998): Wissensmanagement und Zukunft. Orientierungsnote, Erwartungsfallen und ›4-D‹ Strategie. Forschungsbericht des WZA. Bedarf im Kontext von Hilfe, Behandlung, beruflicher Qualifikation. Berlin
Karsten, Maria-Eleonora (2004): Personenbezogene Dienstleistungen auf dem Weg in die Zukunftsfähigkeit. In: Fegebank, B./Schanz, H. (Hrsg.): Arbeit-Beruf-Bildung in Berufsfeldern mit personenorientierten Dienstleistungen
Karsten, Maria-Eleonora (2003): Sozialdidaktik – Zum Eigensinn didaktischer Reflexionen in den Berufsausbildungen für soziale und sozialpädagogische (Frauen-)berufe. In: Schlüter, A. (Hrsg.): Aktuelles und Querliegendes zur Didaktik und Curriculumentwicklung. Bielefeld, S. 350–375
Karsten, Maria-Eleonora/Hetzer Silke/Meyer Christine/van Riesen Kathrin (2003): Bildung in Kindertagesstätten. In: verdi (Hrsg.). Berlin
Karsten, Maria-Eleonora (2002): Bildung in der Jugendhilfe: Anforderungen an einen neuen Geschlechtsvertrag zur Realisierung von Chancen und Geschlechtergerechtigkeit. In: Münchmeier, R. (Hrsg.): Bildung und Lebenskompetenz: Kinder- und Jugendhilfe vor neuen Aufgaben. Opladen, S. 129–137

Karsten, Maria-Eleonora (2001a): Personenbezogene Dienstleistungen für Frauen. Aktuelle Tendenzen und Entwicklungserfordernisse. In: Friese, M. (Hrsg.): Modernisierung personenbezogener Dienstleistungen. Innovationen für die persönliche Aus- und Weiterbildung. Bremen

Karsten, Maria-Eleonora (2001b): Zehn Punkte für Kinder und Jugendliche in NRW – Aktiv die Kindheit als Zukunftsressource gestalten. Studie im Auftrag der Fraktion Bündnis 90/Die Grünen

Karsten, Maria-Eleonora u.a. (1999): Konzeptionelle, organisatorische und curriculare Neustrukturierung der schulberuflichen Ausbildung zur Erzieherin: Bericht der Wissenschaftlichen Begleitung des Schulversuchs an der Ev. Fachschule für Sozialpädagogik des Stephansstifts Hannover

Karsten, Maria-Eleonora u.a. (1998/1999): Keine Qualität ohne Qualifizierung des Personals. In: Archiv für Wissenschaft und Praxis der sozialen Arbeit. Doppelheft 4/98 u. 1/99, S. 419–429

Kultusministerkonferenz (KMK) (2000): Rahmenvereinbarung zur Ausbildung und Prüfung von Erziehern/Erzieherinnen

OECD (2004): Die Politik der frühkindlichen Betreuung, Bildung und Erziehung in der Bundesrepublik Deutschland

Rabe-Kleberg, Ursula (2004a): Feminisierung der Erziehung von Kindern. Chancen oder Gefahr für die Bildungsprozesse von Mädchen und Jungen? Erkenntnisse, Argumente, Materialien. Expertise im Rahmen des 12. Kinder- und Jugendberichtes. Halle/Berlin

Rabe-Kleberg, Ursula (2004b): Elternhaus und Kindergarten – Gemeinsame oder geteilte Verantwortung für das Aufwachsen von Kindern unter sechs Jahren? Expertise im Rahmen des 7. Familienberichtes. Halle

Verdi (Hrsg.) (2003): Bildung in Kindertagesstätten. Berlin

Fusion – eine konkrete Utopie?
Plädoyer für eine Zusammenführung von Fachschule und Fachhochschule

Rudolf Nottebaum

1	Vorbemerkungen	150
2	Zur Situation der ErzieherInnenausbildung	151
3	Überlegungen für eine modellhafte Erprobung des Integrationsansatzes	154
3.1	Gründe für einen Zusammenschluss	157
3.2	Vorteile aus einer Fusionierung im Hinblick auf das Lehrpersonal	158
3.3	Finanzierungsaspekte eines Modellversuchs zum Zusammenschluss	161
3.4	Folgen für die SchülerInnen in der Übergangsphase	162
3.5	Konzipierung der Ausbildungsinhalte	163
4	Fazit	163
5	Literatur	166

1 Vorbemerkungen

Deutsche wollen für ihre Kinder mehr Bildung schon vor dem Schuleintritt! So lautet das Fazit einer vor einiger Zeit vorgestellten Infas-Umfrage. Das Meinungsforschungsinstitut befragte im Juni 2004 im Auftrag der Bertelsmann-Stiftung 2.500 Bundesbürger ab 14 Jahren nach ihrer Einstellung zu den Bedingungen frühkindlicher Förderung. Für 87 Prozent der Befragten haben gute Bildungs- und Betreuungsangebote in Kindergärten eine große bis extrem große Bedeutung; 63 Prozent halten sie für extrem wichtig. Eine Möglichkeit zur Verbesserung der gegenwärtigen Situation könnte darin bestehen, in einem längeren Zeitraum durch modellhafte Erprobung der Fusionierung einer monostrukturierten Fachschule für Sozialpädagogik mit einer Fachhochschule für Sozialpädagogik eines gemeinsamen Trägers das Fundament für eine Professionalisierung der Ausbildung der ErzieherInnen für die pädagogische Arbeit mit Kindern zwischen 3 und 10 Jahren zu legen.

In diesem Beitrag werden am Beispiel der Situation in Nordrhein-Westfalen (NRW) Überlegungen vorgestellt, die zeigen, ob, wie und warum ein Zusammenschluss dieser oben genannten Bildungseinrichtungen eines gemeinsamen kirchlichen Trägers denkbar wäre. Der Vorgang wird bewusst als Zusammenschluss bezeichnet, da er voraussetzt, dass es sich dabei um eine gleichberechtigte Begegnung zweier niveauunterschiedlicher Ausbildungseinrichtungen handelt. Außerdem wird der Konsens vorausgesetzt, dass auf diese Weise zum beiderseitigen Nutzen etwas Neues geschaffen werden kann, das letztendlich der nachwachsenden Generation dient. Zunächst sollen Gründe für einen möglichen Zusammenschluss dargestellt und daraus erwachsende Konsequenzen für das Fachschulpersonal bzw. für die Schüler in der Übergangsphase ebenso diskutiert werden wie schulrechtliche Fragen und Fragen der Finanzierung eines solchen Projektes. Außerdem werden Aspekte der Festlegung von Ausbildungsinhalten einer integrierten grundständigen Hochschulausbildung für ErzieherInnen besprochen. Ein kritischer Rückblick und (skeptischer) Ausblick beenden den Beitrag.

2 Zur Situation der ErzieherInnenausbildung

Gute Bildungs- und Betreuungsangebote setzen ein entsprechend qualifiziert ausgebildetes pädagogisches Personal voraus. Demgegenüber fühlt sich laut einer im Frühjahr 2004 vorgestellten Studie der Gewerkschaft Erziehung und Wissenschaft jede zweite Erzieherin in Deutschland unzureichend ausgebildet. In dem im November 2004 bekannt gewordenen Landesbericht des OECD-Programms »Starting strong« zur Verbesserung und Erforschung der frühkindlichen Bildung monieren die Autoren ebenfalls die unzureichende Ausbildung der ErzieherInnen. Nicht verwunderlich, da sich zum Beispiel in NRW die zweijährige vorwiegend fachtheoretische Phase der Erzieherinnenausbildung von den auszugehenden 104 Wochen durch Abzug der Ferien, Praktika, Exkursionen, Feier- und Springtage etc. rein rechnerisch auf etwa 52 Wochen reduziert, die sich bei extremer Ausnutzung der möglichen 14 Wochen für eine Selbstlernphase und der 12 Wochen Projektphase, in denen kein Unterricht stattfinden darf, nochmals auf etwa 26 Wochen verringern. Zwar bewirkt selbsttätiges Lernen auch einen Wissenszuwachs; da jedoch die Arbeit des Lehrers hier auf eine Moderatoren- oder Beratertätigkeit reduziert wurde, stellt sich die Frage, inwieweit eine unter solchen Bedingungen ausgebildete Erzieherin später in der Lage sein wird, gute Bildungs- und Betreuungsangebote zu konzipieren und durchzuführen, um den Erwartungen der Bildungsvereinbarung und des Schulfähigkeitsprofils in NRW zu entsprechen. Auch die zwölfmonatige fachpraktische Phase, d.h. das ohnehin nicht bundeseinheitlich geregelte Berufspraktikum, kann in bestimmten Fällen bis auf sechs Monate verkürzt werden. Diese Tatsachen negierend, beharrt die Kultusministerkonferenz weiterhin unbeirrt auf einer Fachschulausbildung für ErzieherInnen, so dass sich die Frage stellt, ob diese Institution, die den Steuerzahler jährlich immerhin 50 Mio. Euro (vgl. http://de.wikipedia.org/wiki/Kultusministerkonferenz) kostet, überhaupt noch die Zeichen der Zeit versteht:
- Mit der Bologna-Erklärung vom 19. Juni 1999 zur Bildung eines Europäischen Hochschulraumes wurde eine Entwicklung eingeläutet, die in Bezug auf die ErzieherInnenausbildung am 28. September 2004 in Berlin in die Gründung einer Bundesarbeitsgemeinschaft »Bildung und Erziehung im Kindesalter – Weiterentwicklung der ErzieherInnenausbildung in Kooperation mit Hochschulen« durch 18 Universitäten und Fachhochschulen mündete.

Am 20. Oktober 2003 verabschiedete die Deutsche Hochschulrektorenkonferenz auf ihrer Tagung in Münster »Empfehlungen zur Lehrerausbildung«, in denen u. a. die Übernahme der ErzieherInnenausbildung durch Fachhochschulen mit sozialpädagogischem bzw. sozialwissenschaftlichem Schwerpunkt vorgeschlagen wurde.
- Die Robert Bosch Stiftung veröffentlichte im Juli 2004 eine Ausschreibung zur Errichtung und Förderung von fünf Kompetenzzentren für frühkindliche Bildung, für die sich rund 35 Hochschulen bewarben, von denen zur Zeit fünf in die engere Auswahl kommen konnten.
- Der Deutsche Bildungsserver weist zurzeit zehn Hochschulen aus, an denen ein BA-Studium für ErzieherInnen eingeführt worden ist; darunter auch Hochschulen, die das Studium berufsbegleitend bzw. als Weiterbildung anbieten.
- In verschiedenen Bundesländern genügt zur Aufnahme der ErzieherInnenausbildung nicht mehr der mittlere Bildungsabschluss, sondern es wird die Fachhochschulreife gefordert; Berlin und Schleswig-Holstein verlangen demnächst sogar die Allgemeine Hochschulreife.

Für die Aufnahme der ErzieherInnenausbildung an Fachschulen für Sozialpädagogik in NRW wird ab dem Schuljahr 2005/06 der mittlere Bildungsabschluss und der Nachweis der Kinderpfleger-/Sozialassistentenausbildung bzw. eines einschlägigen Berufsabschlusses oder ersatzweise der abgeschlossenen zweijährigen Berufsfachschule für Sozial-/Gesundheitswesen mit vertieften beruflichen Kenntnissen und Fachhochschulreife vorausgesetzt. Das heißt, dass an der ErzieherInnenausbildung interessierte SchülerInnen die *Fachschulausbildung* erst nach der 12. Klasse beginnen können, wohingegen andere mit derselben Schulzeitdauer eine *Fachhochschulausbildung* aufnehmen. Das bedeutet (vgl. Tab. 1), dass SchülerInnen mit einem mittleren Bildungsabschluss nach 15 bzw. 15,5 Schuljahren, SchülerInnen mit Fachhochschulreife nach 17 Schuljahren, SchülerInnen mit Fachabitur oder AbiturientInnen nach 16 Schuljahren eine ErzieherInnenausbildung auf Fachschulniveau abgeschlossen haben!

Tabelle 1: ErzieherInnenausbildung für AbiturientInnen/SchülerInnen mit FH-Reife in NRW

Schulabschluss für die ErzieherInnen-Ausbildung	Voraussetzung für die Ausbildung	Dauer der ErzieherInnen-ausbildung	Gesamt-dauer der Berufsaus-bildung	Berufs-abschluss
SchülerInnen mit mittlerem Bildungs-abschluss nach Klasse 10	2 Jahre Berufs-fachschule Sozial-/Gesund-heitswesen ohne FH-Reife (BFZ)	3 Jahre Fach-schule für Sozialpädagogik (FSP)	15 Jahre	Staatlich anerkannter Erzieher (FSP)
	2 Jahre Berufs-fachschule Sozial-/Gesund-heitswesen mit FH-Reife (BFZ)	3 Jahre FSP	15 Jahre	Staatlich anerkannter Erzieher (FSP)
		3,5 Jahre FH (BA)	15,5 Jahre	Staatlich anerkannter Erzieher (BA)
SchülerInnen mit FH-Reife nach Klasse 12	2 Jahre BFZ	3 Jahre FSP	17 Jahre	Staatlich anerkannter Erzieher (FSP)
SchülerInnen mit Fachabitur	FH-Reife und Anerkennungs-jahr	3 Jahre FSP	16 Jahre	Staatlich anerkannter Erzieher (FSP)
		3,5 Jahre FH (BA)	16,5 Jahre	Staatlich anerkannter Erzieher (BA)
SchülerInnen mit Abitur	3 Monate Prak-tikum	3 Jahre FSP	16 Jahre	Staatlich anerkannter Erzieher (FSP)
		3,5 Jahre FH (BA)	16,5 Jahre	Staatlich anerkannter Erzieher (BA)

So wie sich mit Sicherheit nicht alle Hochschulen in NRW gleichzeitig (wenn überhaupt) zur Einführung eines BA-Studiums entschließen werden, werden ebenso wenig alle 112 Fachschulen für Sozialpädagogik Teile einer Hochschule werden, d.h. existenzbedrohend wird sich für sie eine Akademisierung der ErzieherInnenausbildung mittelfristig nicht entwickeln.

Die Statistik für NRW weist nach der vorerst letzten Erhebung (1998) rund 3.500 Kindertageseinrichtungen mit u.a. rund 44.000 Erzieherinnen auf. Begännen alle 18 Hochschulen in NRW mit sozialpädagogischem Schwerpunkt (5 kirchliche FHs, 6 staatliche FHs, 7 Universitäten) gleichzeitig mit einem Anfangskurs von 30 Studierenden, würde es etwa 30 Jahre dauern, bis in jeder Einrichtung zumindest eine »neue« Erzieherin (BA) arbeitet (oder aber bis zu 80 Jahren, um alle ErzieherInnen nachzuqualifizieren bzw. durch »neue« ErzieherInnen (BA) zu ersetzen; d.h., dass auch noch auf lange Sicht hin die 112 Fachschulen für Sozialpädagogik in NRW (66 staatl., 21 kath., 15 ev. FSP) nicht überflüssig werden können.

3 Überlegungen für eine modellhafte Erprobung des Integrationsansatzes

An einem gemeinsamen Standort einer Fachschule für Sozialpädagogik und einer Fachhochschule für Sozialpädagogik wird sich langfristig aufgrund prognostizierter rückläufiger Schülerzahlen eine Konkurrenz um diejenigen SchülerInnen mit Fachhochschulreife ergeben, die eine ErzieherInnenausbildung (Fachschule/Fachhochschule) anstreben. Das heißt, die Interessenten werden kritisch die Vor- und Nachteile beider Ausbildungswege prüfen (vgl. Tab. 2).

Tabelle 2: Gegenüberstellung der Vorteile einer ErzieherInnenausbildung auf FSP- bzw. FH-Niveau

Argumente für die Fachschulausbildung »Staatlich anerkannte(r) ErzieherIn«	Argumente für das Fachhochschulstudium »Staatlich anerkannte(r) ErzieherIn (BA)«
Ausbildung mit sehr großen Praxisanteilen (16 Wochen Praktikum in 2 Jahren, daran anschließend ein 1-jähriges schulisch begleitetes Berufspraktikum)	Bessere tarifliche Einstufung
	Bessere berufliche Alternativen beim »Burn-out«-Syndrom
Klar umrissene Ausbildungsdauer (3 Jahre)	Durchstiegsmöglichkeiten zum Universitätsstudium
Überschaubare Klassengröße (max. 32 SchülerInnen)	Nur unwesentlich länger als die Fachschulausbildung (6 Monate)
Guter Lehrer-Schüler-Kontakt	Wesentlich individuellere Ausbildungsmöglichkeit
Zulassung nicht an NC gebunden	Keine Verschulung
Stark reglementierte Ausbildung	Spezialisierte Ausbildung für den Umgang mit Kindern von 3 bis 10 (14) Jahren
Breitbandausbildung	
»Allround-Experte« für Kinder und Jugendliche bis 18 Jahren	

Langfristig nützt dieses Nebeneinander der Ausbildungsgänge weder einer Fachschule für Sozialpädagogik, noch einer Fachhochschule für Sozialpädagogik. Denn unter dem Kostendruck wird sich ein gemeinsamer Träger mittelfristig die Frage stellen, ob bzw. wie lange er sich die Finanzierung konkurrierender sozialpädagogischer Berufsausbildungsmöglichkeiten leisten kann. Schon jetzt verfügen zum Beispiel 75 der insgesamt 208 SchülerInnen, die in diesem Jahr die Bischöfliche Clara-Fey-Schule in Aachen besuchen, über eine Hochschulzugangsberechtigung. 50 Prozent dieser SchülerInnen haben keinen Studienplatz an einer Fachhochschule für Sozialpädagogik bekommen, sehen aber in der ErzieherInnenausbildung an einer Fachschule ein gutes Fundament für ein später immer noch denkbares Studium – nicht zuletzt deshalb, weil sie gerne die Option hätten, im Ausland gleichberechtigt mit den dortigen sozialpädagogischen Fachkräften arbeiten zu können. 45 Prozent der SchülerInnen verzichten bewusst unter den derzeitigen Studienbedingungen auf ein Dipl.-Sozialpädagogikstudium, da es ihnen aufgrund ihrer bisherigen Erfahrungen zu theorielastig und unpersönlich erscheint. Stünden sie aber noch einmal vor der Entscheidung und gäbe es dann ein praxisorientiertes BA-Studium, würden sie das nur unwesentlich längere BA-Studium sofort der Fachschulausbildung vorziehen. Das zeigt deutlich: Würde eine ortsansässige Fachhochschule ein praxisorientiertes BA-Studienmodell konzipieren, führte dies zu einer Verlagerung des Schülerstromes, die NC-Festlegung zu einer Selektion und damit zu einer Zwei-Klassen-ErzieherInnenausbildung. Es käme zu einem Gegenüber von »Breitbandausbildung versus Spezialausbildung« oder »Fachschule versus Hochschule«, was sich später auf die Förderung der Kinder und das Ausbildungsniveau einer Fachschule auswirkt. Denn an der Fachschule werden dann die Studierenden ausgebildet, die nicht den Erwartungen der Hochschule entsprechen, d.h., sie bilden eine negative Auslese.

Um dieses Szenario zu verhindern, erscheint es sinnvoll, die ErzieherInnenausbildung generell auf Hochschulniveau anzuheben. Der dadurch mögliche Schülerverlust der Bündelschulen könnte durch die allgemeine Einführung der zweijährigen Berufsfachschule Sozial-/Gesundheitswesen oder durch eine Aufwertung der bisherigen Kinderpflegeausbildung (Doppelqualifikation: Berufsabschluss und Fachhochschulreife) ausgeglichen werden.

Unbestritten ist, dass sich die ErzieherInnenausbildung formal und inhaltlich ändern muss – trotz oder gerade wegen der soeben eingeführten neuen Ausbildungsordnung in NRW. Zur Vermeidung einer Konkurrenzsituation und der daraus erwachsenden Bildung einer Zwei-Klassen-ErzieherInnenausbildung bieten sich zwei Möglichkeiten an:

1. *Kooperation zwischen einer Fachhochschule für Sozialpädagogik und mehreren Fachschulen für Sozialpädagogik im näheren Umfeld.* Dies würde z. B. zur Folge haben, dass die circa 35 Hochschulen, die an dem Projekt der Robert Bosch Stiftung interessiert sind, sich aus der Zahl der bundesweiten rund 350 Fachschulen für Sozialpädagogik rein rechnerisch jeweils 7 Fachschulen zur Kooperation aussuchen könnten, wie es an einigen Fachhochschulen erprobt wird.
2. *Fusionierung einer monostrukturierten Fachschule mit einer Fachhochschule eines gemeinsamen Trägers.* Durch diesen Vorgang muss kein Teil aus der Palette der Bildungsangebote einer Bündelschule herausgebrochen werden, was sonst zu Schülerverlust und Stellengefährdung führen würde. Es gibt im katholischen Bereich in NRW ohnehin nur jeweils eine monostrukturierte FSP und nur zwei FHs für Soziale Arbeit in jedem Landesteil, so dass sich hieraus eine interessante Versuchssituation ergeben könnte (vgl. Abb. 1). Dieses Modell ist bundesweit noch nicht realisiert, denn eine solche Umsetzung würde sich aus Gründen, auf die im weiteren Verlauf eingegangen werden soll, als ungleich schwerer erweisen.

Abbildung 1: Katholische Fachschulen/Fachhochschulen in NRW

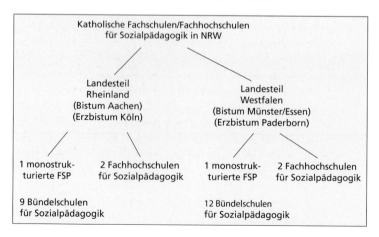

3.1 Gründe für einen Zusammenschluss

Ausgangspunkt ist einerseits die Überlegung, dass trotz der neuen Richtlinien in NRW für die ErzieherInnenausbildung, die ohnehin nur voraussichtlich für drei Jahre zur Erprobung freigegeben wurden, die Ausbildung weiter verbessert werden muss und (gegebenenfalls) die Erkenntnis, dass sich hierbei eine Zusammenarbeit zwischen einer Fachschule für Sozialpädagogik und einer Fachhochschule für Sozialpädagogik zum gegenseitigen Vorteil entwickeln könnte, und zwar für alle Beteiligten.

Wie eng die beiden sozialpädagogischen Ausbildungsgänge an einer Fachschule bzw. Fachhochschule für Sozialpädagogik sich berühren, zeigen einerseits ein Blick auf das Hochschulrahmengesetz und die Aussagen des Deutschen Wissenschaftsrates und andererseits die Erzieherausbildungsordnung (vgl. Tab. 3).

Tabelle 3: Aufgaben eines Fachhochschulstudienganges und einer Fachschulausbildung

Hochschulrahmengesetz NRW	ErzieherInnenausbildung NRW (1996)
Die Studenten sollen auf ein berufliches Tätigkeitsfeld vorbereitet werden. (§ 7)	Ziel besteht im Erwerb der Befähigung, in sozialpädagogischen Bereichen als Erzieherin und Erzieher tätig zu sein. (S. 9)
Ihnen sollen die erforderlichen fachlichen Kenntnisse, Fähigkeiten und Methoden – dem jeweiligen Studiengang entsprechend – vermittelt werden, so dass sie zu einer wissenschaftlichen und künstlerischen Arbeit und zu verantwortlichem Handeln in einem freiheitlichen, demokratischen und sozialen Rechtsstaat befähigt sind. (§ 7)	Im Bildungsgang stellt sich die Aufgabe, Theorie und Praxis in eine produktive, erkenntnisfördernde und das Handeln verbessernde Beziehung zu bringen. Theorie bezieht sich hierbei auf wissenschaftliche Erklärungen, theoretische Konzeptionen ... (S. 12)
Entsprechend wird die Lehre als anwendungsbezogen, praxisnah und praxisbezogen definiert. (§ 7)	Von Anfang an ist die Praxis in die Ausbildung integriert. (...) Fachschulen und sozialpädagogische Praxiseinrichtungen bilden einen kooperativen Verbund. (S. 25)

Quelle: Lehrplan zur Erprobung. Fachschule für Sozialpädagogik 1996

Wenn man die Empfehlungen des Wissenschaftsrates zur Entwicklung der Fachhochschulen aus dem Jahr 1991 hinzuzieht, findet sich ebenfalls eine enge Berührung beider Ausbildungsinstitutionen (vgl. Tab. 4).

Tabelle 4: Enge Berührung von Fachschul- und Fachhochschulausbildung

Empfehlungen des Wissenschaftsrates	ErzieherInnenausbildung NRW (2004)
»Fachhochschulen sollen Studiengänge anbieten, die - auf der Grundlage der für alle Hochschulen geltenden Aufgabe der wissenschaftlichen Berufsvorbereitung den Anwendungsbezug in besonderer Weise berücksichtigen, - sich in ihren Ausbildungszielen und Inhalten an der Berufspraxis orientieren,	»Es ist sicher zu stellen, dass berufliche Handlungserfordernisse fachwissenschaftlich durchdrungen und Theorie und Praxis verbunden werden.« (S. 21) »Der Erwerb beruflicher Handlungskompetenz ist nur in sinnstiftenden und praxisbezogenen Konzepten möglich.« (S. 21)
- in einer Regelstudienzeit (…) zu einem berufsqualifizierenden Abschluss führen.« (S. 65)	»… zweijährige überwiegend fachtheoretische Ausbildung …« und »Berufspraktikum« (S. 21)

Quelle: Lehrplanentwurf 21.01.2004

3.2 Vorteile aus einer Fusionierung im Hinblick auf das Lehrpersonal

Im Hinblick auf das Lehrpersonal könnte sich eine Fusionierung bei einem geplanten BA-Studiengang ebenfalls als nützlich erweisen, denn das BA-Studium sollte praxisbezogen sein und braucht deshalb praxiserfahrene und theorieerfahrene LehrerInnen in gleicher Weise (vgl. Tab. 5).

Tabelle 5: Praxisbezug der Ausbildung angehender Fachschul-/Fachhochschullehrerlnnen

FachschullehrerInnen	HochschullehrerInnen
- Praxisnahes Hochschulstudium (schulpraktische Studien, zumindest »e«-Studium, Referendariat) - Ständige Rückmeldung über die Praxisrelevanz der Unterrichtsinhalte durch Überprüfung der Umsetzungsmöglichkeit im Rahmen der Praktikumsbetreuung der SchülerInnen - Kooperation von Schule und Praxis durch regelmäßige Praxisanleitertreffen	- Hochschulstudium und Promotion - Mindestens 3 Jahre Praxiserfahrung in sozialpädagogischen Bereichen außerhalb der Hochschule - Anerkennungsjahr zur Praxiserfahrung (z. T. abgeschafft bzw. in anderer Form ins Studium integriert) - Veranstaltung von Tagungen

Das Personal der Fachschule für Sozialpädagogik hat sich bereits in der Wahl des Studiums für den Lehrberuf entschieden und das 6- bis 7-jährige Studium entsprechend ausgerichtet. Außerdem wurde es in der anschließenden 2-jährigen Referendariatszeit noch weiter pädagogisch ausgebildet, wohingegen bei angehenden Hochschullehrern in ihrer beruflichen Entwicklung diese pädagogische Ausrichtung nicht immer gegeben ist. Erfolgt dann noch eine berufsbegleitende Promotion, dann verfügt ein Fachschullehrer über eine in ausgedehnten Studien erworbene, sehr fundierte wissenschaftliche und pädagogische Kompetenz, die eine gute Voraussetzung bildet, angehende ErzieherInnen auf einem BA-Fachhochschulniveau mit auszubilden. Insofern könnte die Übernahme des Fachschulpersonals als Praxiskomponente eine gute Ergänzung des Hochschulpersonals darstellen.

Eine Überführung einer Fachschule in den Hochschulbereich wirft u. a. die Frage nach der Zukunft des Fachschulpersonals auf. Im universitären Bereich ist der Status des »Studienrates im Hochschuldienst« bekannt, nicht jedoch im Fachhochschulbereich. Da es sich bei den Lehrkräften an Fachschulen weitgehend um LehrerInnen der Sekundarstufe II und Diplom-SozialpädagogInnen handelt, entsprechen die wenigsten den Hochschulkriterien, die für die Einstellung als Professor erfüllt werden müssen. Andererseits ist die Hochschule auf praxiserfahrene Lehrkräfte angewiesen, wenn das BA-Studium nicht zu theorielastig ausfallen sollte. Laut Hochschulgesetz NRW könnten diese Lehrer bei einer Zusammenlegung als »Lehrkraft für besondere Aufgaben« (§ 120) ihren Unterrichtsverpflichtungen weiterhin im gewohnten Umfang bei derselben tariflichen Einstufung nachkommen. Lediglich ein ganz kleiner Teil unter ihnen, nämlich diejenigen, die eine Promotion, entsprechende Buch- und Zeitschriftenveröffentlichungen und andere Referenzen nachweisen könnten, hätten die Chance, als Professor eingestellt und tariflich in ihren Bezügen leicht angehoben zu werden. Da dieser Personenkreis jedoch zahlenmäßig einen sehr kleinen Anteil an einem Fachschullehrerkollegium darstellt, dürfte eine Zusammenlegung insgesamt nahezu kostenneutral erfolgen.

Der Übergang würde 3 Jahre benötigen und weitere 1,5 Jahre, bis die ersten ErzieherInnen (BA) ihr Studium abschließen (vgl. Abb. 2). Würde man den Modellversuch auf 6 (+3) Jahre anlegen, um die Akzeptanz und Einsatzfähigkeit der neuen ErzieherInnen zu untersuchen, wäre das Fachschulpersonal zu Ende der Laufzeit gut 10 Jahre älter. Da das durchschnittliche Alter der FachschullehrerInnen bei 50 Jahren liegt, wären bei einem negativen Abschluss des Fusionsmodells (2016) ohnehin »nur« die KollegInnen der beiden kleinen monostrukturierten Fachschulen betroffen, deren Zusammenschluss sich in der Zeit bis 2016 durch Pensionierung reduziert, d.h. der verbleibende Rest könnte von den Kooperationsfachschulen aufgefangen bzw. durch andere Regelungen versorgt werden.

Die LehrerInnen würden von der Zusammenführung profitieren. Sie sind in der Fachschule nicht an der Entwicklung und Erforschung eines eigenständigen Wissens beteiligt, sondern nur an der Weitergabe ihres im Studium erworbenen Wissens. Sie reproduzieren somit lediglich Experten-Wissen anderer Professionen. Bei einer Fusionierung böte sich ihnen die Chance, eigenständiges Fachwissen zu erarbeiten, was sich auf die Unterrichtsmotivation, die Unterrichtsinhalte und auch auf die Studierenden übertragen würde, zumal sie sich in ihrer weiteren Tätigkeit nur noch auf ihr Schwerpunktfach konzentrieren müssten.

Abbildung 2: Überleitung der Fachschul- in die Fachhochschulausbildung

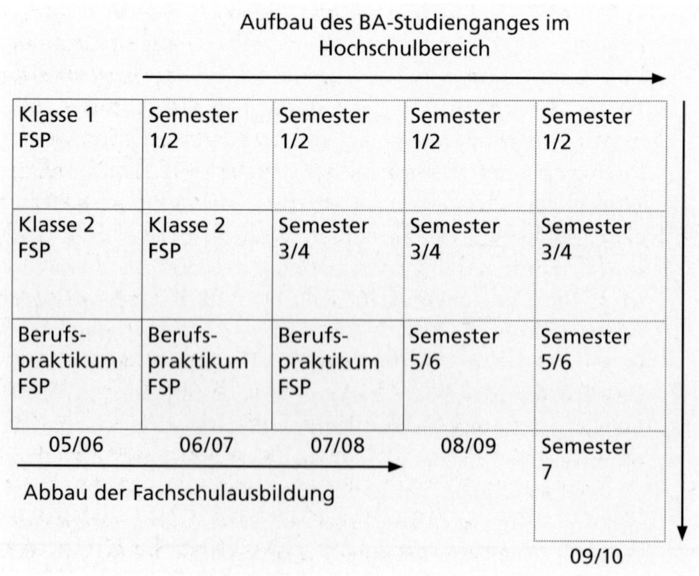

Aufbau des BA-Studienganges im Hochschulbereich				
Klasse 1 FSP	Semester 1/2	Semester 1/2	Semester 1/2	Semester 1/2
Klasse 2 FSP	Klasse 2 FSP	Semester 3/4	Semester 3/4	Semester 3/4
Berufspraktikum FSP	Berufspraktikum FSP	Berufspraktikum FSP	Semester 5/6	Semester 5/6
05/06	06/07	07/08	08/09	Semester 7
Abbau der Fachschulausbildung				09/10

3.3 Finanzierungsaspekte eines Modellversuchs zum Zusammenschluss

Ein solcher Zusammenschluss sozialpädagogischer Ausbildungseinrichtungen müsste als Modellversuch über längere Zeit, ähnlich dem Kollegschulversuch in NRW, durchgeführt werden, um aussagekräftige Ergebnisse zu erzielen. Natürlich müsste hierbei neben dem Schul-/Hochschulministerium auch der Träger einbezogen werden, denn er sollte dies, da die Integration eine gravierende Veränderung darstellt, laut § 4.2. AVOzSchOG dem Schulministerium unter Angabe von Gründen mitteilen. Der Träger muss auch Sorge dafür tragen, dass der Übertritt der SchülerInnen in andere Schulen nicht unnötig erschwert wird, hätte aber auch den Vorteil einer finanziellen Entlastung.

Immerhin würde bei einer Zusammenführung einer Fachschule und einer Fachhochschule für Sozialpädagogik desselben Trägers eine auf zwei unterschiedlichen Ausbildungsniveaus erfolgreich erprobte pädagogische, methodische und didaktische Ausbildung verbunden, zumal seit dem Hamburger Abkommen der Ministerpräsidenten vom 30./31. Oktober 1964 auch Versuche möglich sind, bei denen von der Grundstruktur des deutschen Schulwesens abgewichen werden kann (§ 16). Allerdings bedarf es hierzu einer ministeriellen Genehmigung, die das Schulverwaltungsgesetz in NRW zur Erprobung neuer pädagogischer und organisatorischer Inhalte vorschreibt (§ 4b Abs. 1).

In NRW wird eine Fachschule in privater Trägerschaft zurzeit zu 94 Prozent durch das Land refinanziert. Bei einem angenommenen Gesamtetat einer Schule in Höhe von einer Mio. Euro beliefe sich der Anteil des Trägers auf 6 Prozent, d.h. auf 60.000 Euro. Bei einer Fachhochschule desselben Trägers werden dagegen nur 86 Prozent refinanziert; d.h., der Anteil des Trägers läge höher. Andererseits spart das Land zum Beispiel durch den Wegfall der Schülerfahrtkosten und Schulbuchkosten der angenommenen 250 SchülerInnen etwa 45.000 Euro jährlich für den Fall ein, dass die ErzieherInnenausbildung an Hochschulen erfolgt. Auch der Träger kann Kosten sparen, wenn die ErzieherInnenausbildung in den Räumen der Hochschule erfolgt; d.h., er braucht keine angemieteten Schulräume mehr. Land und Träger entstünden durch einen Modellversuch so keine zusätzlichen Kosten, zumal die »neuen« ErzieherInnen (BA) später ohnehin funktionsbezogen und nicht nach Hochschulabschluss tariflich bezahlt würden. Dies ist auch jetzt schon bei den rund 2.500 in Kindertageseinrichtungen tätigen Diplom-SozialpädagogInnen (Fachhochschulabschluss), Diplom-PädagogInnen (Universitätsabschluss) und GrundschullehrerInnen (Erstes Staatsexamen an Universitäten) der Fall.

3.4 Folgen für die SchülerInnen in der Übergangsphase

Ein Zusammenschluss wird sich über 3 Jahre erstrecken, d.h., frühestens 3,5 Jahre nach dem Aufnahmestopp der Fachschule werden die ersten ErzieherInnen (BA) eine Hochschule mit Abschluss verlassen. Parallel zum Abbau der ErzieherInnenausbildung an der Fachschule erfolgt der Aufbau des Studiums im Hochschulbereich; d.h., die Überleitung des Fachschulpersonals in den Hochschulbereich vollzieht sich ebenso schrittweise. Dadurch ist gewährleistet, dass die SchülerInnen in dieser Übergangsphase die Gelegenheit haben,

- an einer anderen Fachschule ihrer Wahl die fachtheoretische Ausbildung und das Berufspraktikum ordnungsgemäß abzuschließen, oder
- in den beiden restlichen Ausbildungsabschnitten, in Oberklasse und Berufspraktikum, weiterhin durch die LehrerInnen der Fachschule betreut zu werden.

Wie Abbildung 2 zu entnehmen ist, könnte die Fusion in mehreren Schritten verlaufen:
1. Die Fachschule nimmt ab dem Schuljahr 2005/2006 keine SchülerInnen für die Klasse 1 auf, das frei werdende Fachschulpersonal wird in die Ausbildung des ersten Studienjahres an der Fachhochschule eingegliedert.
2. Die Fachschule hat mit der Abschlussprüfung am Ende des zweiten Jahres (2006/2007) keine Klassen mehr für die fachtheoretische Ausbildung; d.h., dass ein weiterer Teil des Lehrerkollegiums in das neue Studienjahr 1 eingegliedert werden kann, während die bereits im Hochschulbereich tätigen KollegInnen im zweiten Studienjahr unterrichten.
3. Nach Abschluss des Berufspraktikums (2007/2008) stellt die Fachschule ihre Ausbildung endgültig ein, der bislang noch für die BerufspraktikantInnenbetreuung in der Fachschule verbliebene Rest des Kollegiums wechselt ebenfalls an die Hochschule.

Auf diese Weise wäre der in Tabelle 1 dargestellte Wirrwarr beendet und die ErzieherInnenausbildung vom Status her dem europäischen Niveau entsprechend.

3.5 Konzipierung der Ausbildungsinhalte

Zunächst muss geklärt werden, ob im Rahmen der so erweiterten Hochschule konsekutive BA/MA-Studiengänge eingerichtet werden sollen. Diese Überlegung ist wichtig hinsichtlich der Konzeption der Ausbildungsinhalte und des Einsatzes der ehemaligen FachschullehrerInnen. Es wäre denkbar, das BA-Studium als Grundqualifikation anzulegen; d.h., den Erwerb der Befähigung auf der Grundlage einer vertieften Ausbildung zur Arbeit mit Kindern von 3 bis 10 Jahren im Vorschul- und Primarschulbereich festzulegen. Ein anschließendes MA-Studium könnte dann der Spezialisierung dienen (Leitung einer Einrichtung, Fachkraft für ...). Das hätte zur Folge, dass die ehemaligen FachschullehrerInnen verstärkt in die Grundqualifikation des praxisorientierten BA-Studienganges eingebunden werden könnten, während die HochschullehrerInnen in dem mehr theorieorientierten MA-Spezialstudium die Ausbildung übernehmen. Auf diese Weise wäre sichergestellt, dass beide LehrerInnengruppen in dem Ausbildungsbereich tätig sein könnten, der ihrer bisherigen pädagogischen Kompetenz entspricht. Dies schließt aber nicht aus, dass ehemalige FachschullehrerInnen mit in einen MA-Studiengang und HochschullehrerInnen in einen BA-Studiengang eingebunden werden könnten.

Bei der Festlegung der Ausbildungsinhalte wäre es wichtig, dass sich beide LehrerInnengruppen auf gleicher Augenhöhe begegnen – entspricht doch der zeitliche Umfang eines S II-Lehramtsstudiums inkl. Referendariat in etwa dem eines gezielten Promotionsstudiums, und die Ernennung zur Hochschullehrerin/zum Hochschullehrer setzt im Fachhochschulbereich keine zusätzliche weitere Qualifikation im Sinne einer Habilitation voraus.

4 Fazit

Ein Zusammenschluss von Fachschule und Fachhochschule im Interesse einer verantwortungsvollen Berufsausbildung für den pädagogischen Umgang mit Kindern kann allen Beteiligten nur Nutzen bringen, besonders aber den Kindern. Handlungsleitendes Interesse sollte das Wohl des Kindes sein, dessen spätere Entwicklung die ErzieherInnen durch ihre Arbeit im vorschulischen Bereich maßgeblich mit beeinflussen können.

Angesichts dieser Tatsache bietet sich in NRW die einmalige Gelegenheit für einen flächendeckenden Modellversuch zur Erprobung des Fusions- bzw. Kooperationsansatzes. In diesem Bundesland gibt es vier katholische Hochschulen, von denen im Landesteil Nordrhein bzw. Westfalen je eine mit einer monostrukturierten Fachschule fusionieren und jeweils eine weitere mit verschiedenen Fachschulen kooperieren könnte.

Deshalb sollte der Träger als Financier beider Ausbildungseinrichtungen (FSP/FH) den Mut aufbringen, Hindernisse für einen Zusammenschluss zu überwinden bzw. in entsprechenden Gremien sein Interesse an einer zeitgemäßen ErzieherInnenausbildung stärker zu artikulieren. Denn Kindertageseinrichtungen sind eine wichtige Zielgruppe kirchlichen Handelns und als solche für die Zukunftssicherung des Trägers von entscheidender Bedeutung. Eine Fusionierung bietet die Möglichkeit, dass ErzieherInnen statt der durch die Fachschulausbildung erreichbaren »Semiprofessionalität« im BA-Studium einen »Expertenstatus für den Bereich des pädagogischen Umgangs mit Kindern zwischen 3 und 10 Jahren« erwerben. Der Einsatz solcher Fachkräfte dient letztlich auch der Profilierung der Kindertagesstätte, die ein natürliches Erfahrungs- und Kontaktfeld für Kinder und Erwachsene darstellt.

Eine Fusionierung bedeutet demnach
- eine grundsätzliche Absage an die derzeitig vorgeschriebene Breitbandausbildung von ErzieherInnen im Bereich der Fachschulausbildung;
- ein Wiederaufleben der Sozialpädagogik an manchen Fachhochschulen, die zwar aus den ehemaligen höheren Fachschulen für Sozialpädagogik vor 35 Jahren entstanden sind, aber diesen Schwerpunkt zum Teil zugunsten der Sozialarbeit zurückgestellt haben;
- eine Ergänzung der stark theorieorientierten Hochschulausbildung durch die praxisorientierte Fachschulausbildung;
- einen Vorteil für künftige ErzieherInnen, da sie einerseits mit einem höheren Anteil an Theoriewissen (Hochschulbeitrag) und

gleich bleibend hohem Praxiswissen (Fachschulanteil) als Fachkräfte einer »neuen« Generation nach 3,5 statt 3,0 Jahren in die Praxis entlassen werden;
- die Gefahr der Polarisierung einer erst- (BA-Studienabschluss) und zweitklassigen (Fachschulabschluss) Ausbildung zu vermeiden; möglicherweise müssten Fachschulen den Verlust der ErzieherInnenausbildung durch eine aufgewertete KinderpflegerInnenausbildung (Berufsabschluss und Fachhochschulreife) oder die Einführung der 2-jährigen Berufsfachschule Sozial-/Gesundheitswesen mit vertiefter beruflicher Grundkenntnis und Fachhochschulreife kompensieren;
- den Fehler der Konzipierung eines BA-Breitbandstudiums für das ganze Feld der Kinder- und Jugendhilfe zu vermeiden; die Fachschulbreitbandausbildung kann hier als abschreckendes Beispiel dienen. Sinnvoll wäre ein Modulsystem, das für den Schwerpunkt »Elementar-/Primarstufenbereich« bzw. »Außerschulische Freizeit/Jugend-/Heimbereich« sowohl gemeinsame als auch spezielle Schwerpunktmodule vorsieht;
- Existenzsicherung, da kein Splitten der BewerberInnen und keine Konkurrenz zweier ortsansässiger sozialpädagogischer Ausbildungseinrichtungen eines gemeinsamen Trägers möglich ist. Ein Zusammenschluss liegt so nicht nur im Interesse der beiden Einrichtungen, sondern auch im Interesse des Trägers, insofern auch er weiterhin an der Ausbildung des pädagogischen Personals seiner Einrichtungen beteiligt ist. Schließlich erfahren Kinder durch ihre ErzieherInnen häufig erstmals religiöse Grunderfahrungen, in die auch die Eltern mit einbezogen werden können. Kinder von heute sind die Kirchenmitglieder von morgen und tragen zum Weiterbestehen bei.

Da Deutschland nicht nur »Spitzen«-Universitäten, sondern auch »Spitzen«-Kindertageseinrichtungen mit einem am europäischen Niveau orientierten ausgebildeten Personal braucht, könnte man mit einem Fusionierungsmodell, an dem bereits die Landespolitik ihr Interesse angedeutet hat, den Aufruf des Altbundespräsidenten Roman Herzog aufgreifen, der in seiner Berliner Rede »Aufbruch ins 21. Jahrhundert« u. a. betont hatte: »Keiner kann wissen, welches Konzept zum Erfolg führen wird. Aber da wir es alle nicht wissen, lassen Sie uns doch nicht schon von vornherein alles bürokratisch festlegen. (...) Geben wir die Kompetenzen dorthin, wo die neuen

Konzepte greifen sollen. Wagen wir möglichst viele Experimente, über deren Qualität dann die Praxis entscheiden muss.«

5   Literatur

Bundesministerium für Familie, Senioren, Frauen und Jugend (Hrsg.) (2003): Auf den Anfang kommt es an. Perspektiven zur Weiterentwicklung des Systems der Tageseinrichtungen für Kinder. Weinheim
Fthenakis, Wassilios E. (2003): Elementarpädagogik nach Pisa. Freiburg
GEW (Hrsg.) (2005): Erzieherinnenausbildung an die Hochschule. Berlin
Herzog, Roman (1997): Aufbruch ins 21. Jahrhundert. Manuskript der Rede im Hotel Adlon in Berlin
McKinsey & Company (2005): Eine Chance für Neugier. Materialien zur frühkindlichen Bildung. Weinheim
Ministerium für Schule, Jugend und Kinder des Landes NRW (Hrsg.) (2004): Lehrplan (Entwurf). Fachschule für Sozialpädagogik. Als Manuskript freigegeben für 3 Jahre zur Erprobung
Ministerium für Schule und Weiterbildung des Landes NRW (Hrsg.) (1966): Richtlinien und Lehrpläne zur Erprobung. Fachschule für Sozialpädagogik. Frechen
Nottebaum, Rudolf (2005): BA-Studium für Erzieherinnen – das Ende der Fachschulausbildung? In: Pädagogikunterricht, Heft 2/3, S. 45–49
Nottebaum, Rudolf (2000): Das »Prinzip der gestuften Abschlüsse« im Hochschulbereich. Alternative zur traditionellen Erzieherinnenausbildung? In: Engagement, Heft 4, S. 300–304
Rauschenbach, Thomas (2005): Ausbildung vor dem Neuanfang? In: Welt des Kindes, Heft 5, S. 46–47
Sachverständigenrat bei der Hans-Böckler-Stiftung (2001): Bildung in der frühen Kindheit. Düsseldorf
Wissenschaftsrat (Hrsg.) (1991): Empfehlungen des Wissenschaftsrates zur Entwicklung der Fachhochschulen in den 90er-Jahren.

Ist die Ausbildung der Erzieher und Erzieherinnen an Fachschulen noch zukunftsfähig?

Manfred Müller-Neuendorf

1	Ausgangssituation	168
2	Veränderte strukturelle und inhaltliche Rahmenbedingungen der Ausbildung	169
2.1	Zugangsvoraussetzungen und Dauer der Ausbildung	170
2.2	AbiturientInnen	170
3	Das neue berufsdidaktische Konzept der Fachschulen/Fachakademien	171
3.1	Die Verbindung von Entwicklungs- und Lernfelddidaktik in NRW	171
3.2	Die Vernetzung der Lernorte und der Praxis	174
4	Eine neue Lernkultur in den Fachschulen/Fachakademien	177
5	Fazit: Pluralisierung der Ausbildungslandschaft und die Notwendigkeit von Kooperation zwischen den unterschiedlichen Ausbildungsebenen	178

Manfred Müller-Neuendorf

Der nachfolgende Beitrag beschreibt und begründet am Beispiel Nordrhein-Westfalen (NRW) die Qualität der fachschulischen Ausbildung. Er plädiert für eine inhaltliche und organisatorische Kooperation der unterschiedlichen Ausbildungsebenen. Insbesondere mit der lebendigen Verbindung von Praxis und Theorie und mit der individuellen Lernbegleitung ihrer Studierenden behaupten die Fachschulen/Fachakademien auch in Zukunft ihren Platz in der Ausbildungspyramide sozialpädagogischer Fachkräfte.

1 Ausgangssituation

Die öffentliche Diskussion und die Fachdebatte um die Verbesserung der Qualität von Bildung und Erziehung in der frühen Kindheit haben fast zwangsläufig die Frage aufgeworfen, welche Qualifikation ErzieherInnen benötigen, um zukünftig professionell(er) ihrem Bildungs- und Erziehungsauftrag nachkommen zu können.

Unter den Beteiligten an der Reformdebatte ist sicherlich unstrittig, was die Initiative der Robert Bosch Stiftung zur Professionalisierung der Fachkräfte für Kindertageseinrichtungen feststellt: Die Qualität der Ausbildung und der berufsbezogenen Fort- und Weiterbildung der pädagogischen Fachkräfte ist die Voraussetzung für die Qualität in den Kindertageseinrichtungen.

Kontrovers werden allerdings die Konsequenzen diskutiert, die nach den Ergebnissen des OECD-Reports über die Qualität der Tageseinrichtungen für Kinder in Europa und nach den Überlegungen der Robert Bosch Initiative für die Professionalisierung der Fachkräfteausbildung in Deutschland zu ziehen sind – zumal dann, wenn sich die Forderungen auf eine formale Anhebung der Ausbildung der ErzieherInnen auf Hochschulniveau beschränken.

Rückenwind erfährt dagegen die fachschulische Ausbildung der Fachkräfte gegenwärtig durch die Jugendministerkonferenz, die in ihrem Beschluss vom 12./13. Mai 2005 in München davon ausgeht, »dass die Fachschul- bzw. Fachakademieausbildung noch für viele Jahre vorherrschend sein wird«. Nach ihrer Auffassung ist es daher dringend notwendig, die Anrechnung der Ausbildung an der Fachschule/Fachakademie für Sozialpädagogik, aber auch die Fort- und Weiterbildungsangebote in einem modularisierten Ausbildungssystem sicherzustellen.

Die Jugendministerkonferenz stellt für die sozialpädagogischen Fachkräfte insgesamt einen erweiterten Bedarf an fach- und arbeitsfeldübergreifenden Kompetenzen fest und fordert von den sozialpädagogischen Ausbildungen auf allen Ebenen der Ausbildungspyramide u. a.:
- die Stärkung von Wahrnehmungs-, Deutungs- und Reflexionskompetenz;
- die Stärkung von didaktischer Kompetenz im Kontext des Bildungsauftrages;
- die Ausprägung von Beobachtungs- und Diagnosekompetenz;
- die Stärkung organisationsbezogener Kompetenzen;
- die Förderung der Persönlichkeitsbildung.[1]

Damit sind die Erfordernisse einer qualifizierten Fachkräfteausbildung deutlich umrissen. Wie sieht die Antwort der Fachschulen/Fachakademien für Sozialpädagogik aus?

2 Veränderte strukturelle und inhaltliche Rahmenbedingungen der Ausbildung

Mit der Rahmenvereinbarung der Kultusministerkonferenz über die ErzieherInnenausbildung vom 28. Januar 2000 und den Empfehlungen der Jugendministerkonferenz über einen verstärkten Praxisbezug der Ausbildung vom 18. Mai 2001 – so meine These – sind auf der politisch-administrativen Ebene die nötigen strukturellen und inhaltlichen Rahmenbedingungen geschaffen worden, die Qualität der fachschulischen Ausbildung in den einzelnen Bundesländern nachhaltig zu verbessern.

Die KMK-Rahmenvereinbarung regelt die Zugangsvoraussetzungen, die Dauer der Ausbildung, und sie formuliert das erforderliche Qualifikationsniveau für den Beruf der Erzieherin/des Erziehers. Für die Ausbildung in den Fachschulen/Fachakademien für Sozialpädagogik werden sechs Lernbereiche mit entsprechenden didaktischen und methodischen Grundsätzen benannt. Ziel der Ausbildung ist die Befähigung, Erziehungs-, Bildungs- und Betreuungsaufgaben zu übernehmen und in allen sozialpädagogischen Bereichen als

---

1 1. Beschlussprotokoll über die Jugendministerkonferenz am 12. und 13. Mai 2005 in München, TOP 10: Aufgabenprofile und Qualifikationsanforderungen in den Arbeitsfeldern der Kinder- und Jugendhilfe.

Erzieherin und Erzieher selbstständig und eigenverantwortlich tätig zu sein. In der länderspezifischen Umsetzung und Ausgestaltung der KMK-Rahmenvereinbarung sind zwischenzeitlich sehr unterschiedliche Wege beschritten worden. Je nach Landespräferenz werden Lernfelder, Lernbereiche, Module oder Fächer für die didaktische und lernorganisatorische Umsetzung der Ausbildungsziele verbindlich gemacht. Gemeinsam ist allen didaktischen Konzepten ein *verstärkter Berufsbezug* sowie eine Orientierung an der Entwicklung einer beruflichen Handlungskompetenz der Studierenden in den Fachschulen.

In dem Beschluss der Jugendministerkonferenz wird von einer gemeinsamen Verantwortung in der Ausbildung sozialpädagogischer Fachkräfte gesprochen. Erzieherinnen und Erzieher werden in der Fachschule und durch Praktika in Einrichtungen der Kinder- und Jugendhilfe ausgebildet. Der Erwerb beruflicher Handlungskompetenzen ist nur in sinnstiftenden und praxisbezogenen Konzepten möglich.

2.1 Zugangsvoraussetzungen und Dauer der Ausbildung

Nach dem Erwerb der Fachoberschulreife wird in der überwiegenden Anzahl der Bundesländer
- entweder eine zweijährige Sozialassistentenausbildung oder der Besuch von zweijährigen berufs- und/oder studienbezogenen Bildungsgängen für den Besuch der Fachschule/Fachakademie vorausgesetzt;
- Baden-Württemberg, Saarland, Bremen bleiben bei der Regelung einer einjährigen Vorlaufphase;
- in Niedersachsen gibt es kein Berufspraktikum.

Es gibt bisher keine bundeseinheitliche und vergleichbare Regelung für alle Bundesländer.

2.2 AbiturientInnen

In den meisten Bundesländern besteht auch zukünftig durch den Nachweis von einschlägigen Praktika, das Ableisten eines sozialen Jahres bzw. des Zivildienstes für AbiturientInnen die Möglichkeit der direkten Aufnahme in die Fachschule/Fachakademie für Sozialpädagogik.

Inwieweit mit den von der Kultusministerkonferenz getroffenen Maßnahmen zukünftig bei den Studierenden der Fachschule generell von einer *Anhebung des Eingangsniveaus* ausgegangen werden kann, wird meines Erachtens sehr stark von der Aufnahmepraxis der einzelnen Fachschulen/Fachakademien und von der Attraktivität des Berufsfeldes abhängig sein.

3 Das neue berufsdidaktische Konzept der Fachschulen/ Fachakademien

Die Einheit von Wissen und Können wird in der Fachdebatte um die Professionalisierung der Fachkräfteausbildung als zentrales Merkmal beruflicher Handlungskompetenz definiert. Nach Sigrid Ebert zeichnet sich professionelles pädagogisches Handeln dadurch aus, dass die ErzieherInnen ein breites, abstraktes Wissen und vielfältiges, methodisches Können auf den Umgang mit Menschen in konkreten Situationen anwenden müssen. Richtige, auf den Einzelfall bezogene Anwendung von Kenntnissen und Methoden würde den ErzieherInnen nur gelingen, wenn sie die konkrete Situation, das spezielle Problem verstünden. Ebert sieht hierin den eigentlichen Kern pädagogischer Professionalität und spricht von einer hermeneutischen Kompetenz, welche Fachkenntnisse und Methodenkompetenz ebenso wie Erfahrungswissen und Selbstkompetenzen umfasst.[2]

Genügen die mittlerweile in vielen Bundesländern entstandenen neuen Lehrpläne und Ausbildungskonzepte diesem Anspruch?

3.1 Die Verbindung von Entwicklungs- und Lernfelddidaktik in NRW

Am Beispiel der Neuordnung in NRW werde ich meine These, dass mit einem entwicklungs- und praxisorientierten Ausbildungskonzept und einer neuen Lernorganisation die fachschulische Ausbil-

---

[2] Vgl. Sigrid Ebert (2001): Implikation für einen erweiterten Bildungsbegriff in der Ausbildung von Erzieherinnen und Erziehern. In: Fthenakis, W. E./Oberhuemer, P. (Hrsg.): Ausbildungsqualität: Strategiekonzepte zur Weiterentwicklung der Ausbildung von Erzieherinnen und Erziehern. Neuwied/Berlin.

dung den veränderten und gestiegenen Anforderungen des Berufsfeldes gerecht wird, inhaltlich begründen und illustrieren.

Mit einem *neuen Rahmenlehrplan* werden die Fachschulen für Sozialpädagogik in NRW seit Beginn des Schuljahres didaktisch auf ein handlungs- und entwicklungsorientiertes Konzept verpflichtet.[3]

Der neue Rahmenlehrplan
- orientiert die Ausbildung an zentralen beruflichen Handlungsfeldern;
- beschreibt die Ausbildungsinhalte als berufliche Handlungsaufgaben;
- enthält verbindliche didaktische Parameter: Handlungsorientierung, Entwicklungsaufgaben, Lernfelder, Lernsituationen, Kompetenzen, Inhalte, Zeitrahmen;
- ermöglicht mit seiner veränderten Stundentafel ein fächerübergreifendes Curriculum;
- ist konstitutiv für die Vernetzung der Lernorte Schule und Praxis.

Der Rahmenlehrplan geht von vier Lernfeldern aus. Sie bündeln in ihrer didaktischen Reduktion und Strukturierung das berufliche Handlungsfeld der ErzieherInnen mit seinem entsprechenden fachwissenschaftlichen Bezugssystem in einem sinnvollen thematischen Zusammenhang, der die inhaltliche Grundlage für die Konstruktion von Lernsituationen bildet. Der Aufbau einer beruflichen Handlungskompetenz der Studierenden wird durch eine nicht beliebige Sequenz von Entwicklungsaufgaben und eine didaktisch begründete Lernfeldstruktur beschrieben. Beide didaktischen Elemente haben die Funktion, berufs- und persönlichkeitsrelevante Lernsituationen in den Bildungsgangkonferenzen der Fachschule für Sozialpädagogik zu vereinbaren.

---

3 Vgl. Fachschule für Sozialwesen – Fachrichtung Sozialpädagogik – Lehrplan zur Erprobung, Schule in NRW, Ministerium für Schule, Jugend und Kultur des Landes Nordrhein-Westfalen.

Abbildung 1: Didaktische Struktur der Ausbildung

Entwicklungsaufgaben	Lernsituation	Lernfelder
■ Entwurf eines Konzepts der zukünftigen Berufsrolle		■ Kinder und Jugendliche in ihrer Lebenswelt verstehen und Beziehungen zu ihnen entwickeln
■ Aufbau eines Konzepts der pädagogischen Fremdwahrnehmung	⇨ Der Erwerb beruflicher Handlungskompetenz geschieht in konkreten Lernsituationen ⇦	■ Gruppenpädagogisch handeln und soziales Lernen fördern
■ Erarbeitung eines Konzepts pädagogischen Handelns		■ Entwicklungs- und Bildungsprozesse unterstützen
■ Entwurf eines eigenen Modells der Professionalisierung		■ Professionell in Einrichtungen der Kinder- und Jugendhilfe arbeiten
⇩		⇩
■ Beschreiben/Strukturieren		■ Bündeln
■ Prozess des Aufbaus beruflicher Identität und fachlicher Kompetenz der Studierenden		■ Das berufliche Handlungsfeld der ErzieherInnen in einen sinnvollen thematischen Zusammenhang bringen

Gelernt wird schwerpunktmäßig in Lernsituationen. Hierbei handelt es sich um Unterrichtseinheiten, die als Ausgangspunkt eine konkrete berufliche Problemstellung vorgeben, die dann von den Studierenden in möglichst selbst gesteuerten Lern- und Arbeitsprozessen gelöst werden soll. Die Studierenden folgen dabei den Phasen einer Problemlösung, wie sie auch das berufliche Handeln in der Praxis kennzeichnen.

Erste Erfahrungen mit der unterrichtspraktischen Umsetzung der Lernfelddidaktik in unterschiedlichen Bundesländern sprechen von einer zunehmenden Situationsorientierung, praxisnäherem und selbstaktivem Lernen der Studierenden. Gerade mit Blick auf die Vermittlung von Kompetenzen, die sich auf berufliche Handlungsabläufe beziehen, wie etwa die Durchführung eines Projektes in einer Tageseinrichtung für Kinder, bewähre sich die neue Ausbildungsdidaktik.

Kritisch ist an dieser Stelle anzumerken, dass es durch die Betonung eigenaktiven Lernens und Arbeitens in Lernsituationen dazu kommen kann, die Vermittlung theoretischer Kenntnisse für weniger wichtig zu erachten. Eigenständiges Problemlösen setzt immer auch theoretisches Wissen voraus.

Prof. Thomas Rauschenbach, Direktor des DJI in München, ist zuzustimmen, wenn er zu den Inhalten der ErzieherInnenausbildung sagt: »Einerseits müssen sie sich natürlich an theoretischen Wissensbeständen und an Fachwissen orientieren, was erst die Basis für Fachlichkeit und reflektierte Praxis schafft. Gleichzeitig geht es in der Qualifikation aber nicht nur um Wissensvermittlung, sondern zugleich auch um die Bearbeitung und Weiterentwicklung der eigenen Persönlichkeit.«[4]

Mit der neuen entwicklungsorientierten Lernfelddidaktik im Rahmenlehrplan NRW geht es im Kern darum, dass die Studierenden sich anhand von praxisbezogenen Problemstellungen die notwendigen Kenntnisse und Fähigkeiten möglichst eigenständig aneignen und die Lehrkräfte den Lehr- und Lernprozess mit entwicklungsfördernden Methoden, Arbeitstechniken und fachsystematischen Vertiefungen begleiten und unterstützen.

3.2 Die Vernetzung der Lernorte und der Praxis

Als ein weiteres Element des neuen berufsdidaktischen Konzepts der Fachschulen/Fachakademien für Sozialpädagogik ist das Modell der Kooperation zwischen den Lernorten Schule und Praxis hervorzuheben. Mit ihm wird auch institutionell abgesichert, den schulischen Lehrplan und den praktischen Ausbildungsplan aufeinander abzustimmen.

In dem neuen Rahmenlehrplan in NRW wird beispielsweise die Einrichtung eines Beirats »Sozialpädagogische Ausbildung« vorgeschrieben. Er hat die Aufgabe, den wechselseitigen Bezug der Lernorte in der Ausbildung sicherzustellen. Dieser Beirat setzt sich aus Lehrkräften der Fachschule und – je nach Verhältnissen vor Ort – aus berufserfahrenen sozialpädagogischen Fachkräften der kooperierenden Praxiseinrichtungen, der Fachberatung der Trägerverbände sowie Vertreterinnen und Vertretern des Jugendamtes zusammen.

Die Studierenden werden in der Praxis angeleitet. Praxiseinrichtungen müssen sicherstellen, dass den Studierenden Fachkräfte zur

---

4 Rauschenbach, Thomas (2003): Qualifizierung als offener Prozess – Anforderungen an die Ausbildung sozialer Fachkräfte. In: Dokumentation: Professionalisierung des ErzieherInnen-Berufs, Fachschulausbildung und/oder Bachelor of education – Direktorenkonferenz der Bundesarbeitsgemeinschaft katholischer Ausbildungsstätten für Erzieherinnen/Erzieher am 26./27. November 2003 in Würzburg.

Seite stehen, die über eine mindestens zweijährige einschlägige Berufserfahrung als ErzieherIn verfügen, die für die Anleitung qualifiziert sind und zur Wahrnehmung der Ausbildungsaufgaben hinreichend Zeit zur Verfügung gestellt bekommen. Die Studierenden sollen nicht als Ersatz für eine sozialpädagogische Fachkraft eingesetzt werden. Während der praktischen Ausbildung werden die Studierenden von den Lehrkräften der Fachschule betreut. In der Regel finden sechs bis acht Besuche innerhalb von 16 Wochen Praxis statt sowie vier bis sechs Besuche im Berufspraktikum. Die Fachschule berät mit der Praxis über die Kompetenzentwicklung der Studierenden in den Praktika. Die Feststellung der Berufsfähigkeit ist gemäß Ausbildungs- und Prüfungsordnung an die Bewährung in Praktika gebunden. Bei der staatlichen Abschlussprüfung ist die Praxis mit beratender Stimme beteiligt.

Nur wenn es gelingt, eine intensive Vernetzung zwischen den beiden Lernorten Schule und Praxis herzustellen und in einen beständigen inhaltlichen Dialog über die Erfordernisse einer qualifizierten Fachkräfteausbildung zu treten, wird die fachschulische Ausbildung von Erzieherinnen und Erziehern ihre Qualität sichern und weiterentwickeln.

Abbildung 2: Intensive und konkrete Vernetzung am Beispiel der Fachschule für Sozialpädagogik des Erzbistums Köln

1. Definition im Schulprogramm
Die Studierenden werden bei der Auswahl der Praxisstelle beraten und unterstützt. Die Begleitung durch die/den LehrerIn erfolgt im Rahmen regelmäßiger Praxisberatung in Form von Einzel-, Gruppenberatung bzw. Supervision. In regelmäßigen Abständen erfolgen gemeinsam mit der/dem PraxisanleiterIn Bewertungs- bzw. Entwicklungsgespräche.
Zwischen Studierenden, LehrerIn und PraxisberaterIn vereinbarte Praxisaufgaben dienen der Verklammerung von theoretischem Wissen und praktischem Handeln sowie dem Erwerb konkreter beruflicher Kompetenzen.
Die Zusammenarbeit mit der Praxis basiert auf Wertschätzung und kollegialem Austausch. Auf diese Weise wird die Schule ihrer Verantwortung für eine qualifizierte Ausbildung und der Weiterentwicklung der Berufsfelder gerecht. Der fachliche Austausch zwischen den Lernorten Schule und Praxis findet insbesondere im Rahmen von PraxisanleiterInnentreffen und pädagogischen Fachveranstaltungen statt.
2. Teilkonzeption
Die Umsetzung des oben angeführten Programms wird insbesondere durch folgende Leistungen und Prozesse gesichert:

Auswahlverfahren
Aussagekräftige Informationsmaterialien informieren die BewerberInnen eingehend über die konkreten Anforderungen, die heutige gute Praxis an zukünftige MitarbeiterInnen stellt. Im Rahmen des Auswahlverfahrens wird das Vorliegen der Praxiseignung der BewerberInnen anhand geeigneter Kriterien überprüft.

Maßnahmen zur Bereitstellung qualifizierter Praxisstellen
Folgende Maßnahmen dienen der Sicherung des Vorhandenseins ausreichender qualifizierter Praktikumstellen:
- Es liegen klare Kriterien für gute Praktikumstellen vor.
- Ein Programm zu Gewinn und Erhalt qualifizierter Praxisstellen existiert.
- Sich neu anbietende Praxisstellen erhalten konkrete Hilfestellungen.
- Regelmäßige Maßnahmen zur Sicherung der Qualität der Praxisanleitung werden durchgeführt.
- Die gemeinsame Auswertung der Praktika gibt den Praktikumstellen ein klares Feedback.

Differenzierte Vorbereitung auf und Durchführung der einzelnen Praktika
- Die jeweiligen Zielsetzungen und Aufgabenstellungen in den einzelnen Praktika sind klar benannt.
- Es gibt Orientierungs-, Erprobungs- und Professionalisierungspraktika.
- Die Studierenden werden im Unterricht zielgerichtet vorbereitet.
- Die/der zuständige PraxisbetreuerIn koordiniert und sichert – in Zusammenarbeit mit dem Klassenteam – die erfolgreiche Durchführung der Praktika.

Praktikumsbesuche
- Regelmäßige Praktikumsbesuche geben den Studierenden Feedback über Lernfortschritte und sichern die Kooperation mit der Praxis.
- Es werden Entwicklungs-, Bewertungs- und Beratungsgespräche durchgeführt.
- Die einzelnen Besuche werden ausführlich dokumentiert.

Vorbereitung, Durchführung und Auswertung der Praxisaufgaben
- Für jedes Praktikum stehen gemeinsam mit der Praxis entwickelte, geeignete Praxisaufgaben zur Verfügung.
- Die einzelnen Aufgabenstellungen werden im Unterricht vorgestellt und ausführlich thematisiert.
- Die Durchführung der Praxisaufgaben wird durch die PraxisanleiterInnen unterstützt und in den einzelnen Praktikumsbesuchen reflektiert.
- Zusätzliche Auswertungseinheiten dienen der individuellen Standortbestimmung.
- Die/der zuständige PraxisbetreuerIn unterstützt und begleitet die PraktikantInnen individuell, vereinbart entsprechende Entwicklungsaufgaben und trägt für die erfolgreiche Durchführung der Praxisaufgaben Sorge.

Auswertung und Bewertung der Praktika
- Am Ende eines jeden Praktikums erfolgt eine Auswertung im Klassenverband mit dem Klassenteam.
- Die Bewertung des Praktikums ist an klaren Kriterien orientiert und erfolgt in schriftlicher Form durch die PraxisbetreuerInnen.

Evaluation/Qualitätssicherung
Die Sicherung der Qualität des Lernortes Praxis erfolgt durch:
- regelmäßige Befragung der Studierenden und PraxisanleiterInnen,
- Auswertung der verschiedenen Dokumentationen,
- kollegiale Beratung im Rahmen des Klassenteams,
- kollegiales Feedback.

4 Eine neue Lernkultur in den Fachschulen/Fachakademien

Entscheidend für den praktischen Erfolg des weiterentwickelten berufsdidaktischen Konzepts in NRW wie auch der unterschiedlichen didaktischen Modelle in den anderen Bundesländern wird sein, inwieweit es in der konkreten schulischen bzw. unterrichtlichen Umsetzung gelingen wird, folgende Punkte umzusetzen:

- Flexible Formen der Lernorganisation zu entwickeln und auszuprobieren
- Gehaltvolle Lernsituationen zu konstruieren
- Einen konstruktiven Lehr-Lernprozess der Studierenden als aktiven, selbst gesteuerten und sozialen Prozess zu ermöglichen
- Eine Balance zwischen Instruktion und Konstruktion zu finden:
  - Das Fachwissen in Form von Instruktion bleibt auch zukünftig für den Unterricht unverzichtbar.
  - Damit berufliche Problemstellungen angemessen erfasst, gedeutet und handlungsrelevant gelöst werden können, müssen die Studierenden sie in fachliche Zusammenhänge einordnen können.
  - Ein an wissenschaftlichen Disziplinen orientiertes Fachwissen hilft den Studierenden, komplexe Handlungssituationen und Problemstellungen zu ordnen und ermöglicht eine gewisse Ökonomie des Lernens.
- Raum zu geben für Selbstbildungsprozesse und Beziehungsgestaltung, was bedeutet: Die Inhalte der Persönlichkeitsbildung und die Beziehungsgestaltung erfordern eine eigene Vermittlungsform und gehorchen einer anderen Handlungslogik als die Aneignung von Arbeits- und Geschäftsprozessen in anderen beruflichen Handlungsfeldern.
- Das Verständnis der Lehrerrolle zu erweitern, was bedeutet, die LehrerInnen als ModeratorInnen von Lernprozessen zu sehen und als Mitglieder in einem Klassenteam/Lernfeldteam.
- Das in der Fachschulausbildung entstandene Lernmilieu mit seiner engen Vernetzung der Lernorte und seiner sehr dichten persönlichen Begleitung und Unterstützung der Studierenden in ihrer fachlichen, humanen und sozialen Kompetenzentwicklung nicht einer distanzierten und den Studierenden sich selbst überlassenen Lernatmosphäre zu opfern.
- Und nicht zuletzt, die Wirksamkeit des Lernens der neu gestalteten Lehr- und Lernprozesse in den Lernorten Schule und Praxis

bezüglich der fachlichen Kompetenzentwicklung und Identitätsbildung der Studierenden zu überprüfen.

Am Beispiel des *Selbstorganisierten Lernens* wird illustriert, wie sich das Lernen der Studierenden in der Fachschule/Fachakademie verändert und sich zunehmend eine Lernkultur etabliert, die einen konstruktiven Lehr-Lern-Prozess der Studierenden als aktiven, selbst gesteuerten und sozialen Prozess ermöglicht (vgl. Abb. 3).

5 Fazit: Pluralisierung der Ausbildungslandschaft und die Notwendigkeit von Kooperation zwischen den unterschiedlichen Ausbildungsebenen

Die Ausdifferenzierung der Ausbildungsstrukturen im Feld der Kinder- und Jugendhilfe schreitet, das lässt sich gegenwärtig im Zuge des Bologna-Prozesses mit der Einrichtung zahlreicher Bachelor-Studiengänge für Elementarpädagogik an den Fachhochschulen ja nicht mehr übersehen, unaufhaltsam voran. Auch die Jugendministerkonferenz zeigt sich grundsätzlich offen für diesen Prozess und regt fürs Erste an, die Leitungskräfte in Kindertageseinrichtungen weiterzuqualifizieren.

Viele Neuerungen bewegen sich bisher allerdings noch weitgehend auf der Ebene der Konzepte. Hier bleibt abzuwarten, wie die ersten Wirksamkeitsstudien in ihren Ergebnissen aussehen. Deshalb sind die Fachschulen/Fachakademien für Sozialpädagogik sicherlich gut beraten, wenn sie sich in der aktuellen Debatte um die Professionalisierung der Fachkräfte mit eigenen inhaltlichen Beiträgen zu Wort melden und sich der Diskussion stellen. Nur so können sie ihre Qualität verdeutlichen und die Debatte auf eine sachliche Basis stellen, in der Statusfragen und interessengeleitete Überlegungen zweitrangig werden.

Abbildung 3: Selbstlernphase/Selbstorganisiertes Lernen

Definition
Selbstorganisiertes Lernen (SOL) ist ein pädagogischer Ansatz, der die Arbeit mit schüleraktiven Methoden in ein Unterrichtskonzept einfügt: SOL ergänzt durch Unterrichtsformen, die den Studierenden die selbstständige Planung und selbstverantwortliche Erarbeitung komplexer Aufgaben ermöglichen.

Bedeutung
SOL setzt an der gegenwärtigen Schulrealität an und bietet Studierenden die Möglichkeit, schrittweise selbstständiges und selbstverantwortliches Arbeiten einzuüben. Die Lehrenden verändern hierbei ihre traditionelle Rolle als den Unterricht dominierende WissensvermittlerInnen in Richtung hin zu Lernberatern.

Ziele
Die/der Studierende
- entwickelt die Fähigkeit zur Selbstinitiative,
- erweitert das Repertoire an Lernstrategien,
- entwickelt Kompetenzen wie Konflikt- und Kompromissfähigkeit, Solidarität, Kommunikationstechniken, realistische Selbsteinschätzung, Fähigkeit zum vernetzten Denken.

Vorbereitung/Durchführung/Nachbereitung
Vorbereitung:
- Vorstellung der Arbeitsaufgabe durch die LehrerInnen.
- Gemeinsame Problemanalyse mit den Studierenden.
- Präzisierung der Arbeitsaufgabe und Benennung der einzusetzenden Lernhilfen.

Durchführung:
- Auf der Lernlandkarte (Advance Organizer) werden Zusammenhänge visualisiert, wesentliche Begriffe genannt und ihre Vernetzung dargestellt. Die Lernlandkarte ist der Ausgangspunkt für die Planung jeder SOL-Einheit.

  Dabei handelt es sich um ein arbeitsteiliges Verfahren, ein Gruppenpuzzle, aus dem sich die Notwendigkeit verantwortlicher Erarbeitung und Vermittlung ergibt: Die anderen Gruppen sind auf die Ergebnisse der eigenen Gruppe angewiesen. Es wird in unterschiedlichen Kleingruppen gelernt und das Gelernte gegenseitig vermittelt.
- Mit dem Sandwichprinzip ist der geplante Wechsel von individuellen und kollektiven Lernphasen und damit auch der Wechsel von Input und Verarbeitung gemeint, um möglichst vielen Lernbedürfnissen, Lerntypen und Lernwegen gerecht zu werden. Hier können alle zur Verfügung stehenden Methoden eingesetzt werden.

Nachbereitung:
- Dokumentation/Präsentation der Arbeitsergebnisse.
- Auswertung von Ergebnis, Arbeitsprozess, Teamfähigkeit, eigenem Lernfortschritt im Rahmen eines Gruppengesprächs.

Aufgaben der Lehrenden
Die/der Lehrende
- sorgt dafür, dass die jeweiligen Aufgaben und Hilfsmittel klar benannt und verstanden sind,
- unterstützt die einzelnen Lernprozesse allgemein bzw. individuell,
- gibt den Studierenden konkrete Rückmeldungen in Bezug auf erreichte Ziele,
- steht im Rahmen des Lernprozesses als Ansprechpartner zeitnah zur Verfügung.

Aus Sicht der Fachschulen/Fachakademien ist es zudem notwendig, zukünftig verstärkt über neue Formen der Vernetzung und Möglichkeiten der Durchlässigkeit zwischen den unterschiedlichen Ausbildungsebenen nachzudenken – und zwar im Sinne einer konsequenten und umfassenden Modularisierung der Ausbildungen für die Arbeitsfelder der Kinder- und Jugendhilfe. Dadurch kann eine Anrechnung der in der jeweiligen Ausbildung erworbenen Kenntnisse und Fähigkeiten für eine weiter- bzw. höherqualifizierende Ausbildung erfolgen. Ein so differenziertes und durchlässiges Ausbildungssystem ermöglicht nicht nur die Ausbildung individueller Fachkräfteprofile, sondern erleichtert auch die vertikale und horizontale Mobilität der Fachkräfte der Kinder- und Jugendhilfe.

Dieser Schritt wiederum wäre ein notwendiger und wichtiger Beitrag zur Steigerung der Attraktivität und professionellen Weiterentwicklung der Fachkräfteentwicklung für die Kinder- und Jugendhilfe und würde den veränderten Anforderungen, insbesondere für die Fachkräfte im Elementarbereich, gerecht werden. Nur auf diesem Wege ist auch in Zukunft meines Erachtens eine praxisorientierte und persönlichkeitsbildende ErzieherInnenausbildung auch an den Fachschulen/Fachakademien für Sozialpädagogik gesichert.

Erziehen und Leiten als Profession: ein Beitrag zur Akademisierung

Edgar Kösler, Christoph Steinebach

1	Neue Bachelor- und Master-Studienabschlüsse	182
2	Professionalisierung des Erzieherinnenberufs	184
3	Wie lernen Erwachsene? – Konsequenzen für das Studium	186
3.1	Traditionelles Lehr-Lern-Verständnis	187
3.2	Konstruktivistisches Lehr-Lern-Verständnis	187
4	Der neue weiterbildende und berufsbegleitende Bachelor-Studiengang »Management von Erziehungs- und Bildungseinrichtungen« an der Kath. FH Freiburg	189
4.1	Grundlagen	189
4.2	Ziele des Studiengangs	191
5	Ausblick	193
6	Literatur	194

Die Anforderungen an die Arbeit der Erzieherinnen[1] in allen Praxisfeldern sind sehr stark angestiegen. Gerade die Diskussion um die hohe Bedeutung von Erziehung und Bildung in den ersten Lebensjahren für die Gesamtentwicklung von Kindern mit und ohne Behinderung verweist auf die großen Erwartungen. Erzieherinnen arbeiten aber nicht nur mit Kleinkindern. Sie sind auch in den stationären Angeboten der Kinder- und Jugendhilfe, in der außerschulischen Jugendbildung tätig, oder sie begleiten Menschen mit Behinderungen über deren Lebenslauf bis ins hohe Alter. Erzieherinnen stehen überall in einem hochkomplexen Wirkgefüge, dessen theoretische Rekonstruktion anspruchsvoll ist. Die gestiegenen Erwartungen finden so ihren Niederschlag in der Debatte um die Akademisierung und in der institutionellen Verortung der Erzieherinnenausbildung an Fachhochschulen. Diese Diskussion verschränkt sich seit 1999 mit der Debatte um die Einführung neuer Bachelor- und Master-Studienabschlüsse.[2]

1 Neue Bachelor- und Master-Studienabschlüsse

Mit der Einführung von Bachelor- und Master-Studiengängen soll ein flächendeckendes System konsekutiver internationaler Studienabschlüsse geschaffen werden. Diese Abschlüsse werden ab Wintersemester 2005/2006 an den Fachhochschulen in Baden-Württemberg, ab 2009 an den Universitäten eingeführt. Beide Hochschularten bieten dann in einem gemeinsamen System die gleichen Studienabschlüsse an. Der Bachelor ist der erste berufsqualifizierende Hochschulabschluss; er gilt zukünftig als Regelabschluss. Dem folgt der Master, der entweder einer anwendungsorientierten Vertiefung oder der Vorbereitung auf die Promotion dienen soll. Die Bachelor-Studiengänge dauern 6 bzw. 7 Semester, dem schließen sich Master-Studiengänge mit 4 bzw. 3 Semestern an. Die Gesamtdauer eines Studiums von Bachelor und Master soll 5 Jahre nicht überschreiten. Bis hierher handelt es sich also lediglich um eine Verkürzung der

---

1 Wir sprechen hier und im Folgenden von Erzieherinnen, um deutlich zu machen, dass dieser Beruf gegenwärtig noch vornehmlich von Frauen ausgeübt wird. Wir verstehen die Entwicklung von Studienangeboten in diesem Berufsfeld als Beitrag zur Förderung der Bildungschancen von Frauen.
2 Die Katholische Fachhochschule Freiburg beteiligt sich seit Jahren aktiv an den Diskussionen um die weitere Professionalisierung der Erzieherberufe (vgl. etwa Steinebach/Steinebach 2001; Steinebach/Stöbener 2000).

Studienzeiten (eine Übersicht und erste Ergebnisse finden sich in Veröffentlichungen der Hochschulrektorenkonferenz 2004a–c).

Mit den neuen Abschlüssen und ihrem curricularen Grundkonzept der Modularisierung verbindet sich eine stärkere Individualisierung. Die StudentInnen werden unterschiedliche Module wählen und sich so ihr Studienprogramm zusammenstellen. Jede Hochschule wird dafür sorgen müssen, dass sie mit ihrem Studien- und Modulangebot auf dem Bildungsmarkt besteht. Die zuständigen Ministerien ziehen sich als Kontrollorgane zurück. Zukünftig werden Qualität und Markttauglichkeit von Studiengängen und Hochschulen über Akkreditierungsverfahren geprüft. In diesen Verfahren werden die internen Bemühungen um Qualität und Evaluation mit externen Standards gemessen.

Die Module der neuen Studiengänge orientieren sich weniger an den klassischen Fächern, sondern vielmehr an Kompetenzen und Zielen. Die Frage ist nicht, welche Inhalte in welcher Veranstaltung gelehrt werden sollen, sondern: Was muss ein Student bzw. eine Studentin leisten, wie viel Zeit muss er/sie einsetzen, um eine bestimmte Kompetenz erwerben zu können? Wenn das Ziel die Vermittlung von Kompetenzen ist, wie etwa die Kompetenz zu beraten, die Kompetenz zu leiten oder die Kompetenz zu planen, dann wird schnell deutlich, dass unterschiedliche Fächer zur Ausbildung der jeweiligen Kompetenz ihren Beitrag leisten. Der Beitrag dieser *verschiedenen Fächer* zur Entwicklung und Ausbildung *eines* Kompetenzbereichs kann nun in einem Modul zusammengefasst werden. Das Denken in Modulen fördert die Interdisziplinarität und verlangt eine fächerübergreifende Lehre (vgl. Tab. 1).

Tabelle 1: Zusammenstellung der Mesomodule im Studiengang »Management von Erziehungs- und Bildungseinrichtungen« der KFH Freiburg

Modul	Kompetenzbereich
1	Kompetenz, Erziehungs- und Bildungsprozesse zu reflektieren
2	Kompetenz, zu kommunizieren
3	Kompetenz, Ziele zu erreichen
4	Kompetenz, zu planen
5	Kompetenz, die Organisation zu entwickeln
6	Kompetenz, zu führen und zu leiten
7	Kompetenz, Ressourcen zu erschließen und zu pflegen
8	Kompetenz, Qualität zu sichern und zu entwickeln
9	Praktisches Studiensemester

Der Beitrag eines Moduls zum Studienziel definiert sich nicht über die Zahl der Semesterwochenstunden der entsprechenden Lehrveranstaltung, sondern über den gesamten Arbeitsaufwand, den die Studierenden aufbringen müssen, um das Leistungskriterium dieses Moduls zu erreichen. Grundlage für die Gestaltung des Studiums wird nun der Arbeitsaufwand der Studierenden in Zeitstunden, ihre Arbeitszeit. Hier wird das Volumen entsprechend der Jahresarbeitszeit einer Vollzeitstelle zugrunde gelegt. Ein Modul bestimmt sich so nicht nur aus der eigentlichen Lehrveranstaltung; hinzu kommen die Vorbereitungszeit, die Zeit zur Nachbereitung, aber auch Treffen in einer Arbeitsgruppe, die selbstständige Arbeit in einem Projekt, oder auch die Vorbereitung auf die Prüfung und die Dauer der Prüfung selbst.

2 Professionalisierung des Erzieherinnenberufs

Sowohl bildungspolitische als auch wissenschaftliche Argumente sprechen für grundlegende Änderungen in der Erzieherinnenausbildung. Aus bildungspolitischer Perspektive wird zur Frage der Qualifizierung von Erzieherinnen vorgebracht:

1. Vor dem Hintergrund der internationalen schulischen Leistungsvergleichsstudien (vgl. etwa Baumert 1998; Steinebach 2003), die der allgemeinen Bildungsdiskussion seit Ende 2001 eine neue Dynamik gegeben haben, rückte auch die besondere Bedeutung der vorschulischen Erziehung und Bildung für die Gesamtentwicklung des Kindes, aber auch für den wertebezogenen Fortbestand der Gesellschaft wieder ins Blickfeld. Dabei wurde deutlich, dass – nicht nur – das bisherige Ausbildungsniveau für den Erzieherinnenberuf strukturell verändert werden muss, wenn der erkannten Bedeutung früher Lern- und Entwicklungsprozesse in der vorschulischen Praxis in qualitativ angemessener Form Rechnung getragen werden soll. Es entstand eine neue Diskussion um die weitere Professionalisierung und damit Akademisierung des Erzieherinnenberufes (vgl. Fthenakis/Oberhuemer 2004).
2. Mit Blick auf die Bildungsstandards für den Erzieherinnenberuf im internationalen Bereich wird deutlich, dass für die Ausbildung in Deutschland vergleichsweise niedrige Bildungsabschlüsse als Zugangsvoraussetzung genügen. Deutschland ist der einzige Mitgliedstaat der EU, in der die Ausbildung für pädagogische

Fachkräfte im vorschulischen Bereich nicht in das Hochschulsystem integriert ist. Um einen stärkeren Anschluss und eine sinnvolle Verbindung von frühkindlicher Bildung und dem zukünftigen Lernen an der Grundschule zu schaffen, ist die Vernetzung der Ausbildungsgänge von Erzieherinnen und Grundschulpädagoginnen wünschenswert.
3. Derzeitige Ausbildungsgänge an Fachschulen zum Erzieherinnenberuf qualifizieren häufig nur für bestimmte Arbeitsfelder. Nach Jahren intensiver und qualifizierter Berufstätigkeit in einem Arbeitsfeld ist es daher sehr schwer, in neue Arbeitsfelder zu wechseln. Es fehlt an grundlegenden Kompetenzen, um sich neue Arbeitsfelder zu erschließen. Deshalb ist es auch schwer, für die eigene berufliche Karriere neue Perspektiven zu entwickeln. Die einmal getroffene Wahl für einen Bildungsgang und ein Berufsfeld ist für lange Zeit bindend. Darunter leidet die Attraktivität dieses Sektors.
4. Der Erzieherinnenberuf wird in aller Regel von Frauen ergriffen. Es handelt sich dabei um einen Beruf mit niedriger Vergütung und geringen Karrierechancen. Über den Bachelor-Abschluss eröffnen sich weitere Durchstiegsmöglichkeiten bis zur Promotion. Wer sich also für die Qualifizierung dieses Berufs einsetzt, trägt zur Chancengleichheit der Geschlechter bei.
5. Geht es um die bildungspolitischen Perspektiven für einen »marktgerechten« Beruf, so ist die Beschäftigungsfähigkeit (Employability) ein wichtiges Argument. Es muss sichergestellt werden, dass die Absolventinnen unmittelbar in vielfältigen, ihrer Ausbildung angemessenen Feldern Arbeit finden.

Aus Sicht der Wissenschaften wird argumentiert:
1. In der postmodernen Gesellschaft sind Lebensläufe nur noch schwer vorhersehbar. Sie orientieren sich in den seltensten Fällen an Normen. Gleichzeitig erweisen sich Berufs- und Arbeitsfelder als hochdynamische und komplexe Systeme (vgl. Steinebach 2000). Dauerhaft stabile Arbeitsfelder mit beständigen Aufgaben sind eher selten. Im Rahmen der Ausbildung müssen also Kompetenzen vermittelt werden, die einen Wechsel zwischen Arbeitsfeldern oder eine weiterführende Qualifizierung und Spezialisierung auch im Rahmen selbstgesteuerter und autonomer Lernprozesse ermöglichen.

2. Der Erzieherinnenberuf, insbesondere wenn er auf die Primarerziehung zielt, basiert in seinen wesentlichen Annahmen auf besonderen anthropologischen Konzepten bezüglich der Entwicklung von Kindern und Jugendlichen. Hier wird zunehmend von einem Entwicklungs- und Lernprozess im Kindes- und Jugendalter ausgegangen, bei dem das Kind als handelnder Akteur verstanden wird, der die eigene Entwicklung in der Auseinandersetzung mit seiner Umwelt gestaltet. Das Kind nimmt aktiv Einfluss auf die eigene Entwicklungsumwelt und wird zugleich von dieser mit beeinflusst. Theoretisch wird von einer hohen Komplexität der Entwicklungssysteme ausgegangen (vgl. Steinebach 2000, 2003). Dies verlangt neue Erziehungskompetenzen.
3. Es wird damit ein theoretischer Bezugsrahmen entworfen, der es unmöglich macht, Erziehungsprobleme zu trivialisieren und Fragen der aktuellen Pädagogik auf Technikfragen zu reduzieren.
4. Institutionell und gesellschaftlich werden an die Erziehungsqualität neue und hohe Anforderungen gestellt. So wird erwartet, dass somatische, emotionale und kognitive Begebenheiten beim Kind genauso wie familiale oder institutionelle bis hin zu gesellschaftlich-kulturellen Prozessen Berücksichtigung finden. Es wird auch erwartet, dass die relevanten Prozesse angemessen dokumentiert und in ihrer Qualität überprüft werden. Der Nachweis der Effektivität von Erziehungsangeboten ist zunehmend Voraussetzung für die institutionelle und damit personale Absicherung der Mitarbeiterinnen und Mitarbeiter (vgl. Steinebach/Stöbener 2000).
5. Mit den gestiegen Erwartungen an die Erziehungs- und Bildungsqualität, mit den Entwicklungen zu komplexeren Träger- und Organisationsstrukturen steigen auch die Anforderungen an die Managementqualifikationen der Leitungspersonen von Erziehungs- und Bildungseinrichtungen (vgl. Kösler/Steinebach 2001).

3 Wie lernen Erwachsene? – Konsequenzen für das Studium

Mit der Einführung der neuen Studienabschlüsse ist gleichzeitig auch ein Perspektivenwechsel von der traditionellen Input-Orientierung (Welche Inhalte will oder muss ich als DozentIn vermitteln?)

zur Output-Orientierung (Welche Kompetenzen sollen sich die Studierenden aneignen?) verbunden (vgl. Stifterverband 2000). Damit korrespondiert auch ein verändertes Verständnis von Lernen und Lehren. Handlungsleitend für die Planung, Gestaltung und Evaluation des Studiengangs ist eine konstruktivistische Auffassung von Lern- und Lehrprozessen im Erwachsenenalter.

3.1 Traditionelles Lehr-Lern-Verständnis

Nach dem traditionellen Lernverständnis ist Lernen ein kognitiver, weitgehend rezeptiver Prozess der Aufnahme und Speicherung von Informationen (vgl. Law/Wong 1996). Dabei entsteht Wissen, das »als Merkmal eines Individuums situationsinvariant bleibt« und für die Lösung von Problemen eingesetzt werden kann (vgl. Law 2000). Damit korrespondiert ein Verständnis von Lehre, bei der der Lehrende im Sinne eines Sender-Empfänger-Modells, bildlich gesprochen, Wissen in die Köpfe der Lernenden transportiert: Er präsentiert Inhalte, instruiert, leitet methodisch an und überprüft die Lernfortschritte z. B. anhand der reproduzierbaren Menge des Wissens oder unter Berücksichtigung von Verhaltensänderungen (vgl. Arnold 1996).

3.2 Konstruktivistisches Lehr-Lern-Verständnis

Entgegen dieser traditionellen Auffassung, die von einer linearen Vorstellung der Wissensvermittlung ausgeht, geht die konstruktivistische Didaktik von einem entkoppelten Lehr-Lern-Verständnis aus. Danach ist Lernen

- ein aktiver, selbstgesteuerter, biografisch verankerter, situativer und sozialer Prozess der Aneignung von Wissen und Kompetenzen (vgl. Reinmann-Rothmeier/Mandl 1997, S. 356);
- ein strukturdeterminierter Prozess, bei dem das Individuum nur das verarbeitet, was in sein kognitives System passt, d.h. wofür es kognitiv und emotional aufgeschlossen ist und was ihm sinnvoll und brauchbar erscheint;
- ein Prozess, der nur verstanden werden kann, wenn die historischen, kulturellen und institutionellen Kontexte, in denen das Individuum lebt, berücksichtigt werden (vgl. Dewey 1981).

Als Konsequenzen für das Studium ergibt sich hieraus:
- dass die neuen Lerninhalte »anschlussfähig« sein müssen, d.h. sich verknüpfen lassen müssen mit den vorhandenen Erfahrungen und Wissensbeständen;
- dass die Lernenden selber entscheiden, was sie lernen möchten und was sie für ihre konkrete Verwendungssituation brauchen können.

Der Lehrende ist damit ein »Anders-Wissender« (vgl. Balgo 1997), der praxisnahe, komplexe Lerngelegenheiten anbietet, Wissen bereitstellt, Differenzerfahrungen auslöst, der Lernanregungen gibt, unterstützt und berät, bestehende Deutungsmuster mit Unerwartetem irritiert und damit zum Nachdenken und Lernen anregt. Eine wichtige Aufgabe besteht darin, eine Kommunikationsatmosphäre zu schaffen, in der echte Fragen gestellt und unterschiedliche Wirklichkeitskonstruktionen und Deutungsmuster diskursiv bearbeitet werden können. Bezogen auf das Lernarrangement kommt der Gestaltung einer anregenden Lernumgebung – anstatt »Vortrag mit anschließender Diskussion« – eine wichtige Bedeutung zu. Zusammenfassend lässt sich dieses Verständnis mit dem Begriff der »Ermöglichungsdidaktik« (vgl. Arnold 1996; Kösler 2003) umschreiben.

4 Der neue weiterbildende und berufsbegleitende Bachelor-Studiengang »Management von Erziehungs- und Bildungseinrichtungen« an der Kath. FH Freiburg

Studiendauer:
Die Studiendauer beträgt sechs Semester einschließlich eines projektorientierten praktischen Studiensemesters.

Studienzeiten:
Da es sich um eine **berufsbegleitende** Studienform handelt, ist das Studium (Präsenztage) in Blöcke von vier Tagen (Donnerstag bis Sonntag) in Abständen von ca. drei Wochen gegliedert.
Der Studiengang beginnt im Wintersemester jeden Jahres. Bewerbungsschluss ist jeweils der 31. Januar des jeweiligen Jahres.

Zugangsbedingungen und Abschluss:
Als Voraussetzungen für die Teilnahme an diesem Studiengang wurden festgelegt:
- Fachhochschulreife und
- Fachschulabschluss als Erzieherin.

Mit dem erfolgreichen Abschluss wird der akademische Grad »**Bachelor of Arts**« **(B.A.)** im Studienbereich »Management von Erziehungs- und Bildungseinrichtungen« verliehen. Der Studiengang wird staatlich anerkannt und ist akkreditiert (AHPGS).

Studiengebühren:
Der Studiengang ist teilnehmerfinanziert. Die Kosten dieses Bachelorstudiums betragen 5994,– € (999,– € pro Semester oder 166,50 € im Monat) inkl. der Anmelde- und Prüfungsgebühren.

Informationen:
Über den Fachbereich Management, Tel.: 0761-200-530, E-Mail: management@kfh-freiburg.de oder im Internet klicken unter: www.kfh-freiburg.de

4.1 Grundlagen

Der Begriff »Management« wird aus unterschiedlichen Perspektiven diskutiert. Meist ist mit Management eine komplexe Sammlung von Tätigkeiten gemeint, die auf die Steuerung hochdifferenzierter sozialer und ökonomischer Prozesse einer Institution oder Organisation abzielen. Dies gilt vermehrt auch für die Leitung von Institutionen, deren Aufgabe die Bereitstellung professioneller Förderung, Beratung und Begleitung ist. Professionelle Hilfe wird dann als soziale Dienstleistung verstanden.

Professionelle Hilfe wird zunehmend in einer Vernetzung mit den Lebensbedingungen des Klientels, den übrigen Angeboten und den institutionellen und gesellschaftlichen Gegebenheiten gesehen. In diesem Sinne wird ein systemisches Verständnis von Bedingungen, Prozessen und Interventionen pädagogischen, aber auch organisationalen Handelns vermittelt (vgl. Steinebach 1988, 1997). Komplexität, Vernetzung oder Synergie sind vertraute Konzepte.

Professionelle Helferinnen und Helfer verstehen sich mehr und mehr als ManagerInnen des Hilfeangebotes, denn als ManagerInnen der Lebensbedingungen des Klientels. Neben die Hilfehandlung tritt die Planung, Organisation, Kontrolle von Hilfe einschließlich ihrer finanziellen, materiellen oder rechtlichen Aspekte. In diesem Sinne meint »Leitung« unterschiedliche Managementaufgaben, die sich auf bestimmte Sachfunktionen beziehen (vgl. Seiberth 1996), um so Dienstleistungen optimal bereitstellen zu können. Inwieweit sind Erzieherinnen und Erzieher auf diese Managementaufgaben vorbereitet?

Derzeit wird z.B. ein Schulkindergarten von einer pädagogischen Fachkraft, deren Ausbildung vom Ministerium für Kultus, Jugend und Sport anerkannt ist (Erzieherin, Fachlehrerin mit sonderpädagogischer Zusatzausbildung, Heilpädagogin, Sozialpädagogin) geleitet (vgl. ausführlicher Kösler/Steinebach 2001). Eine Besonderheit besteht darin, dass diese Leitungsperson neben ihrer Leitungsaufgabe gleichzeitig eine Gruppe zu betreuen hat. Die Frage der Anrechnungsstunden für die Leitung ist so in der praktischen Umsetzung ungeklärt. Geht es um Dienstleistungsmanagement, so werden Erzieherinnen, Fachlehrerinnen mit sonderpädagogischer Zusatzausbildung, Heilpädagoginnen, Sozialpädagoginnen wenig über Organisations-, Wirtschafts- und Führungsfragen wissen, jedoch relativ viel über den Prozess der Leistungserstellung, die Gestaltung der Stunde der Wahrheit (»moment of truth«, Norman 1987; vgl. auch Biehal 1993). Gehen wir davon aus, dass Management verschiedene Tätigkeiten wie Planen, Organisieren, Personal und Ressourcen beschaffen, Leiten – hier verstanden als Anleiten und Begleiten von Personal – und Kontrollieren umfasst, so ist mit Blick auf die verschiedenen Ausbildungs- und Studiengänge, die für den Erzieherinnenberuf qualifizieren sollen, festzuhalten: Wenn überhaupt, dann werden im Rahmen von Ausbildung und Studium Kompetenzen vermittelt, die die fachliche Anleitung und Begleitung von MitarbeiterInnen ermöglichen.

Management erfüllt verschiedene Sachfunktionen: Die Leistungserfüllung und Weiterentwicklung des Dienstleistungsangebotes, Finanzfragen, die Sicherung von Sachmitteln und der Qualität von Arbeitsprozessen, die Gestaltung von Außenkontakten sind hier wesentliche Aufgaben. Es ist davon auszugehen, dass Ausbildung bzw. Studium insbesondere auf eine Qualifizierung zu einer effektiven, für alle Seiten befriedigenden Leistungserstellung abzielen. Fragen der Finanzierung, der Sachmittelverwaltung, der Gestaltung von Außenkontakten bleiben dagegen bei pädagogischen Ausbildungs- und Studiengängen zumeist ausgespart (vgl. Steinebach 1997).

4.2 Ziele des Studiengangs

Angesichts der Unterschiedlichkeit der jeweiligen personalen und sachlichen Bedingungen vor Ort sollen hier nur einige grundsätzliche Problemstellungen angesprochen werden:

- Es ist davon auszugehen, dass Personen, die die Leitungsfunktion übernehmen, in ihrer Berufsausbildung wenig Kenntnisse und Kompetenzen hinsichtlich der neuen Führungsaufgaben erwerben konnten. Erzieherinnen und Fachlehrerinnen haben in der Regel in ihrer Ausbildung keine Vorbereitung auf eine Leitungsaufgabe erfahren; Sozialarbeiterinnen und Heilpädagoginnen sind der schulische Kontext und seine spezifischen Modalitäten fremd.
- Leitungswechsel gehen mit individueller und organisationaler Veränderung und damit Verunsicherung einher, eröffnen damit aber gleichzeitig auch Chancen zu persönlicher und organisationaler Weiterentwicklung.
- Erziehungs- und Bildungsinstitutionen sind Teil eines komplexen Erziehungs- und Bildungssystems, dessen Stellung, Auftrag und dienstrechtliche und verwaltungsbezogene Strukturen zumindest in der Anfangszeit der Funktionsübernahme nicht leicht zu durchschauen sind.
- Wenngleich die Mitarbeit der Leitung in der alltäglichen pädagogischen Praxis sinnvoll erscheint, ergeben sich bei einem hohen Deputat zeitliche Grenzen für die Wahrnehmung der Vielzahl der mit der Leitungsfunktion verbundenen Aufgaben (Führung, Organisation, Verwaltung, Konzeptionsentwicklung, Kooperation mit dem Team, Zusammenarbeit mit den Eltern, Fachdiensten und außerschulischen Institutionen, Öffentlichkeitsarbeit).

- Die Mitarbeiterinnen und Mitarbeiter von Erziehungs- und Bildungseinrichtungen stammen in der Regel aus unterschiedlichen Berufen mit zum Teil ungleichen Deputaten. Unter Umständen werden sie an verschiedenen Dienststellen von diversen Trägern (Land, Stadt, Wohlfahrtsverband) geführt. Dies stellt hohe Anforderungen an die Zusammenarbeit im Team.
- Angesichts der unterschiedlichen Erwartungen, denen Leitungspersonen ausgesetzt sind, gehören Konflikte und deren Handhabung zum beruflichen Alltag.

Daraus lassen sich Folgerungen für den Studiengang ableiten. Die Übernahme der Leitung erfordert:
- Informationen hinsichtlich des Auftrags und der Stellung und der damit zusammenhängenden Aufgaben der Leitungsperson im hierarchischen Geflecht der Einrichtung. Damit verbunden ist das Ziel, die Studierenden bei der Entwicklung von Rollensicherheit und beruflicher Identität zu unterstützen (rechtliche, system- und verwaltungsbezogene Kenntnisse) und sie die Gestaltungsmöglichkeiten der Leitungsrolle erkennen und wahrnehmen lernen zu lassen (Entwicklungsstrategien, Kompetenzen zur Initiierung von Veränderungsprozessen);
- pädagogisch-fachliche, sozial-kommunikative und persönliche Kenntnisse und Kompetenzen, um die Herausforderungen der Leitungsaufgaben meistern zu können. Ziel ist die Entwicklung entsprechender Handlungskompetenzen.

Zu diesen Handlungskompetenzen gehören Kenntnisse und Kompetenzen bezüglich der
- verschiedenen Formen der Gesprächsführung in unterschiedlichen Situationen (Mitarbeiter-, Team-, Informations-, Beratungs-, Kritik-, Konfliktgespräch, Sitzungsleitung, Moderation und Präsentation);
- Formen der Entwicklung der Zusammenarbeit im Team;
- Möglichkeiten und Methoden der Konzeptionsentwicklung;
- Formen der Eltern- bzw. Angehörigenarbeit;
- Formen und Wege der Kooperation mit Partnern (z. B. Schule, Jugendhilfe, Medizin);
- Formen der Öffentlichkeitsarbeit;

- unterschiedlichen Formen der Organisation von Einrichtungen und den jeweiligen pädagogischen Leitvorstellungen, die den jeweiligen Organisationsformen inhärent sind;
- Auseinandersetzung mit den persönlichen biografischen Erfahrungen und mentalen Modellen, die das eigene Führungsverhalten leiten und damit mit der Frage, was »Führen« im Kontext der Bedingungen der Einrichtungen bedeutet. Ziel ist die Entwicklung eines reflektierten Führungsverständnisses;
- Entwicklung von Strategien, wie es angesichts der Doppelfunktion (Gesamtleitung, Gruppenleitung) gelingen kann, die Leitungsaufgaben angemessen auszufüllen. Hierzu können Konzepte des Selbst- bzw. Zeitmanagements Anregungen geben. Ziel ist die Entwicklung entsprechender Kompetenzen der Selbstorganisation;
- Möglichkeiten der Fortbildung zur persönlich-fachlichen Weiterentwicklung sowie der kollegialen und externen Beratung zur Unterstützung bei Unklarheiten, Problemen und in schwierigen Situationen. Ziel ist es, Kompetenzen zur Aktivierung von Ressourcen zu entwickeln.

5 Ausblick

Mit dem Bachelorstudiengang »Management in Erziehungs- und Bildungseinrichtungen« wird ein besonderer Weg beschritten. Als Zusatz im Anschluss an die Erzieherinnenausbildung will er für Leitungsaufgaben in Erziehungs- und Bildungseinrichtungen qualifizieren. Als Studium nach einer Fachschulausbildung kann dies gegenwärtig nur in einem Bachelorstudiengang geschehen. Die Zukunft wird zeigen, ob sich die Idee einer grundständigen Erzieherinnenausbildung an Fachhochschulen, wie sie in Forderungen nach einem Bachelor of Arts für das Feld der Primarerziehung enthalten ist, durchsetzen kann. Dann wäre an eine Weiterentwicklung dieses hier vorliegenden Konzepts als Masterstudiengang zu denken. Zunächst folgt die KFH Freiburg mit diesem Studiengang einem Weg, den sie bereits früher mit der Einrichtung der Studiengänge für Pflegemanagement, Pflegepädagogik und Therapiemanagement eingeschlagen hat: die Weiterqualifizierung von besonders kompetenten Absolventinnen und Absolventen von Fachschulen für besondere Aufgaben des Unterrichts und der Leitung.

6 Literatur

Arnold, Rolf (1996): Weiterbildung. München
Arnold, Rolf/Krämer-Stürzl, Antje/Siebert, Horst (1999): Dozentenleitfaden. Berlin
Balgo, Rolf (1999): Wie können wir etwas über das Wissen wissen, über das Lernen lernen und über das Lehren lehren. In: System Schule. Jg. 1/4, S. 118
Bauer, Rudolph (1988): Intermediäre Hilfesysteme personenbezogener Dienstleistungen in zehn Ländern. In: Bauer, R./Tränhardt, A.-M. (Hrsg.): Verbandliche Wohlfahrtspflege im internationalen Vergleich. Opladen, S. 9–30
Baumert, Jürgen (1998): Internationale Schulleistungsvergleiche. In: Rost, D.H. (Hrsg.): Handwörterbuch Pädagogische Psychologie. Weinheim, S. 219–225
Biehal, Franz (Hrsg.) (1994): Lean Service. Bern (2. Aufl.)
Dewey, John (1981): The later works, 1925–1953. Southern Illinois University Press
Fthenakis, Wassilios E./Oberhuemer, Pamela (Hrsg.) (2004): Frühpädagogik international. Wiesbaden
Hochschulrektorenkonferenz (Hrsg.) (2004a): Metaevaluation. Evaluation von Studium und Lehre auf dem Prüfstand. Zwischenbilanz und Konsequenzen für die Zukunft. Beiträge zur Hochschulpolitik (5). Bonn
Hochschulrektorenkonferenz (Hrsg.) (2004b): 2003 Guide Assurance at Higher Education Institutions. A Progress Report and the Results of a Survey of the Quality Assurance Project. Beiträge zur Hochschulpolitik (6). Bonn
Hochschulrektorenkonferenz (Hrsg.) (2004c): Bologna-Reader. Beiträge zur Hochschulpolitik (8). Bonn
Kösler, Edgar (2003): Lebensbegleitendes Lernen von Erwachsenen mit geistiger Behinderung im Spannungsfeld individueller Bedürfnisse und gesellschaftlicher Erfordernisse. In: Pielmaier, H./Steinebach, Ch. (Hrsg.): Gesichter der Heilpädagogik: Freiburger Perspektiven. Heidelberg, S. 55–78
Kösler, Edgar/Steinebach, Christoph (2001): Bericht über die Evaluation des Kurses für Leiterinnen und Leiter von Schulkindergärten. Freiburg
Law, Lai-Chong (2000): Die Überwindung der Kluft zwischen Wissen und Handeln aus situativer Sicht. In: Mandl, H./Gerstenmaier, J. (Hrsg.): Die Kluft zwischen Wissen und Handeln. Göttingen, S. 253–287
Law, Lai-Chong/Wong, Patricia (1996): Expertise and Instructional Design. In: Gruber, H./Ziegler, A. (Hrsg.): Expertiseforschung. Opladen, S. 115–147
Norman, Richard (1987): Dienstleistungsunternehmen. Hamburg

Reinmann-Rothmeier, Gabi/Mandl, Heinz (1996): Lehren im Erwachsenenalter. Auffassung von Lehren und Lernen, Prinzipien und Methoden. In: Weinert, F./Mandl, H. (Hrsg.): Psychologie der Erwachsenenbildung. Göttingen, S. 355–399
Seiberth, Peter (1996): Sozialmanagement. Effizienz und Effektivität auch in Non-Profit-Unternehmen. Fachtagung der Friedrich-Naumann-Stiftung: Privatisierung als Chance zur Normalisierung? Konstanz
Steinebach, Christoph (2003): Pädagogische Psychologie. Stuttgart
Steinebach, Christoph (2000): Entwicklungspsychologie. Stuttgart
Steinebach, Christoph (1997): Kinder, Krisen, Krankenhäuser. Rehabilitation zwischen Individuum und Organisation. In: Steinebach, Ch. (Hrsg.): Heilpädagogik für chronisch kranke Kinder und Jugendliche. Freiburg, S. 45–65
Steinebach, Christoph (1988): Wege zu einem integrativen Modell interdisziplinärer Frühförderung. Frühförderung interdisziplinär 7(3), S. 125–135
Steinebach, Ursula/Steinebach, Christoph (2001): Heilpädagogik im Wirkungsgefüge Kindergarten: Perspektiven der Akteure. In: Fachbereichstag Heilpädagogik (Hrsg.): Jahrbuch Heilpädagogik 2001. Impulse von Theorie und Praxis. Freiburg, S. 75–90
Steinebach, Christoph/Stöbener, André Paul (2000): Soziale Dienste in Baden-Württemberg. Personalstand und Personalentwicklung. Berlin
Stifterverband für die Deutsche Wissenschaft e.V. (2000): Credits an deutschen Hochschulen. Transparenz – Koordination – Kompatibilität. Bonn
VwV (Verwaltungsvorschrift) vom 16. August 1991, S. 399
Wissenschaftsrat (2002): Empfehlungen zur Entwicklung der Fachhochschulen. Köln

Gemeinsame Aus- und Weiterbildung von Grundschullehrerinnen und Erzieherinnen

Ursula Carle, Ilse Wehrmann

1	Ausgangslage und Entwicklungsweg	198
2	Struktur und Inhalt des »Weiterbildenden Studiums Frühkindliche Bildung«	199
3	Bachelor of Arts: *Fachbezogene Bildungswissenschaft*	201
4	Das gesamte Studienangebot: *Frühkindliche Bildung*	204
5	Entwicklungsaufgaben	205
6	Entwicklung berufsrelevanter, Theorie und Praxis integrierender Ausbildungsmodule	207

Der folgende Beitrag fasst zwei Vorträge aus dem DJI-Fachforum »Reform oder Ende der ErzieherInnenausbildung?« zusammen und umreißt die Entwicklung an der Universität Bremen. Er gibt einen Rückblick auf den Entwicklungsweg und einen Ausblick auf anstehende Aufgaben bei der Abstimmung der beiden Angebote: *Weiterbildendes Studium* und *Bachelor-Master-Ausbildung*.

1 Ausgangslage und Entwicklungsweg

Im Jahre 2002 wurde das Land Bremen durch die PISA-Ergebnisse stark erschüttert. Niemand wollte glauben und akzeptieren, dass der Stadtstaat im nationalen Vergleich hinsichtlich der Bildung seiner Jugendlichen am schlechtesten abschnitt, insbesondere fiel es schwer, zur Kenntnis zu nehmen, dass es nicht gelingt, Kinder aus bildungsfernen Familien ausreichend zu fördern. Gutachter vermuteten, dass das Problem der 15-Jährigen schon im Vorschulalter grundgelegt worden sei, Bremen also zu wenig in frühkindliche Bildung investiere. Im Jahre 2003 bestätigten die IGLU-Ergebnisse (Klasse 4) die Vermutung, denn auch hier war Bremen Schlusslicht.

In allen mit Bildung befassten Einrichtungen in Bremen entstanden Initiativen, die versuchten, diese Lage zu verbessern. Auch das Land Bremen startete groß angelegte Entwicklungen sowohl im Bereich der Kindergärten, der Familienbildung als auch im Schulbereich. Diese Aufbruchstimmung setzte sich auch an der Universität Bremen fort, viele Fachbereiche beteiligten sich: So fand im Lehrgebiet Primarstufe der Zahlensommer statt, es entstand das Elisa-Lab (entdeckendes Lernen im Sachunterricht), und beide Initiativen weiteten sich schnell von der Schule in den Kindergarten aus. Zudem wurde das groß angelegte Projekt »Frühes Lernen – Kindergarten und Grundschule kooperieren« in Bremen durch die Universität wissenschaftlich begleitet. Populäre Wissenschaftler aus der Hirnforschung unterstützten den Trend: »Auf den Anfang kommt es an«.

In diesem Kontext schlossen sich der Landesverband der Evangelischen Kindertagesstätten und das Zentrum für Weiterbildung an der Universität zusammen und gründeten eine Initiative zur Entwicklung eines *Weiterbildenden Studiums für ErzieherInnen und Grundschullehrkräfte*. Das Zentrum für Weiterbildung akquirierte ein interdisziplinäres Team von internen und externen Wissenschaftlerinnen und Wissenschaftlern sowie Fachleuten aus der Praxis, das

das *Weiterbildende Studium Frühkindliche Bildung* konzipierte. Die Auseinandersetzung mit internationalen Standards der Ausbildung für »Frühkindliche Bildung«, mit internationalen und den neueren deutschen Bildungsplanentwürfen für Kindergärten, mit veränderten Entwicklungen im Berufsfeld von Erzieherinnen und Erziehern eröffnete – gestärkt durch den interdisziplinären Diskurs zwischen Grundschulpädagogik, Sozialpädagogik, Fachdidaktik – dem Entwicklungsteam neue Perspektiven.

Durch die Erkenntnisse im Projekt »Frühes Lernen« war schnell klar, dass LehrerInnen und ErzieherInnen in der Lage sein müssen, die persönlichen Bildungsgänge der Kinder zu verstehen. Das bedeutet angesichts der Heterogenität der Entwicklungswege und -geschwindigkeiten der Kinder, dass Ausbildung sich nicht auf einen engen Zielgruppenbereich von entweder Kindergarten oder Schule beschränken darf. Denn der Entwicklungsunterschied der Kinder beim Schuleintritt beträgt circa vier Jahre. Als ein gravierendes pädagogisches Hemmnis stellten sich gegenseitige Vorbehalte zwischen Schul- und Kindergartenpersonal heraus. Was lag also näher, als eine weitgehend gemeinsame Weiterbildung für beide zu konzipieren, damit sich beide Bereiche einander annähern.

Im Zuge der Umstellung der Lehrerausbildung in eine Bachelor-Master-Struktur ergab sich noch während der Entwicklung des *Weiterbildenden Studiums* die Möglichkeit, die grundständige Ausbildung von ErzieherInnen einzuplanen. Die Ausschreibung der Robert Bosch Stiftung zur Akademisierung der ErzieherInnen-Ausbildung war ein zusätzlicher Anreiz, dieses Vorhaben anzugehen.

2 Struktur und Inhalt des »Weiterbildenden Studiums Frühkindliche Bildung«

Das *Weiterbildende Studium* wurde im Sommer 2004 mit 50 Studierenden eröffnet. Es folgt der Prämisse Wissenschaftsorientierung, d. h. wissenschaftlicher Fundierung, Berücksichtigung des aktuellen Forschungsstandes, und es nimmt den universitären Anspruch an methodisches Arbeiten und Reflexion ernst. Zugleich ist es praxis- und transferorientiert, d. h. es stellt solche Themenfelder in den Mittelpunkt, die für die berufliche Praxis wichtig sind. Praxiserfahrungen der Teilnehmenden sind Ausgangspunkt der Lehr-Lern-Prozesse. Das Angebot strebt konkret im Berufsalltag verwertbare

Ergebnisse an und unterstützt beim Transfer des Gelernten in die Praxis.

Die Studierenden sind staatlich anerkannte ErzieherInnen (Fachschulabschluss) oder GrundschulpädagogInnen mit dem Ersten Staatsexamen bzw. Bachelorabschluss und zusätzlich jeweils drei Jahren einschlägiger Berufspraxis. Vor diesem Erfahrungshintergrund führt das Spannungsfeld des Angebots zwischen einem hohen wissenschaftlichen und einem gleichermaßen hohen praktischen Anspruch nach der Erfahrung im ersten Jahr zu guten bis sehr guten Leistungen der Studierenden, die in weiten Teilen die üblichen Leistungen in einem grundständigen Studium deshalb übertreffen, weil sie an der beruflichen Erfahrung reflektiert sind.

Das Studium ist zusammengesetzt aus einem Grundlagenmodul, zwei Wahlpflichtmodulen (A und B) sowie einem breiten Spektrum an Wahlpflichtveranstaltungen. Die einzelnen Module gliedern sich in verschiedene Bereiche. So enthält beispielsweise das Modul A1 »Kommunikation und Sprache« die Bereiche:
- Sprache, Spracherwerb und Sprachentwicklung
- Handlungswissen: Kommunikation
- Grundlagenwissen: Sprachauffälligkeiten und Mehrsprachigkeit
- Handlungswissen: Sprachförderung.

Abbildung 1: Aufbau des »Weiterbildenden Studiums *Frühkindliche Bildung*«

Das Modul B1 »Soziale, individuelle und strukturelle Übergangsprozesse« gliedert sich in die Bereiche:
- Unterstützung der Übergänge in der kindlichen Entwicklung
- Diagnostisches Handeln in Übergangsprozessen
- Kooperation der an Übergangsprozessen beteiligten Institutionen.

Die Veranstaltungen finden in fünf Blockwochen im Jahr statt. Das Studium dauert berufsbegleitend zwei Jahre (4 Semester). Der erste Kurs endet im Frühjahr 2006. Im Januar 2006 beginnt der zweite Durchlauf. Bei erfolgreichem Bestehen erhalten die Studierenden das Zertifikat »Frühkindliche Bildung« der Universität Bremen. Es schließt die fachgebundene Hochschulreife mit ein. Das Studienangebot ist zudem durch die Modularisierung leicht bewertbar geworden. Die gesammelten Credits können im Falle eines späteren Studiums angerechnet werden. Da es sich um ein weiterbildendes Studium handelt, muss es sich selbst finanziell tragen. Die Kosten belaufen sich auf 870 Euro pro Semester, d.h. insgesamt 3.480 Euro. Im ersten Durchlauf wurden sehr viele Studierende von ihrem Arbeitgeber nicht nur für die Studienwochen freigestellt, sondern sie bekamen auch Teile der oder die gesamte Studiengebühr erstattet.

Im Oktober 2004 wurde das *Weiterbildende Studium* mit dem Deutschen Arbeitgeberpreis für Bildung ausgezeichnet.

3   Bachelor of Arts: *Fachbezogene Bildungswissenschaft*

Die Ausbildung im Bachelor ist polyvalent, d.h. auf schulische und auf nicht-schulische Berufsfelder ausgerichtet. Ein Bachelorabschluss qualifiziert also noch nicht für das Lehramt an öffentlichen Schulen, sondern muss durch ein Masterstudium mit dem Abschluss Master of Education ergänzt werden. Dasselbe soll auch für die ErzieherInnenausbildung an der Universität Bremen gelten, denn sie wird eng gekoppelt mit der Lehrerausbildung stattfinden. Für den Elementar-, Grundschul- und Sekundarschulbereich wurde ein gemeinsamer Studiengang mit einem eigenständigen Studiengangprofil konzipiert: der BA »Fachbezogene Bildungswissenschaften«. Organisatorisch drei Fachbereichen (Erziehungswissenschaften, Mathematik, Sprachwissenschaften) zugeordnet, bildet er ein Dach, unter dem die Ausbildung einheitlich strukturiert ist und alle Studierenden mit den angestrebten Berufsfeldern »Lehramt an Grund- und Sekundarschulen« und »außerschulischer Erziehungs- und Bildungsbereich« immatrikuliert werden.

Abbildung 2: Aufbau des Bachelor of Arts *Fachbezogene Bildungswissenschaft*

	Studienaufbau des BA Fachbezogene Bildungswissenschaften (Elementarbereich, Grund- und Sekundarschulen)				
3. Studienjahr	Bachelorarbeit in einem der Sachfächer einschließlich Fachdidaktik oder in Erziehungswissenschaft (15 cp) 8%				
2. Studienjahr	Fach A[1] (Deutsch, Elementarmathematik, Fremdsprache)[2]	Fach B (alle zugelassenen Fächer)[3]	Fachdidaktik Fach A Fachdidaktik Fach B inkl. je 1 Praktikum	Erziehungswissenschaft inkl. Praktikum	Schlüsselqualifikationen inkl. Orientierungspraktikum
1. Studienjahr					
Summe CP (Credit Points)	45	45	30	30	15

Im Studiengang soll ein Grundverständnis für die Zusammenhänge zwischen exemplarischen Aspekten aus dem weiten Spektrum der Fachdisziplinen und dem Bildungsprozess von Kindern und Jugendlichen forschungsbasiert und anwendungsorientiert aufgebaut werden. In den Wahlfächern und in Erziehungswissenschaften sollen in die grundlegende Methodik eingeführt, die Basis für analytisches Denken und selbstständiges, wissenschaftliches Arbeiten gelegt sowie die Fähigkeit zur Reflexion entwickelt werden. Die beteiligten Fächer zeichnen sich durch praxisorientierte Forschungsprojekte aus, die Grundlage für einen unmittelbaren Bezug zwischen Lehrangebot und Forschung darstellen. Studierende erhalten die Möglichkeit, sich an den Forschungsprojekten zu beteiligen (z.B. im Rahmen von Schulbegleitforschung in der Sekundarstufe, von Lehr-Lernforschung und systemischer (Schul-)Entwicklungsforschung im Elementar- und Primarbereich).

Das Bachelor-Studium qualifiziert für Tätigkeiten in Kindertageseinrichtungen, in Horten, in Schulen und in außerschulischen Bildungseinrichtungen. Absolventinnen und Absolventen des Studiengangs sind spezialisiert auf die Unterstützung von Kindern und Jugendlichen in domänespezifischen Bildungsprozessen, z.B. im

---

1 Für die Stufenschwerpunkte Elementarbereich (E) und Grundschule (GS) muss Deutsch oder Elementarmathematik als Fach A gewählt werden.
2 Elementarbereich: Fremdsprache Englisch (noch in Planung).
3 Im Schwerpunkt E und GS dürfen Deutsch und Elementarmathematik nicht kombiniert werden – für den Elementarbereich steht derzeit nur »Interdisziplinäre Sachbildung« als Fach B zur Verfügung.

Schriftspracherwerb (von den »Vorläuferkompetenzen« in der frühen Kindheit bis zum kompetenten Gebrauch der Schrift als Kommunikationsmittel). Hierfür ist eine profunde Kenntnis der fachwissenschaftlichen Grundlagen genauso erforderlich, wie die Kenntnis der aktuellen Forschung zu Bildungsprozessen. Institutionalisierte Bildungsprozesse beinhalten immer auch Erziehung und Betreuung, stellen Beurteilungs- und Beratungsaufgaben, erfordern individuelle Förderung und die Integration der Lerngemeinschaft. Der Bachelor »Fachbezogene Bildungswissenschaften« (Elementarbereich, Grund- und Sekundarschulen) hat das Ziel, diese Spannweite der Aufgaben durch einen gestuften Aufbau der vier Praktika auch im Studium deutlich werden zu lassen.

Das besondere Profil des Studiengangs »Bachelor *Fachbezogene Bildungswissenschaften*« ist gekennzeichnet durch eine starke Kohärenz des Gesamtangebots. Grundlage ist eine enge Kooperation im Professionalisierungsbereich, wodurch eine gute Abstimmung der Inhalte zwischen den Fächern und mit der Erziehungswissenschaft gesichert ist. Gleichzeitig besteht für die Studierenden die Möglichkeit, sich mit bis zu einem Drittel des Lehrangebots für Elementarbereich, Grund- oder Sekundarschulen zu spezialisieren, ohne dass dadurch die Möglichkeit verstellt wäre, den gewählten Stufenschwerpunkt zu wechseln. Die Studienberatung der Fächer stellt sicher, dass die Studierenden je nach Studienverlauf nötige Übergangsangebote im Falle eines Stufenwechsels unkompliziert auffinden.

Innovativ in Deutschland ist der Einbezug des Elementarbereichs als bildungswissenschaftlich fundiertes Berufsfeld. Absolventinnen und Absolventen sollen nicht nur den schulischen Standards, sondern auch den Anforderungen der Bildungspläne im Elementarbereich gerecht werden können, die die Basis für die schulischen Bildungsprozesse beschreiben. Damit entspricht der BA »Fachbezogene Bildungswissenschaften« internationalen Gepflogenheiten einer einheitlichen Ausbildung des Lehrpersonals für Kinder von 0 bis 16 Jahren. Internationale Doppelabschlüsse werden angestrebt. Derzeit bestehen Verhandlungen mit der Freien Universität Bozen.

4 Das gesamte Studienangebot: *Frühkindliche Bildung*

Das Gesamtprogramm zur Akademisierung der ErzieherInnenausbildung an der Universität Bremen soll künftig folgende Bereiche umfassen:
- Bachelor
- Master of Education
- Promotionsstudium
- Weiterbildendes Studium
- Weiterbildungskurse.

Abbildung 3: Das gesamte Studienangebot *Frühkindliche Bildung*

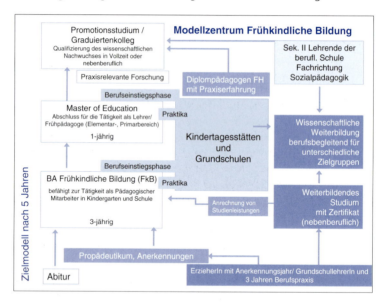

Der Bachelorabschluss qualifiziert je nach Studienportfolio zur Spezialistin/zum Spezialisten für bereichsspezifische Entwicklung und frühkindliche Bildung in mathematischen, sprachlichen, naturwissenschaftlichen, sozialen, ästhetischen und lernmethodischen Bereichen.

Der Masterabschluss wird je nach Masterprogramm für institutionelle Entwicklungsprozesse sowie Community Education im

Kita-Bereich qualifizieren oder für Integrationspädagogik (»Inklusive Pädagogik«) bzw. für das Lehramt.

Geplant ist außerdem ein Promotionsstudium zur Qualifizierung des wissenschaftlichen Nachwuchses.

5 Entwicklungsaufgaben

Der Aufbau dieses Studienangebots bringt erhebliche Entwicklungsaufgaben mit sich, da an der Universität Bremen bisher »Frühkindliche Bildung« in der Lehre nicht vertreten war. Gleichwohl sind Erfahrungen im Bereich der Forschung vorhanden, insbesondere an der Schnittstelle von Kindergarten zu Schule. Es sollen also in jedem Fach und im Bereich Schlüsselqualifikationen sowie im Professionalisierungsbereich Differenzierungsmodule neu entwickelt werden, die geeignet sind, auf das Berufsfeld Kindertageseinrichtung vorzubereiten.

Bachelorprogramm und Masterprogramm müssen schließlich akkreditiert werden, ohne dass es zu Doppelakkreditierungen kommt, aber dennoch so, dass das jeweilige Profil des Elementarbereichs deutlich wird. Für die Internationalisierung muss schließlich ebenfalls ein Studienprogramm ausgearbeitet werden, das einen Doppelabschluss ermöglicht.

Probleme gibt es heute noch beim Einstieg in den Bachelor, wenn Interessierte mit Berufspraxis, jedoch ohne Allgemeine Hochschulreife, studieren wollen. Hier sollen Einstiegsinterfaces entwickelt und Anrechnungsmöglichkeiten erarbeitet werden. Anrechnungsmöglichkeiten werden auch für den Übergang vom *Weiterbildenden Studium* in den Bachelor benötigt, da man mit dem Weiterbildenden Studium zugleich auch die fachgebundene Hochschulzugangsberechtigung erwerben kann. Mit dem Abschluss der Weiterbildung haben die Studierenden bereits mehr als ein Sechstel der Credit-Points gesammelt, die für den Bachelorabschluss erforderlich sind.

Das Praktikumskonzept stellt eine große Herausforderung dar, da die Kindergärten nicht darauf eingestellt sind, so viele Studierende der Universität für ein Praktikum aufzunehmen. Da sich der Bedarf durch die Vielzahl der Praktika aufschichtet, werden nach drei Jahren bereits rund 240 Praktikumsplätze erforderlich, die sich auf zwei Zeitpunkte im Jahr ungleich verteilen. Die Mentorinnen in den Kindertagesstätten müssen sukzessive so ausgebildet werden, dass sie die verschiedenen Praktika in geeigneter Weise betreuen können. Diese Ausbildung wird als modularisierter Weiterbildungskurs konzipiert und ebenfalls vom Zentrum für Weiterbildung der Universität in Kooperation mit den Fachbereichen durchgeführt. Die Module können später ebenfalls für weitere Studien angerechnet werden. Praxisforschung und Modellkindergärten sollen helfen, eine geeignete Wissensbasis aufzubauen.

Eine solche Reihe an Anforderungen schreibt sich leicht. In der Realität ist der Prozess, in einem Bachelorprogramm verschiedene berufliche Ziele lediglich mit möglichst wenigen Differenzierungsangeboten zielgenau zu bedienen, ein schwieriges Unterfangen. Zwar haben Kindergarten und Schule als Institutionen historisch gemeinsame pädagogische Wellen durchlebt. Sie besitzen auch deutliche Gemeinsamkeiten schon deshalb, weil die Kinder sich beim Übergang von einer in die andere Einrichtung nicht schlagartig verändern, beide Einrichtungen also für dieselben Kinder da sind. Sucht man aber beispielsweise in Fachbüchern nach einem Äquivalenzbegriff für eine Sache im Kindergarten, die in der Schule Unterricht genannt wird, bekommt man erhebliche Schwierigkeiten. Beobachtet man Kindergartenalltag und Schulalltag, so stellt man fest, dass beide Bereiche in der Regel straff organisierten Abläufen folgen. Während Schule sich mit dieser Behauptung völlig einverstanden erklärt, herrscht im Kindergarten der Mythos vor, jene straffe Ablauforganisation gäbe es nicht, folglich könne man auch nicht von Standardsituationen sprechen, die Studierende kennen lernen sollten. Aus diesen Gründen führen wir an der Universität eine vergleichende Studie durch, die die Arbeitstätigkeit beider Professionen vergleicht, um die ausschließlich professionsbezogen legitimierten Differenzierungsangebote auf wissenschaftlich gesicherte Füße zu stellen.

Bedenkt man schließlich, dass eine neue Ausbildung auch ein neues Praxisfeld für diesen entstehenden Beruf benötigt, dann wird deutlich, wie komplex ein Projekt wird, das die gemeinsame Ausbildung von Bildungsfachleuten für Kinder von 0 bis 16 Jahren erfordert.

6 Entwicklung berufsrelevanter, Theorie und Praxis integrierender Ausbildungsmodule

Zusammenfassend haben wir mit dem Projekt folgende Aufgaben übernommen:
- Forschungsbasiertes Entwickeln geeigneter Differenzierungsangebote speziell für den frühkindlichen Bereich
- Internationale Kooperation, Orientierung an internationalen Standards
- Nationale Kooperation im Rahmen der Initiative der Robert Bosch Stiftung – und darüber hinaus
- Regionale Kooperation, Nutzung der Ressourcen aus Wissenschaft (vorhandene Forschung), Ausbildungserfahrung (Fachschule) und Praxis (Kita-Träger).

Diese große Aufgabe wird nur dann gelingen, wenn alle beteiligten Personen und Institutionen mit langem Atem die Entwicklung kontinuierlich gemeinsam weiter vorantreiben.

30 Jahre Ausbildungsreform – kritische Anmerkungen eines Insiders
Roger Prott

1	Beruf und Berufsbild	212
1.1	Sozialpädagogik als Bezugssystem	212
1.2	Frauen und Männer	213
1.3	Bezahlung als gesellschaftliche Anerkennung	214
1.4	Ausbildungsdauer	215
1.5	Europa	216
2	Tätigkeitsmerkmale und Praxis	219
2.1	Aufgaben für die Erzieherinnen	219
2.2	Anforderungen – praktisch	222
3	Ausbildung und Ausbilder	223
3.1	Theorie-Praxis-Verhältnis	224
3.2	Verschulte Strukturen	225
3.3	Studiengänge für den Elementarbereich	226
3.4	Ausbildung der Ausbilder	227
4	Schlussbemerkung	228

Der *Beruf des Erziehers* bundesrepublikanischer Prägung ist nur wenig älter als die Kritik an ihm. Er wurde zwischen 1962 und 1972 durch Zusammenlegung der Ausbildung zum Heimerzieher mit den bereits 1928 vereinigten Kindergärtnerinnen- und Hortnerinnenausbildungen entwickelt und etabliert[1]. Dies geschah in allen Bundesländern in ähnlicher Weise, doch verschieden im Hinblick auf die jeweiligen Voraussetzungen, Möglichkeiten und politischen Absichten. Trägerverbände und Gewerkschaften, Ausbildungsstellen und Ministerien trugen mit Stellungnahmen und Vorschlägen zu diesem Prozess bei.[2]

Die Kultusministerkonferenz einigte sich 1967 auf eine erste Rahmenvereinbarung. Bereits im Jahr 1970 formulierte der Deutsche Bildungsrat eine radikale Kritik am formalen Ausbildungsniveau der Fachkräfte in den Kindergärten. Er empfahl: »Für die Erfüllung der neuen Aufgaben im Elementarbereich wäre der Einsatz von Sozialpädagogen als allein vollausgebildeten Fachkräften im Elementarbereich wünschenswert, wenn nicht überhaupt eine Eingliederung der Fachkräfteausbildung in die Lehrerausbildung, wenigstens für die Leiter der Kindergärten, erfolgt.«[3]

Dieser Satz fasst im Grunde die gegenwärtige Diskussion um die derzeitigen Fachkräfte in den Kindergärten, um aktuelle Initiativen und mögliche Entwicklungen zusammen. Seit *PISA* werden die hohen gesellschaftspolitischen Erwartungen an den Elementarbereich, die zwischenzeitlich durch andere Themen überlagert waren, wieder deutlich. Der Elementarbereich wird – erneut – mit anspruchsvollen Aufgabenzuschreibungen (Bildung, Chancengerechtigkeit/Integration, Vereinbarkeit von Beruf und Familie) befrachtet.[4] Die Ausbildung der Fachkräfte ist noch immer auf Fachschulniveau angesiedelt; jedoch haben erste spezielle Studiengänge ihre Arbeit aufgenommen, ein gemeinsames Grundstudium

---

1 Derschau, Dietrich von (1997): »Erzieher/in«; Stichwort in: Deutscher Verein: Fachlexikon der sozialen Arbeit. 4. Aufl., Frankfurt am Main, S. 281.
2 Vgl. Bundesminister für Jugend und Familie (1986): Zweiter Jugendbericht – Aus- und Fortbildung der Mitarbeiter in der Jugendhilfe. Bonn, S. 1ff.
3 Deutscher Bildungsrat (1970): Empfehlungen der Bildungskommission, Strukturplan für das Bildungswesen. Stuttgart, Zitat aus der Taschenausgabe von 1973, S. 118f.
4 Gesetz zum qualitätsorientierten und bedarfsgerechten Ausbau der Tagesbetreuung für Kinder (Tagesbetreuungsausbaugesetz – TAG), Stand: 1.1.2005

von Sozial- und Grundschulpädagogen darf als Vision in die Diskussion einfließen.⁵

Die Kritik an der Erzieherinnenausbildung fand jedoch nicht nur 1970 und in den Jahren ab 2000 statt. In unbestimmten Abständen wurden der Erzieherinnenberuf und seine Zukunft grundlegend in Frage gestellt⁶, wurde Kritik an Berufsbild und Ausbildung der Erzieherin aufgenommen und wurden diese den wechselnden Anforderungen angepasst. Als Resultate kündeten die jeweils neuesten Rahmenvereinbarungen der Kultusministerkonferenz davon.

Die Vorstellung einer akademischen Ausbildung für den Elementarbereich des Deutschen Bildungsrates aus dem Jahr 1970 wurde bis vor kurzem nicht intensiv verfolgt. Stattdessen richteten sich die Vorschläge von Ende der 1970er- bis etwa Mitte der 1980er-Jahre am Leitbild der Professionalisierung aus, bis dann um die Jahrtausendwende erneut die Idee von der Akademisierung des Erzieherinnenberufs Raum griff. Es erhebt sich jedoch die Frage, ob mit der Akademisierung die Probleme im Praxisfeld wirklich gelöst werden können. Auffällig ist, dass die Begründungen für eine Akademisierung substanziell den Argumenten der Professionalisierungsdebatte der 1980er-Jahre gleichen. Diese Frage gewinnt an Gewicht, wenn man bedenkt, dass die Akademisierungsdebatte eine Folge des Bolognaprozesses ist, bei dem es doch nicht um die Professionalisierung des Erzieherinnenberufes, sondern um die Zukunftsperspektiven von Fachhochschulen und Hochschulen geht (vgl. Th. Rauschenbach in diesem Band).

In diesem Spannungsfeld unterschiedlicher Interessenslagen und Sichtweisen ist der folgende Beitrag verortet. Für die folgenden drei relevanten Themenfelder
1. Beruf/Berufsbild
2. Tätigkeitsmerkmale/Praxis – und
3. Ausbildung/Ausbilder
werden unterschiedliche und widersprüchliche Argumentationslinien erörtert.

---

5 Aus der Fülle der Literatur z. B.: GEW Hauptvorstand (1999): Reform der Erzieherinnenausbildung. Frankfurt am Main; BMFSFJ (Hrsg.) (2003): Auf den Anfang kommt es an. Weinheim, S. 155ff.; Wehrmann, Ilse (Hrsg.) (2004): Kindergärten und ihre Zukunft. Weinheim, S. 456ff.
6 Rabe-Kleberg, Ursula (1986): Erzieherin – ein Frauenberuf nach 150 Jahren am Ende? In: Rabe-Kleberg u. a.: Qualifikationen für Erzieherarbeit, Band 3. München, S. 7f.

1 Beruf und Berufsbild

1.1 Sozialpädagogik als Bezugssystem

Die OECD hebt in ihrem Länderbericht zur Bundesrepublik Deutschland den besonderen Wert der sozialpädagogischen Grundlagen des Erzieherinnenberufs mit der gleichberechtigten Integration der drei Teilkonzepte Bildung, Erziehung und Betreuung hervor.[7]

Innerhalb Deutschlands hingegen entzündete sich die aktuelle Kritik an Praxis und Ausbildung der Erzieherinnen einerseits im Anschluss an Untersuchungen zur Qualität der Kindergärten[8], andererseits in der Folge von *PISA* an Befürchtungen bzw. Behauptungen, den Kindern würden zu wenig Bildungsangebote in Mathematik und Naturwissenschaften zuteil. Danach würde zu wenig auf die Schule und ihre Leistungen hingearbeitet, weil im Kindergarten *das Soziale* dominiere. Nun müsse der Kindergarten sich – endlich – zu einer Bildungseinrichtung wandeln.[9]

Der Zweite Jugendbericht der Bundesregierung hingegen wies bereits 1968 auf die Bildungsaufgaben einschließlich der sozialen Elemente von Bildung hin: »Das Berufsbild der Kindergärtnerin und Hortnerin liegt zwischen dem Erziehungsbereich der Familie und dem der Schule, es schließt Bildung, Erziehung und Pflege des jungen Menschen ein. Im Mitleben mit den Kindern liegen Bildungselemente, die bewußt gepflegt werden müssen.«[10]

Offensichtlich gab oder gibt es einen gesellschaftlichen Definitions- und Abstimmungsbedarf über die Kriterien zur Anerkennung einer Institution als Bildungseinrichtung. Die Diskrepanz beleuchtet einige der alten, ungelösten Fragen des Elementarbereiches: In welchem Umfang ist der frühkindliche Bildungsauftrag umzusetzen? Wann kann eine Einrichtung »mit Fug und Recht« behaupten, dass sie den Bildungsauftrag umsetzt? In welchem Verhältnis stehen quantitativ und qualitativ die drei Teilbereiche Bildung, Erziehung und Betreuung?

Die in den letzten Jahren in Reaktion auf die PISA-Studie entstandenen Bildungsprogramme der Bundesländer setzen einen deut-

---

7 OECD (2004): Die Politik der frühkindlichen Betreuung, Bildung und Erziehung in der Bundesrepublik Deutschland – Ein Länderbericht der Organisation für wirtschaftliche Zusammenarbeit und Entwicklung. Paris, S. 23f.
8 Tietze, Wolfgang (Hrsg.) (2005): Wie gut sind unsere Kindergärten? Neuwied/Kriftel/Berlin 1998.
9 Stellvertretend: McKinsey & Company (2005): Eine Chance für Neugier. Berlin.
10 Der Bundesminister für Familie und Jugend (1968): Zweiter Jugendbericht. Bonn, S. 59.

lichen Anspruch auf Anhebung und Sicherung der Qualität von Bildung, Betreuung und Erziehung. Dennoch ist ein Bildungsplan noch kein praxistaugliches Konzept. Dafür bedarf es weiterer Umsetzungsschritte, die nicht alleine von den Mitarbeiterinnen in den Kindertageseinrichtungen geleistet werden können. Allerdings scheinen die Verantwortlichen in allen Bundesländern davon auszugehen, dass die Qualifikation der Erzieherinnen grundsätzlich ausreicht, um die Programme Praxis werden zu lassen. Eine Anhebung der Formalqualifikation von Erzieherinnen wurde in keinem Bundesland zur Vorbedingung für die Umsetzung gemacht.

1.2 Frauen und Männer

Fröbel wollte die gebildetsten Männer als Pädagogen für seinen Kindergarten. Die gesellschaftliche Entwicklung führte allerdings zu einem Frauenberuf: der Kindergärtnerin. Erst nach 120 Jahren, Mitte der 1960er-Jahre, mussten die Kindergärtnerinnen (und mit ihnen die Hortnerinnen) ihre Berufsbezeichnung ändern. Durch die damalige Reform wurden sie alle zu *Erziehern*, die eine *Erzieher*arbeit ausübten, welche den erfolgreichen Abschluss einer *Erzieher*ausbildung voraussetzte. Die männliche Bezeichnung des neuen Berufes wurde einem allgemeinen Trend entsprechend eingeführt. Sie sollte zugleich die Seriosität eines echten Berufes ausstrahlen[11] und ein gestiegenes Ausbildungsniveau signalisieren, das dann prompt als zu sehr verwissenschaftlicht bzw. theorielastig kritisiert wurde (s. u.).

Im Hinblick auf das tatsächliche Zahlenverhältnis zwischen weiblichen und männlichen Fachkräften lässt sich eine Diskrepanz zwischen der empirischen Tatsache eines nahezu hundertprozentigen Anteils von Frauen in Kindertageseinrichtungen und dem normativen Anspruch nach einem angestrebten zwanzigprozentigen Anteil von Männern feststellen.[12] Doch trotz des geringen Anteils männlicher Fachkräfte[13], der noch weit unter den auch hierzulande

---

11 Harms, Gerd/Prott, Roger (1986): Widersprüche. In: Rabe-Kleberg u.a.: Qualifikationen für Erzieherarbeit, Band 3. München, S.129ff.
12 Netzwerk Kinderbetreuung der EU (1996): 40 Vorschläge für ein 10jähriges Aktionsprogramm. Brüssel.
13 2,5 % aller Erziehungskräfte im direkten Kontakt mit Kindern; 4% im gesamten Arbeitsfeld. Quelle: DJI (2005): Zahlenspiegel. München, S. 203.

als wünschenswert angesehenen Margen liegt[14], ruft eine durchgehend weibliche Berufsbezeichnung fast immer Widerspruch hervor[15] – vielleicht um Interessenten nicht abzuschrecken?

Geringe Bezahlung und geringer Status werden als Gründe für den Männermangel im Erzieherinnenberuf häufig genannt. Zu wenig in den Blick genommen werden die noch immer wirksamen normativen, historisch gefestigten Rollenzuschreibungen, die Frauen ein besonderes, soziales, Arbeitsvermögen attestieren.[16] Übernimmt man diese Einschätzung, dann sind wohl zu Recht so viele Frauen in diesem Feld tätig. Strebt man trotzdem einen höheren Männeranteil in den Kindertageseinrichtungen an, müsste endlich geklärt werden, welche Rolle den Männern im Kontext von Gender-Mainstreaming zukommt. Sollten sie *weibliche* Kompetenzen entwickeln und dergestalt als Lernmodell dienen? Oder sollten sie gezielt als »Gegen- oder Ergänzungsmodell« zum Weiblichen agieren, um Kindern eine breite Palette an Identifikationsmöglichkeiten zu bieten?

Zu vermuten ist, dass durch eine Klärung dieser und ähnlicher Fragen auch die Zahl der wirklichen Interessenten besser eingeschätzt werden kann als bislang. Eine Anhebung der Ausbildung auf Fachhochschulniveau klärt diese Fragen nicht.

1.3 Bezahlung als gesellschaftliche Anerkennung

Die relativ geringe Anzahl der Männer im Erzieherinnenberuf wird auf den Status als Frauenberuf zurückgeführt, der – typisch – mit einer geringen Entlohnung der Arbeitskraft aufwartet. Dies klingt schlüssig, ist aber eher kurzschlüssig. Ein so genannter Frauenberuf ist ja gerade dadurch gekennzeichnet, dass wenige Männer darin arbeiten, wie es umgekehrt ja auch für so genannte Männerberufe gilt, dass wenige Frauen ihn ergreifen. Zu ergründen wäre, warum dies so ist.

An der Vergütung kann es nicht liegen. In vielen so genannten Männerberufen werden geringere Löhne bezahlt. Erzieherinnen ver-

---

14 BMFSFJ (Hrsg.) (2004): Early Childhood Policy Review 2002–2004, Hintergrundbericht Deutschland. Berlin, S. 81f.
15 Nach Protesten/Anregungen zur Entwurfsfassung (2003) wurde im Berliner Bildungsprogramm (2004) durchgängig »Erzieherinnen« durch »Erzieherinnen und Erzieher« ersetzt.
16 Rabe-Kleberg, Ursula u. a. (1983): Qualifikationen für Erzieherarbeit, Vorwort Band 2. München, S.5.

dienen etwa so viel wie bundesdeutsche Arbeitnehmerinnen und Arbeitnehmer im Durchschnitt aller Berufe; zumindest verdienen sie nicht mehr und nicht weniger als in Berufen mit vergleichbarem Formalabschluss.[17]

Um den geringen gesellschaftlichen Status des Erzieherinnenberufs zu belegen, wird gern der Vergleich gezogen zwischen der Bezahlung der Erzieherinnen mit der Bezahlung der Grundschullehrerinnen und beider Arbeit als vergleichbar schwierig bzw. wertvoll bezeichnet. Das mag zutreffen, doch wird die Lehrerausbildung an Hochschulen absolviert und dementsprechend höher eingestuft als die Erzieherinnenausbildung. Das war auch schon so zu Zeiten, als der Anteil männlicher Grundschullehrer höher lag. Bereits damals wurden Grund- und HauptschullehrerInnen geringer bezahlt als Gymnasiallehrer, und auch das hatte mit dem Ausbildungsniveau zu tun, war jedenfalls nicht auf eine geschlechtsabhängige Vergütungsregelung zurückzuführen. Will man den Anteil von Erziehern im Elementarbereich steigern, sollten die Ursache-Wirkungs-Zusammenhänge genau analysiert werden.

Unabhängig vom Frauen-Männer-Problem rückte erst in jüngster Zeit ins Bewusstsein der Öffentlichkeit, dass das gesamte Bildungssystem in der Bundesrepublik als umgekehrte Pyramide angesehen, unterstützt und finanziert wird: mit der geringsten Qualifikation (und Vergütung) der Fachkräfte am Lebensanfang der Kinder und den meisten Pro-Kopf-Ausgaben an den Universitäten.

1.4 Ausbildungsdauer

Mangelnde gesellschaftliche Anerkennung und geringe Bezahlung der Erzieherinnen werden auch im Zusammenhang mit der Ausbildungsdauer kritisiert. Dann heißt es sinngemäß: Die Ausbildung zur Erzieherin dauert (jetzt schon) fünf Jahre. Ist es realistisch zu hoffen, dass neue Interessengruppen erschlossen werden, wenn die tarifliche Eingruppierung so bleibt?

In der Rahmenvereinbarung der Kultusministerkonferenz (KMK) zur Ausbildung und Prüfung von Erziehern/Erzieherinnen aus dem Jahr 2000 heißt es dazu: »Der gesamte Ausbildungsweg dauert unter Einbeziehung der beruflichen Vorbildung in der Regel

---

17 BMFSFJ (Hrsg.) (2004): OECD Early Childhood Policy Review 2002–2004, Hintergrundbericht Deutschland. Berlin, S. 82f.

fünf Jahre, mindestens jedoch vier Jahre. Er enthält eine in der Regel dreijährige, mindestens jedoch zweijährige Ausbildung an einer Fachschule.«[18]

Die KMK unterscheidet zwischen dem gesamten Ausbildungsweg und der eigentlichen Ausbildung, die maximal drei Jahre dauert, so wie es schon in der Rahmenvereinbarung von 1982 eindeutig zu lesen war: »Die Ausbildung dauert 3 Jahre, in die eine einjährige, überwiegend fachpraktische Ausbildung einbezogen ist.«[19]

Es ist ungewöhnlich, die Dauer einer Ausbildung und die Zeit für den Erwerb der Voraussetzungen für die Ausbildung zusammenzurechnen. Wohl niemand kommt auf die Idee, die Regelstudienzeit einer Diplom-Sozialpädagogin, einer Diplom-Pädagogin oder einer Grundschullehrerin – um in häufig gebrauchten Vergleichskategorien zu bleiben – unter Einbeziehung des zeitlichen Aufwandes für den Erwerb der Hochschulreife zu berechnen.

Ein Vergleich des Erzieherinnenberufs mit anderen Berufen ist im Hinblick auf die Dauer m.E. nur dann zulässig, wenn der gleiche Bezugspunkt gewählt wird. Immerhin ist der Einstieg in die Erzieherinnenausbildung an Fachschulen auch mit dem Abitur möglich.[20] Klar wird dann, dass die unterschiedliche Bezahlung der eben genannten Berufe neben dem Niveau und den Inhalten auch mit der Ausbildungsdauer zusammenhängt. Das Argument, die Berechnung der Gesamtzeit (entsprechend dem »gesamten Ausbildungsweg«) sei korrekt, weil regelmäßig erst der Erwerb einer beruflichen Ausbildung den Zugang zur Erzieherausbildung eröffnet, weshalb die Bezahlung insgesamt zu niedrig sei, geht in diesem Zusammenhang meiner Ansicht nach fehl. Das Argument bezieht sich auf die in der Vergangenheit übliche Gruppe von Bewerberinnen und erscheint zu wenig zukunftsgerichtet.

1.5 Europa

Mangelnde Anerkennung kommt der bundesdeutschen Erzieherinnenausbildung (angeblich) auch in Europa zu. Es heißt, Erzieherin-

---

18 Sekretariat der KMK (2000): Rahmenvereinbarung zur Ausbildung und Prüfung von Erziehern/Erzieherinnen, Beschluss vom 28.01.2000. Bonn.
19 Sekretariat der KMK (1982): Rahmenvereinbarung zur Ausbildung und Prüfung von Erziehern/Erzieherinnen, Beschluss vom 24.09.1982. Zitiert nach: AGJ: Positionspapier zur Rahmenvereinbarung. Bonn.
20 In Berlin inzwischen der vorgesehene Regeleinstieg.

nen würden in der Europäischen Union, mit Ausnahme der Bundesrepublik Deutschland und Österreich, an Hochschulen und Universitäten ausgebildet und die Bemühungen um eine europäische Anerkennung des Erzieherinnenberufes führten zu einer Sonderstellung, nicht jedoch zu einer Gleichwertigkeit mit anderen.[21] Bundesdeutsche Erzieherinnen hätten nur eingeschränkte Mobilitätschancen[22] bzw. als verschärfte Variante: Sie hätten keine Chance auf diesem riesigen Arbeitsmarkt Europa. Diese Positionen sind mindestens missverständlich; nicht immer vergleichen sie gleichartige Ausbildungen für gleichartige Berufsfelder.

Die OECD hat in ihrem Länderbericht[23] für die Bundesrepublik Deutschland den sozialpädagogischen Ansatz der Einheit von Bildung, Erziehung und Betreuung als positiv herausgestellt. Eben dieser Ansatz bringt es mit sich, dass deutsche Erzieherinnen für bloße Betreuungsaufgaben überqualifiziert sind, wohingegen sie für Bildungsaufgaben (im klassischen Verständnis des Schulsystems) unterqualifiziert sind – bei uns, wie in anderen Ländern auch. Das bedeutet: Fachkräfte, die vornehmlich Betreuungsaufgaben verrichten, werden entsprechend gering bezahlt; Fachkräfte, die anerkannte Bildungsaufgaben erfüllen, werden besser bezahlt. Es hängt nun davon ab, was als Betreuung, was als Bildung anerkannt wird.

Eine Konsequenz aus diesem Prinzip ist, dass Erzieherinnen, die beispielsweise als Zweitkraft arbeiten, so gering bezahlt werden wie Kinderpflegerinnen in dieser Position und nicht als Erzieherinnen, die als verantwortliche Gruppenleiterin arbeiten, obwohl beide die gleichen Voraussetzungen mitbringen und über größeres Potenzial verfügen als Kinderpflegerinnen oder unausgebildete Personen in solcher Position.

Der Zugang zum Schulbereich bleibt den Betreuungs-Fachkräften in allen Ländern versagt. Wer nur für geringe Aufgaben qualifiziert ist, arbeitet in entsprechender Funktion; wer als Lehrkraft arbeiten darf ebenfalls. Jedes Land definiert, was Betreuung und was Bildung ist und wer wofür wie ausgebildet werden muss, mit entsprechenden Konsequenzen für die Bezahlung.

---

21 GEW Hauptvorstand (1999): Reform der Erzieherinnenausbildung. Frankfurt, S. 19f.
22 BMFSFJ (Hrsg.) (2003): Auf den Anfang kommt es an. Weinheim, S.161.
23 OECD (Hrsg.) (2004): Die Politik der frühkindlichen Betreuung, Bildung und Erziehung in der Bundesrepublik Deutschland. Ein Länderbericht der Organisation für wirtschaftliche Zusammenarbeit und Entwicklung. Paris, 26. November 2004.

Beispiel England: Bildung *(education)* und Betreuung *(care)* sind deutlich verschieden organisiert. Im Bildungsbereich arbeiten vornehmlich *teacher*, in der Tagesbetreuung vornehmlich *nurses* sowie Fachkräfte auf dem Niveau unserer Kinderpflegerinnen oder sogar darunter.[24] Für einen Vergleich mit der Bundesrepublik Deutschland muss entschieden werden:
- Sollen die Chancen bundesrepublikanischer Erzieherinnen im englischen Schulbereich eingeschätzt werden, dann müssen ihre Chancen in unserem Schulsystem zum Vergleich herangezogen werden;
- sollen die Chancen bundesrepublikanischer Erzieherinnen in der Tagesbetreuung eingeschätzt werden, dann lässt sich anhand der Anerkennungspraxis[25] erkennen, dass diese Chancen recht gut sind, weil die Erzieherausbildung einiges wert ist.

Es mag nun sein, dass die bundesdeutschen Erzieherinnen in den Maßstäben anderer Länder »zwischen Betreuung und (schulischer) Bildung« anzusiedeln sind[26], doch mindert dies ihre Mobilitätschancen nur in Richtung höherwertiger Tätigkeiten. Grundsätzlich gilt nämlich schon länger: »Obwohl die Ausbildung in den meisten anderen Staaten spezialisierter angelegt ist, ist zwischen den Mitgliedsstaaten die wechselseitige Anerkennung inzwischen geregelt.«[27]

»Geregelt« lässt zwar offen »wie«, doch muss betont werden, dass die Arbeitschancen der Erzieherinnen in Europa formal gesichert sind. Allerdings ist die Formalqualifikation nur einer von mehreren Faktoren bei der Bestimmung der Arbeitschancen von deutschen Erzieherinnen im Ausland. Der allgemeine Personalbedarf ist ein weiterer Faktor ebenso wie die überaus wichtigen individuellen Voraussetzungen: Berufserfahrung, Fort- und Weiterbildung u. a. Hieran gemessen, sind die Berufs- und Aufstiegschancen so ziemlich überall anderswo besser als in dem uns vertrauten, doch fast undurchlässigen Ausbildungssystem.

---

24 Als qualifizierte Fachkraft gilt, wer eine mindestens halbjährige Ausbildung durchlaufen hat.
25 Zuständig: National Academic Recognition Information Centre for the United Kingdom; www.naric.org.uk. Vgl. auch: The Play and Early Years Training Unit (Peytu) (2003): Play and Early Years Training Directory, Bristol.
26 Noch einmal: wie hierzulande auch!
27 Vgl. Fußnote 1.

Exkurs DDR

Bislang wurden in der Darstellung – wie fast immer, wenn es um die Erzieherinnenausbildung geht – die Traditionslinien der bundesrepublikanischen Entwicklung verfolgt. Wenigstens erwähnt werden muss, dass in der DDR manches in einer Weise organisiert und geklärt war, was erst jetzt hier zum Thema wird, allerdings ohne dass dieser Bezug hergestellt wird.

Wenn beispielsweise heute in der Bundesrepublik eine gemeinsame Grundausbildung von Grundschullehrerinnen und Erzieherinnen erwogen wird, dann sollte bedacht werden, dass es dies in der DDR bereits für ein Teilarbeitsfeld gab: die Horterzieherinnen. Auch die Spezialisierung der Erzieherinnen für den Kindergarten gab es, der Erzieher war keine Allroundprofession.
Die Entscheidungen der Bildungspolitik nach 1989 ignorierten das im anderen Teil Deutschlands fachpolitisch Erreichte. Die Vorbilder wurden anderswo gesucht. Zur Verdeutlichung unserer »Bildungsmisere« und zu ihrer Überwindung werden Vergleiche mit anderen europäischen Staaten, vorzugsweise den nordischen PISA-Siegern, gezogen – dabei weitgehend ignorierend, dass etwa Finnland sein Schulsystem nach DDR-Vorbild strukturierte.

2 Tätigkeitsmerkmale und Praxis

2.1 Aufgaben für die Erzieherinnen

Höhere Anforderungen an die Elementarerziehung im Kindergarten begründeten die Etablierung des Erzieherinnenberufes. Und höhere Anforderungen dienten auch in der Folge immer als Begründung für eine angeblich oder tatsächlich notwendige *grundlegende Neuorientierung* von Praxis und/oder Ausbildung.

Ein kurzer Blick auf die Anforderungen, die der Deutsche Bildungsrat an die Kompetenzen der Erzieherinnen stellte, gibt Aufschluss darüber, was bereits 1970 erwartet wurde – und zwar ungeachtet der Forderung des Rates nach einer formal höher qualifizierten Ausbildung. Im Strukturplan für das Bildungswesen heißt es sinngemäß: Die Erzieherin soll in der Ausbildung Kenntnisse in mehreren Human- und Sozialwissenschaften erwerben. Sie soll die Entwicklungsvoraussetzungen der Kinder kennen, ihre Entwicklung ständig überprüfen und entsprechende pädagogische Maßnahmen einleiten, den Gruppenprozess beobachten und leiten, entsprechende Lernziele bestimmen und umsetzen, didaktisches Material einsetzen, Kriterien und Methoden entwickeln und anwenden, um den Erfolg der eigenen Arbeit zu überprüfen.[28] Die aktuellen Anforderungen lesen sich heute kaum anders, wenn auch die *Überprüfung des Erfolgs der eigenen Arbeit* inzwischen mit *interner Evaluation* bezeichnet wird, was allerdings kaum als Beleg für die höheren Anforderungen herhalten kann.

»Neu ist, daß sich heute, aufgrund einer neuen Einschätzung der Lernfähigkeit des Kindes, der pädagogische Ansatz der Förderung schwerpunkthaft ... verlagert hat. So bekommen Lernaktivitäten ein größeres Gewicht, die auch den Kindern mehr Freude machen. Aus einem Raum der Behütung soll eine bewußt gestaltete, Kinder vorsichtig lenkende, anregende und befriedigende Lebensumwelt für Lernerfahrungen werden ... Das mag in guten Kindergärten immer schon der Fall gewesen sein; das Neue, das empfohlen wird, ist die stärkere Durchgliederung der Lernprozesse zur Förderung der Fähigkeiten des Erlernens, des Gefühlslebens und zu zwischenmenschlichen Bindungen, der Selbständigkeit und der Freude an eigenem Tun. Dazu müssen Programme für die Tätigkeiten der Kinder vorbereitet werden, die sie allseitig fördern und ihnen Freude machen ...
Die neuen Curricula für den Elementarbereich sind in der Idee ihrer Planung und in ihrer pädagogischen Richtung sehr viel klarer geworden. Ihre Realisierung ... steht aber noch bevor ... Heute werden hauptsächlich Vorschläge diskutiert, das Lesenlernen vorzuverlegen. Viel wichtiger ist es aber, die Denk- und Erkenntnisfähigkeiten insgesamt zu fördern, indem durch anregende Situationen und Erfahrungen die Neugierde des Kindes in Wißbegierde verwandelt wird ...
Bei all dem geht es nicht darum, schulisches Lernen vorwegzunehmen, sondern darum, die allgemeinen Voraussetzungen für schulisches Lernen zu schaffen. Nicht das Erlernen besonderer Fertigkeiten wie Lesen, Schreiben, Zählen ist wichtig, sondern das

---

28 Vgl. Deutscher Bildungsrat (1970): Empfehlungen der Bildungskommission, Strukturplan für das Bildungswesen. Stuttgartt. Zitiert nach der Taschenausgabe von 1973, S.118f.

Erlernen allgemeiner Verfahrensweisen des Erkennens wie Beobachten, Vergleichen, Messen, kurz, wie man überhaupt vorgehen kann, um Aufgaben zu lösen und Ziele zu erreichen.«

Deutscher Bildungsrat (1970): Empfehlungen der Bildungskommission, Strukturplan für das Bildungswesen. Stuttgart

Dieser Blick in die institutionelle Geschichte zeigt, dass die Anforderungen vonseiten der Bildungspolitik und Fachwissenschaft immer schon sehr hoch waren. Verändert hat sich aber die öffentliche Einschätzung des Anforderungsprofils der Erzieherinnen. Nicht nur in abgeschlossenen Fachzirkeln, sondern auch in der breiten Öffentlichkeit ist angekommen, dass Erzieherinnen anspruchsvolle Aufgaben zu erfüllen haben und diskreditierende Zuschreibungen wie »Kaffeetante« etc. der Vergangenheit angehören.

Nicht verändert hat sich aber die mangelnde Operationalisierung der Ansprüche in das fachliche Alltagsgeschäft. Die Erzieherin solle planen, reflektieren, forschen, beobachten, dokumentieren.[29] Oder: Der Kindergarten (Elementarbereich) dürfe sich nicht länger dem Leistungsgedanken enthalten und müsse sich dem Bildungsanspruch gegenüber aufgeschlossen zeigen. Sprachförderung und Early Literacy sowie mathematische und naturwissenschaftliche Grundlagen müssten vermittelt werden, um den Bildungsauftrag zu erfüllen.

Doch weiter? Eine Erzieherin erhält keine Anhaltspunkte dafür, was sie konkret mit den Kindern tun soll, um diesen Anforderungen zu genügen. Die Didaktik der pädagogischen Arbeit mit einzelnen Kindern, Teilgruppen oder der Gesamtgruppe ist zurzeit kein Thema. Es scheint auch nicht klar zu sein, wer für die Ausformulierung der Fachdidaktik zuständig ist. Fühlen sich künftig die Fachhochschulen dafür zuständig? Oder wird von der ersten Praxisstelle erwartet, dass sie den Transfer leistet?

Nach *PISA*, dem Schülerleistungsvergleich, wurde nicht das Schulwesen, sondern es wurden die Erzieherinnen im Elementarbereich, ihre Praxis und ihre Ausbildung kritisiert.[30] Wie in jedem Beruf mag es auch bei den Erzieherinnen Vertreterinnen ihrer Zunft geben, die von neueren Entwicklungen völlig unbeeindruckt, über viele Jahre unverändert arbeiten, im Kindergarten beispielsweise

---

29 Vgl. etwa die Begründungen für die neuen FH-Studiengänge oder die verschiedenen Bildungsprogramme der Länder.
30 Rauschenbach, Thomas (2004): Bildung für alle Kinder. Zur Neubestimmung des Bildungsauftrages in Kindertageseinrichtungen. In: Wehrmann, I. (Hrsg.): Kindergärten und ihre Zukunft. Weinheim, Basel, Berlin, S. 113f.

einer kindertümelnden Bastelpädagogik frönen. Die Kritik nach *PISA* ging tiefer, traf alle Erzieherinnen. Sie sollten endlich ernst zu nehmende Bildungsangebote durchführen und den Kindergarten als richtige Bildungseinrichtung gestalten.

Abgesehen davon, dass in dieser Kritik mehrheitlich ein der Schule entlehntes, nicht kindergartengemäßes Bildungsverständnis verborgen lag, enthielt sie auch eine unterschwellige Schuldzuweisung an die Erzieherinnen. Einer kritischen Analyse hält diese Schuldzuweisung nicht stand. Zutreffender scheint mir zu sein, dass die Praxis im Durchschnitt den gesellschaftlichen Erwartungen an ihre Profession entsprach. Ansonsten stellt sich doch die Frage, warum verantwortliche Träger und Verwaltungsbehörden nicht intervenierten.

2.2 Anforderungen – praktisch

Wenn es um die von Erzieherinnen zu fordernden Kompetenzen geht, bleiben die Kritiker des Bestehenden ebenso vage wie die Kommissionen der Rahmenpläne oder Studienmodule. Am Beispiel der medienpädagogischen Praxis dazu einige Überlegungen:

Muss eine Erzieherin heute
- mit technischen/elektronischen Medien umgehen können?
- den korrekten Gebrauch eines CD-Players, eines Computers, einer Uhr vermitteln können?
- einen kritischen Umgang mit diesen Medien an die Kinder vermitteln?
- selbst einen kritischen Umgang mit diesen Medien pflegen?

So unklar die beruflichen Anforderungen an die Erzieherinnen in Bezug auf die Didaktik, so unklar sind der Umfang und das Niveau der erwarteten Kompetenzen. Erforderlich wäre, die Lernziele klar zu benennen und daraus die erforderlichen Kompetenzen abzuleiten und deutlich zu machen, ob diese Kompetenzen in der Ausbildung oder im Rahmen von Fort- und Weiterbildung zu erwerben sind.

Nach dem jetzigen Sachstand bleibt letztlich unklar, was künftige Erzieherinnen tatsächlich können sollen. Früher und in der DDR hieß es, Erzieherinnen müssten ein Musikinstrument spielen können. Ein Blick in die Rahmen- und Studienpläne zeigt, dass dies keine Kompetenz ist, die noch immer zum selbstverständlichen Berufsbild von Erzieherinnen gehört. Reicht es, wenn Erzieherinnen die Aufgaben aus dem Bildungsbereich Musik entsprechend dem jeweiligen Bildungsprogramm ihres Bundeslandes ausschließlich über die elektronischen Medien vermitteln? Bildungspolitiker und Bildungspolitikerinnen müssen entscheiden, auf welchem formalen Ausbildungsniveau die Medienkompetenz (Musikinstrument) erworben werden soll: Fachschule, Fachhochschule, Konservatorium? In jedem Fall stehen die Ausbildungsstätten vor der Aufgabe, solche Fragen zu klären oder klären zu lassen, sonst bilden sie unter Umständen am Bedarf vorbei aus.

Denkbar ist allerdings auch, dass Erzieherinnen darauf verpflichtet werden, »ein Musikinstrument kompetent spielen zu können«, dass dies aber erst im Rahmen der beruflichen Fortbildung erfolgen soll. Wird die Anforderung kombiniert mit einer Prüfung der Eigeninitiative einer zukünftigen Erzieherin, kann erwartet werden, dass sie das Erlernen eines Instruments als Privatkurs an einer Volkshochschule belegt.

3   Ausbildung und Ausbilder

Ein weiterer Widerspruch: Obwohl Erzieherinnen den *höheren Ansprüchen*, also den Anforderungen von Wissenschaftlern und Politikern an die theoretische Durchdringung der pädagogischen Aufgaben, nicht genügten, wurde ihre Ausbildung aus der Perspektive der Anstellungsträger und Praxisverantwortlichen als nicht praxistauglich, weil zu theoriebeladen, kritisiert.

Hier wird die Kluft zwischen Theorie und Praxis deutlich, die nie erfolgreich aufgearbeitet wurde und auch für die neuen Studiengänge noch gelöst werden muss. Zu befürchten ist, dass diese Diskrepanz zwischen Theorie und Praxis größer wird, denn die Erzieherinnenausbildung auf Hochschulniveau soll ja mehr Theorie bzw. höherwertige Theorieanteile vermitteln. Deswegen besteht dringender Handlungsbedarf, die Vorstellungen der beiden Ausbildungsinstanzen Theorie (Fachschule/Fachhochschule) und Praxis (Kindertageseinrichtung) einander anzunähern.

In jedem Fall müssen die neuen Studiengänge erst noch beweisen, dass sie geeignet sind, ihre Studentinnen auf die Praxis vorzubereiten. Sie müssen theoretisches Wissen vermitteln und gleichzeitig

Handlungsfähigkeit herstellen; sie müssen den Studentinnen ermöglichen, an der vorhandenen Qualität der Praxis anzuknüpfen, sich dort einzupassen und zugleich eben diese Realität verändern zu können.[31]

Diejenigen, die über die Praxistauglichkeit entscheiden, sind weiterhin nicht die Ausbilder, sondern die Anstellungsträger.

3.1 Theorie-Praxis-Verhältnis

Die Reaktion vieler Erzieherinnen auf den abrupten Übergang von der schulischen/theoretischen Ausbildung in das praktische Jahr wurde einst treffend mit dem Wort *Praxisschock* gekennzeichnet. Der Schock traf die gerade Ausgebildeten ebenso wie die berufserfahrenen Praxisanleiterinnen. Beide Seiten stellten den Gebrauchswert der Ausbildungsinhalte in Frage.

Leidtragende waren zuerst die Absolventinnen der Fachschulen. Sie fühlten sich wenig kompetent; ihnen wurde eine mangelnde Handlungskompetenz nachgesagt. Der Anspruch an die Grundausbildung allerdings war ein anderer. Sie sollte vor allem entschieden und konsequent theoretisch fundiert sein, zugleich aber auch berufs- und praxisorientiert.[32]

Diesem Anspruch müssen auch die neuen Studiengänge genügen, wollen sie entsprechend dem Arbeitsmarkt ausbilden und ihrerseits dem Praxisschock vorbeugen. Noch aber fehlt es an einer zeitgemäßen und von den Aufgaben der Erzieherinnen her abgeleiteten Bestimmung des jeweiligen Anteils von Theorie und Praxis in der Ausbildung an Fachhochschulen und ihres Verhältnisses zueinander. Die Festlegung erfolgt zurzeit über die formalen Studienvorschriften, wie sie für viele andere Berufsgruppen ebenfalls gelten.

Fachhochschulen, die vorwiegend für Einrichtungen in gleicher Trägerschaft ausbilden, besitzen wenigstens bei der Abstimmung der Inhalte den Vorteil, dass die Verbindung zwischen Theorie und Praxis *unter einem Dach* einfacher herzustellen ist als auf einem heterogenen Abnehmermarkt.

---

31 Dazu bereits Krause, H. J. (1980): Anpassung an die Praxis oder Professionalisierung. In: DJI Arbeitsbereich Vorschulerziehung (Hrsg.): Kindheit, Kindergarten – offene Fragen in Forschung und Praxis. München, S. 106ff.

32 Derschau, Dietrich von (1986): Sich den neuen Anforderungen stellen. In: Rabe-Kleberg u. a.: Qualifikationen für Erzieherarbeit, Band 3, München, S. 179.

3.2 Verschulte Strukturen

Das Deutsche Jugendinstitut (Arbeitsbereich: Vorschulerziehung) hatte im Jahr 1979 zu einem Fachkolloquium eingeladen, dessen Arbeitsgruppe II sich mit den »Anforderungen an Erzieher auf dem Hintergrund der Entwicklungen im Elementarbereich« auseinander setzte. Konstatiert wurden verschulte Strukturen, eine fortschreitende Zergliederung komplexer Themen in Unterrichtsinhalte, die Spezialisierung durch Fachunterricht und die Verwissenschaftlichung der Ausbildung.[33]

Die Kritik an dem »schulischen Charakter der Ausbildung mit der typischen Aufteilung des einheitlichen Gegenstandes auf Schulfächer, das Auseinanderfallen von Bereichen des Wissens und des Handelns und an der Trennung der Lernorte Schule und Praxisstellen« blieb viele Jahre aktuell.[34] Schulische Lernarrangements mit starren Rollen zwischen Lehrkräften und Studierenden, zwischen Lehrenden und Lernenden standen dem sozialpädagogischen Konzept des wechselseitigen Lernens entgegen. Kontraproduktiv wurde auch die Ausrichtung vieler Ausbildungsgänge an universitären Wissenschaftsdisziplinen bewertet sowie die Gestaltung von Fachunterricht, der ohne inneren Zusammenhang vermittelt wurde, geschweige denn, dass in Zusammenhängen gelernt werden konnte. So fiel es den Studierenden schwer, thematische und disziplinäre Zusammenhänge zu erkennen und in ihr pädagogisches Handeln zu integrieren.

Nach Auffassung der Jugendministerkonferenz (JMK) sollte die Ausbildung der Erzieherinnen sich nicht an Fächern und Wissenschaftsdisziplinen orientieren und nicht im konventionellen Unterrichtsstil organisiert werden, sondern eine Arbeit in situationsbezogenen Projekten anstreben. Lernen sollte in ganzheitlichen Zusammenhängen erfolgen; die Ausbildung muss nach Auffassung der JMK »die Prinzipien der pädagogischen Arbeit zum Grundsatz eigener Unterrichtsgestaltung machen.«[35]

Diese Zielrichtung muss folgerichtig auch für die neuen Ausbildungsgänge an den Fachhochschulen gelten. Dort werden die The-

---

33 DJI Arbeitsbereich Vorschulerziehung (Hrsg.) (1980): Kindheit, Kindergarten – offene Fragen in Forschung und Praxis. München, S. 77ff.
34 Rabe-Kleberg, Ursula u. a. (Hrsg.) (1983): Qualifikationen für Erzieherarbeit, Band 2. München, S. 5.
35 Jugendministerkonferenz: (2001): »Lernort Praxis« in der Ausbildung der Erzieherinnen und Erzieher. Beschluss vom 17./18. Mai 2001.

men und Inhalte nach dem Bachelor-Konzept in 20 und mehr Module untergliedert, d.h. die Integrationsleistung muss deutlich mehr Aspekte umfassen als die bisherigen sieben Unterrichtsfächer. Es sollte sichergestellt werden, dass diese Aufgabe nicht auf die Studentinnen und Studenten abgewälzt wird, denn die sollen durch ihr Studium erst zum Erkennen der ganzheitlichen Zusammenhänge befähigt werden. Auch muss vermieden werden, dass die Modulthemen einer Logik der Wissenschaftsdisziplinen folgen, sondern vielmehr einer Logik der Praxiserfordernisse entsprechen.

3.3 Studiengänge für den Elementarbereich

Neue eigenständige Studiengänge wie »Frühkindliche Bildung« oder »Elementarerziehung« lenken die Aufmerksamkeit auf die Bedeutung der Bildung, Betreuung und Erziehung in Kindergarten und Krippe. Sie tragen zugleich dazu bei, die Allroundprofession *Erzieher* aufzulösen. Wer als Erzieherin derart spezialisiert auf FH-Niveau ausgebildet werden will, muss bereit sein, sein potenzielles Tätigkeitsfeld einzuschränken, in einem Beruf, der gemeinhin sowieso als Sackgassenberuf dargestellt wird. So erscheint als privates Entscheidungsproblem, was eigentlich fachpolitisch entschieden werden müsste. Das ist die Frage im Hinblick darauf, ob es weiterhin einen Allroundberuf Erzieher geben soll oder nicht. Wie die eingangs zitierte Empfehlung des Deutschen Bildungsrates zeigt, ist das Problem schon längere Zeit bekannt.

Ist es denn sinnvoll – vielleicht sogar nur strategisch – eigenständige Studiengänge zu kreieren? Kurzfristig mögen dafür finanzielle Ressourcen zu erschließen sein, langfristig wird dies mit einer Fortführung der Zersplitterung der sozialpädagogischen Berufe erkauft. Schon im Zweiten Jugendbericht wurde darauf hingewiesen, dass eine frühe Spezialisierung weniger sinnvoll ist als eine breit angelegte Grundausbildung.

(Wieder) in die Diskussion eingeführt wurde ein gemeinsames Grundstudium für Pädagoginnen und Pädagogen des Elementar- und des Primarbereichs. Es muss geklärt werden, ob zwischen diesen beiden Feldern eine Integration herbeigeführt werden oder die Spezialisierung unter den Erzieherinnen zunehmen soll. Sinnvoll ist Letzteres vor allem dann, wenn man den Elementarbereich aus der Jugendhilfe bzw. aus der Sozialpädagogik herauslösen möchte. Doch gerade dieses Konzept ist die Tradition und die Stärke des deutschen Kindergartens.[36]

Die teilweise beabsichtigte Spezialisierung zu einem Berufsprofil *Erzieherin im Elementarbereich* ist keine unerwünschte Nebenfolge der begonnenen Übernahme dieser Ausbildung durch Fachhochschulen. Auch bisher stand den Sozialpädagoginnen und Sozialpädagogen mit FH-Diplom der Elementarbereich grundsätzlich offen, falls sie eingestellt wurden. Gegen diese Berufsperspektive allerdings sprach häufig die Vergütungsgruppe, deren Grundlage die ausgeübte Tätigkeit und nicht der formale Ausbildungsabschluss ist, so dass die Sozialpädagoginnen nicht unbedingt bereit waren, im Elementarbereich zu arbeiten. Dagegen sprach die Befürchtung der Anstellungsträger, dass diplomierte Sozialpädagoginnen besser bezahlt werden müssten, wären sie erst einmal eingestellt. Dieses Problem ist auch für die neuen Studiengänge längst nicht gelöst. Doch es war auch in der Vergangenheit keineswegs das Tarifrecht, das den Einsatz von Diplom-Sozialpädagoginnen im Elementarbereich behinderte, vielmehr war es die Ausbildung selbst, die diesen Studienschwerpunkt nur an wenigen Orten anbot. So muss für die Zukunft sowohl geklärt werden, ob statt der Einrichtung neuer Studiengänge nicht eine Erweiterung der bestehenden günstiger wäre, als auch die Frage beantwortet werden, ob und wie die Fachhochschulen nach Jahrzehnten der Abstinenz in der Lage sind, entsprechende Ausbildungskompetenzen für die Elementarpädagogik zu sichern.

3.4 Ausbildung der Ausbilder

Für die Praxis des Erzieherinnenberufes (bzw. ihre Qualität) ist einerseits entscheidend, an welchen Orten die Ausbildung stattfindet, andererseits auch, in welcher Weise die Ausbilder an Fachschulen und Fachhochschulen qualifiziert sind. Wann und wodurch gelten Lehrkräfte als qualifiziert? Wie erlangen sie ein Qualifikationsprofil (für Fachschulen der Sozialpädagogik) mit schulpädagogischen, fachtheoretischen, fachdidaktischen und berufspraktischen Anteilen[37] sowie die Zugangsvorraussetzung für eine Tätigkeit an den Fachhochschulen?

---

36 Vgl. Fußnote 23.
37 Rabe-Kleberg, Ursula u. a. (Hrsg.) (1983): Qualifikationen für Erzieherarbeit, Band 2. München, S. 301.

»Eine Erzieherausbildung, die grundsätzlich praxisorientiert ausgerichtet sein soll, erfordert Dozenten mit hinreichend praktischer Erfahrung und Kenntnis der Arbeitsfelder der Erzieher ... Ein erheblicher Teil der ... Dozenten verfügt aber nicht über ausreichende praktische Erfahrungen in einem oder mehreren sozialpädagogischen Arbeitsfeld(ern) ...«[38] Wenn diese Aussage noch oder wieder gilt, muss sie auch für die Dozentinnen und Dozenten der neuen Studiengänge an den Fachhochschulen gelten. Es sollte von Beginn der neuen Studiengänge an vermieden werden, dass ein beklagenswerter Zustand mit neuen Akteuren fortgesetzt wird.

Ein Teil der Ausbildung findet in der Fachpraxis statt. Am Lernort Praxis sollte das theoretisch Erlernte unter Anleitung qualifizierter Praxisanleiterinnen angewandt, ausprobiert und vertieft werden. Zumindest für eine gewisse Übergangszeit muss ein Verfahren gefunden werden, den Widerspruch zu überbrücken bzw. vielleicht sogar mit ihm produktiv umzugehen; ein Widerspruch, der darin liegt, dass Erzieherinnen, die wegen benötigter höherer Qualifikationen an Fachhochschulen ausgebildet werden, durch angeblich nicht ausreichend qualifizierte Erzieherinnen (Absolventen von Fachschulen) angeleitet werden. Das Problem zielt auf die Qualität der praktizierten pädagogischen Arbeit, trifft aber auch den Umgang mit der Bewertung der Praktikantenleistung. Eine Fachschulabsolventin dürfte – nach all der vorgetragenen Kritik – kaum das Praktikum einer Fachhochschulstudentin angemessen beurteilen können. Besonders schwierig wird sich der Fall gestalten, wenn die Vertreterinnen der Praxisstelle das Testat »praxistauglich« verweigern, die Fachhochschule jedoch die Fortsetzung des Studiums ermöglicht.

4 Schlussbemerkung

Die Kritik an der Erzieherinnenausbildung ist nicht nur so alt wie die Ausbildung selbst, sie scheint vor allem beliebig zu sein. Mal hieß es, die Ausbildung sei zu theorielastig und praxisfern, mal wurde beklagt, sie sei zu wenig theoretisch fundiert. Wird es den neuen Studiengängen anders ergehen? Die Parallelen zur ersten Reform sind offensichtlich: ein heterogener Beginn. Manche Bun-

---

38 Derschau, Dietrich von u.a. (1981): Ausbildung des pädagogischen Fachpersonals. In: Derschau D. v. (Hrsg.): Entwicklungen im Elementarbereich (Materialien zum Fünften Jugendbericht). München, S. 227f.

desländer sind vorgeprescht, andere ziehen nach; eine allgemeine, formale Anerkennung wird es durch die geschaffenen Fakten geben, nicht durch eine politische Willensbildung und Konsens.

Ebenso beliebig wie die Kritik an der Erzieherinnenausbildung wird Kritik an der Erzieherinnenarbeit geäußert. Wichtig wäre, endlich einen Konsens über die Aufgaben herzustellen, die Erzieherinnen erfüllen müssen und für die sie auszubilden sind. Kritik an ihrem Tun und Lassen könnte ihnen nämlich nur dann angelastet werden, wenn es erstens einen breiten gesellschaftlichen Konsens über den Anspruch an die Erzieherinnentätigkeit gäbe und wenn zweitens die Voraussetzungen (Rahmenbedingungen) geeignet wären, den Anspruch zu erfüllen. Im Ergebnis müssten Erzieherinnen sich an den allseits akzeptierten Erwartungen messen lassen, könnten im Gegenzug aber unberechtigte Ansprüche abwehren; beispielsweise solche, die sich hinter Aufzählungen verbergen, wozu sich Kindertageseinrichtungen eignen. Tageseinrichtungen für Kinder *können* vielen Zwecken dienen: als Familienbildungsstätte, als Elterntreffpunkt, Beratungsstelle, Nachbarschaftszentrum, Early Excellence Center und anderes mehr. Doch die Feststellung einer grundsätzlichen Eignung heißt noch lange nicht, dass die materiellen Voraussetzungen hierfür gegeben sind oder dass Erzieherinnen die Funktion der *Bildungseinrichtung Kindergarten* erweitern müssen, damit die Qualität ihrer pädagogischen Arbeit anerkannt wird.

Ein Gesamtkonzept muss entwickelt werden, nicht noch weitere isolierte Einzelvorschläge. Daraus wären die konkreten Aufgaben und Tätigkeiten abzuleiten, für die die Erzieherinnen ausgebildet werden sollen. In Ergänzung dazu müsste geklärt werden, was im Wege der beruflichen Fort- und Weiterbildung später zusätzlich erworben werden kann. Ein umfassendes Konzept beruflichen Lernens würde berechtigte Kritik an der – bestehenden und zukünftigen – Erzieherinnenausbildung bezogen auf die Prozessqualität zulassen, die Eignung der Erzieherinnenausblidung für die Praxis nicht stets grundsätzlich in Frage stellen. An der Entwicklung eines Gesamtkonzeptes sollten alle Ausbildungsstätten interessiert sein. Sie können sich nicht darauf beschränken, den Ausbildungsbetrieb in den eigenen vier Wänden reibungslos zu gestalten. Die Kritik kommt von außen, ihr muss man sich stellen. Eine bloße Verlagerung der Ausbildung an die Fachhochschulen zieht die Kritik mit und führt, solange Fach- und Fachhochschulen parallel ausbilden, eine weitere Konkurrenzbeziehung als zusätzliches Problem ein.

»Lediglich eine Anhebung der Erzieherausbildung z. B. auf das Fachhochschul- bzw. Gesamthochschulniveau der Sozialpädagogen- und Sozialarbeiterausbildung oder eine an den letztgenannten Ausbildungsgängen orientierte Angleichung der Diplompädagogenausbildung mit Schwerpunkt Sozialpädagogik trifft nicht den Kern solcher Reformüberlegungen. Denn bei näherer Betrachtung muß berücksichtigt werden, daß z. B. der Theorie-Praxis-Bezug einschließlich der berufspraktischen Ausbildungsanteile derzeit im Rahmen der Erzieherausbildung noch am besten gewährleistet zu sein scheint.
Erforderlich wäre vielmehr die Entwicklung eines (Rahmen-)Konzepts und -curriculums, die die mittlerweile erprobten und bewährten Elemente der verschiedenen Ausbildungsgänge – orientiert an antizipierten sozialpädagogischen Handlungskompetenzen – auf einer angemessenen Ausbildungsebene in sich vereinigen.«

Richter-Langbehn, Rüdiger (1983): Entwicklungstendenzen in der Erzieherausbildung: Ein Überblick über Reformansätze der vergangenen 15 Jahre. In: Rabe-Kleberg, U. u. a. (Hrsg.): Qualifikationen für Erzieherarbeit Band 2. München, S. 144f.

Dabei ergibt sich durch die neuen Aktivitäten durchaus die Chance, viele der alten Fragen zur Erzieherinnenausbildung neu zu stellen und nun Antworten darauf zu finden, um die Ausbildung praxistauglich und anspruchsvoll zugleich zu gestalten.

Auch das Thema der Anerkennung der bisherigen Ausbildung zur Erzieherin und langjähriger Berufspraxis als Zugangsvoraussetzung zu einem einschlägigen Studium und Äquivalent für bestimmte Studienleistungen kann neu diskutiert und entschieden werden. Anzuknüpfen wäre an Vorhaben, die Fachschulausbildung in Kombination mit Praxiserfahrung als gleichwertig mit dem Grundstudium anzuerkennen oder beides – als Minimum – offiziell mit dem Fachabitur gleichzusetzen.

Wenn die Kritik an der bestehenden Erzieherinnenausbildung nun verstärkt zur Entwicklung neuer Studiengänge führt, d.h. das Problem vorerst mit zusätzlichen Angeboten auf einer höheren Ebene angegangen werden soll, so ist nicht zu vergessen, dass – je nach Rechnungsart – im Elementarbereich noch immer mindestens ein Viertel des Erziehungspersonals gar nicht oder unterhalb der Fachschulausbildung qualifiziert ist. Und wenn über die Bildungsqualität in den Kindergärten gesprochen wird, taucht dieses Problem, wie hier, meist nur am Rande auf.

Nach der EU-Erweiterung: Ausbildungs- und Personalstrukturen in vorschulischen Bildungs- und Betreuungssystemen

Pamela Oberhuemer

1	Ausbildungs- und Berufsprofile im Überblick	233
1.1	Schuleintritt	233
1.2	Getrennte Strukturmodelle der Kindertagesbetreuung und Ausbildung	233
1.3	Integrierte Strukturmodelle der Kindertagesbetreuung und Ausbildung	234
2	Personalausstattung und Personalteams in Kindertageseinrichtungen	237
2.1	Formales Ausbildungsniveau der Kernfachkräfte	237
2.2	Hilfskräfte	238
2.3	Personalschlüssel	240
3	Herausforderungen für die Qualifizierungssysteme	241
3.1	Sicherung von Bildungsqualität und Qualifikationsniveau	241
3.2	Diversifizierung der Beschäftigtengruppe	242
3.3	Erweiterung des Ausbildungscurriculums	243
3.4	Europäische Strukturmodelle als Reformimpuls für Deutschland?	244
4	Literatur	245

Kindertagesbetreuung ist ein europapolitisches Thema. Im Blickpunkt steht vor allem die wirtschaftspolitisch bedeutsame Frage einer höheren Erwerbsbeteiligung von Frauen. Vereinbarte Zielperspektive der EU-Länder ist bis 2010 die Bereitstellung von Betreuungsplätzen für mindestens 90 Prozent der drei- bis etwa sechsjährigen Kinder und für 33 Prozent der Kinder unter drei Jahren (vgl. Barcelona European Council vom 16./17. März 2002). Der quantitative Ausbau von Tageseinrichtungen und Tagespflegestellen ist also – für diejenigen Länder, die hier Nachholbedarf haben – eine beschlossene Sache. Wie diese Angebote *qualitativ* für Kinder, Familien und Fachkräfte aussehen sollen, wird allerdings in den EU-Gremien weniger thematisiert. Bildungs- und Ausbildungsfragen sind Sache der nationalen Politik.

Das Thema *Bildung* hat einen prominenten Platz auf der politischen Agenda der meisten EU-Staaten – auch Bildung in früher Kindheit (vgl. Bennett 2004; Fthenakis/Oberhuemer 2004; Oberhuemer 2005a). Gesellschaftliche Entwicklungen um Familie und Arbeitswelt, Forschungsbefunde über Kinder und ihre Bildungsverläufe, internationale Schülerleistungsvergleiche (TIMSS, PISA, IGLU), nicht zuletzt auch Auswirkungen der UN-Kinderrechtskonvention – alle haben zu einer neuen Aufmerksamkeit für Bildungsprozesse und das Recht auf Bildung vor der Pflichteinschulung beigetragen.

Entscheidend für eine professionelle Moderierung von Bildungs- und Erziehungsprozessen sind die Fachkompetenzen des Personals. Die *Ausbildung* der pädagogischen Fachkräfte und die *Personalausstattung* in Tageseinrichtungen für Kinder sind demnach zentrale Faktoren der Qualitätssicherung. Der folgende Beitrag zeigt, dass gerade in diesem Kernbereich die Qualitätsstandards in europäischen Tageseinrichtungen sehr unterschiedlich sind. Einleitend werden Ausbildungs- und Berufsprofile im Kontext von zwei administrativen Strukturmodellen dargestellt. In einem zweiten Schritt werden die Personalteams in Tageseinrichtungen in den Blickpunkt gerückt. Abschließend werden einige grundlegende Herausforderungen für die Qualifizierungssysteme herausgearbeitet – auch für das Ausbildungssystem in Deutschland.

1 Ausbildungs- und Berufsprofile im Überblick

1.1 Schuleintritt

Die Regulierung des Schuleintrittsalters wirkte sich europaweit auf das Format der Systeme der Elementarbildung aus. Länder mit einem frühen Einschulungstermin haben in der Regel auch heute noch ein weniger gut ausgebautes System von vorschulischen Tageseinrichtungen und darauf ausgerichteten Ausbildungsgängen als Länder mit einem späteren Schuleintrittsalter. Durch die EU-Erweiterung im Mai 2004 gibt es nun fünf Länder mit einem Einschulungsalter von fünf Jahren (oder jünger): Großbritannien, Italien, Malta, die Niederlande und Zypern. Sieben Länder, insbesondere die nordischen Länder, bevorzugen eine Einschulung erst mit sieben Jahren: Dänemark, Estland, Finnland, Lettland, Litauen, Polen, Schweden. Nach wie vor beginnt jedoch in den meisten Ländern – Belgien, Deutschland, Frankreich, Griechenland, Irland, Luxemburg, Österreich, Portugal, Slowakei, Slowenien, Spanien, Tschechische Republik und Ungarn – die Schulpflicht mit sechs Jahren.

1.2 Getrennte Strukturmodelle der Kindertagesbetreuung und Ausbildung

In etwa der Hälfte der EU-25 wird das System der Bildung, Erziehung und Betreuung vom ersten Lebensjahr bis zur Einschulung in zwei Zuständigkeitsbereiche aufgeteilt. Der Betreuungssektor (meist dem Familien-, Gesundheits- oder Wohlfahrtsressort zugeordnet) verantwortet die Angebote für die Kinder unter drei bzw. vier Jahren, der Bildungssektor die vorschulischen Bildungseinrichtungen für Kinder ab drei bzw. vier Jahren bis zur Einschulung. Die Systeme in Belgien, Frankreich, Griechenland, Irland, Italien, Malta, Luxemburg, den Niederlanden, Polen, Portugal, der Tschechischen Republik und Ungarn sind nach diesem getrennten Modell organisiert. Dies hat auch zu getrennten und unterschiedlich regulierten Ausbildungssystemen geführt. In Belgien (Flandern) zum Beispiel, wo der Betreuungssektor aus öffentlichen Geldern finanziert wird, haben die Fachkräfte in diesem Bereich (*Kinderverzorgster*) eine zweijährige post-sekundäre Ausbildung mit paramedizinischer Ausrichtung (und ein Jahr Berufspraktikum), während die Fachkräfte (*Kleuterleidster*) in den Vorschuleinrichtungen im Bildungssektor eine dreijährige, pädagogisch orientierte Hochschulausbildung absolvieren.

Besonders gravierend sind diese Unterschiede in den Ländern mit einem vorwiegend privat organisierten Betreuungssektor. In Irland zum Beispiel arbeiten staatlich ausgebildete Grundschullehrkräfte mit einer dreijährigen Universitätsausbildung mit Vier- und Fünfjährigen in Eingangsstufen an Grundschulen, während die Angestellten im Betreuungssektor für die Null- bis Vierjährigen eine Vielzahl unterschiedlicher, eher kurzfristiger Qualifizierungskurse auf formal niedrigem Niveau absolvieren. Seit 2001 gibt es erstmals in Irland eine national geregelte Qualifizierungsvereinbarung unter den verschiedenen Anbietern, um mehr Kohärenz in diesem fragmentierten Sektor zu etablieren (OECD 2004a). Gleichzeitig wird die Angemessenheit der Lehrerausbildung, die sich doch sehr am fächerorientierten Schulsystem orientiert, für die Arbeit mit Vier- und Fünfjährigen in Frage gestellt.

Hier werden einige Problemfelder der getrennten Systeme deutlich. Qualitätsanforderungen und Personalprofile in den zwei Zuständigkeitsbereichen unterscheiden sich – zum Nachteil vor allem der Arbeit mit den unter Vierjährigen. Außerdem ist die Bezahlung der Fachkräfte im Betreuungssektor niedriger, sind die Arbeitsbedingungen weniger gesichert und die Personalausstattung dadurch eher instabil. Die allmählich wachsende Anzahl der Länder mit integrierten oder zumindest gut koordinierten Strukturmodellen geht hier andere Wege – auch in der Ausbildung der Fachkräfte.

1.3 Integrierte Strukturmodelle der Kindertagesbetreuung und Ausbildung

In Dänemark, Finnland (auch in den nicht EU-Ländern Island und Norwegen) sind die Kindertageseinrichtungen für Kinder von null bis sechs oder sieben Jahren administrativ integriert *außerhalb* des schulischen Bildungssystems. Dies ist im Prinzip auch in Deutschland und Österreich der Fall, wobei die föderalen Systeme in diesen zwei Ländern sich zum Teil hemmend auf eine effektive und integrierte Bildungs- und Betreuungspolitik für diese Altersgruppe auswirken (vgl. z.B. OECD 2004b). Mit der EU-Erweiterung wächst die Anzahl der integrierten (bzw. in Großbritannien koordinierten) Strukturmodelle *innerhalb* des schulischen Bildungssystems. Neben Schweden, Schottland und England sind auch in Estland, Lettland,

Litauen und Slowenien die Tageseinrichtungen für Kinder von null bis sechs oder sieben Jahren dem Bildungssystem zugeordnet. Auffallend ist, dass in diesen Ländern – mit Ausnahme von England und Schottland – auch die Ausbildung der Fachkräfte sich an einem integrierten Konzept für die Altersgruppe von null bis sieben Jahren (oder darüber hinaus in Schweden) orientiert.

Beispiel Dänemark:

Die Kernfachkräfte in dänischen Kindertageseinrichtungen mit der Funktion Gruppen- bzw. Einrichtungsleitung sind nicht nur für dieses Arbeitsfeld, sondern auch für eine Berufstätigkeit mit Kindern, Jugendlichen und Erwachsenen in weiteren sozialpädagogischen Arbeitsfeldern ausgebildet (vgl. Tab. 1).

Tabelle 1: Integrierte Strukturmodelle der Kindertagesbetreuung und Ausbildung am Beispiel der Kernfachkräfte in Dänemark und Schweden

	Dänemark	Schweden
Berufsprofil	Arbeitsfeldübergreifendes Berufsprofil *außerhalb* des Bildungssystems (seit 1992)	Institutionsübergreifendes Berufsprofil *innerhalb* des Bildungssystems (seit 2001)
Kernfachkraft	*Paedagog* (Pädagoge/Pädagogin)	*Lärare* (Lehrerin/Lehrer)
Ausbildungsort	Nichtuniversitäre Hochschule	Universität
Ausbildungsdauer	3½ Jahre	3½ Jahre
Altersgruppe	Alle Altersstufen	1–11
Arbeitsfelder	Tageseinrichtungen (0- bis 5-Jährige)	Tageseinrichtungen (1- bis 5-Jährige)
	Vorschulklassen an Grundschulen (6-Jährige)	Vorschulklassen an Grundschulen (6-Jährige)
	Schulkinder-Betreuung	Schulkinder-Betreuung
	Kinder- und Jugendheim	Die ersten 4 Schuljahre (7- bis 11-Jährige)
	Settings für Jugendliche und Erwachsene mit besonderem Unterstützungsbedarf	

Diese ist eine radikale Form der Breitbandausbildung mit einem arbeitsfeldübergreifenden Berufsprofil, das außerhalb des Bildungssystems verortet ist. Kenntnisse über frühe Kindheit werden in eine weite gesellschaftliche Perspektive eingebettet. Im Jahr 2004, zwölf Jahre nach der Einführung des Ausbildungsgangs, legte die dänische Regierung einige Reformempfehlungen vor. Während sie keine grundsätzliche Kritik der Breitbandausbildung enthielten, wurden die Ausbildungsstätten aufgefordert, zum einen eine Spezialisierungsphase mit einer spezifischen Nutzergruppe anzubieten, zum anderen die Wissensbasis der Studierenden durch die zusätzlichen Fachrichtungen Pädagogische Soziologie und Pädagogische Anthropologie zu erweitern. Außerdem sollen die 16-monatigen Praktika (die bisher größtenteils bezahlt wurden) gekürzt werden. Bemerkenswert ist, dass diese Empfehlungen auf der Grundlage einer landesweiten Evaluationsstudie der Ausbildung erfolgten, die vom nationalen *Evaluierungsinstitutet* durchgeführt wurde.

Beispiel Schweden:

Beachtlich bei den zwischen 1997 und 2001 sukzessiv eingeführten bildungspolitischen Initiativen in Schweden ist der systemische Reformansatz. So wird zum Beispiel institutionelle Anschlussfähigkeit gefördert durch:

- die Formulierung übergreifender Bildungsprinzipien und -ziele für Vorschule (1–5 Jahre) und Schule,
- eine koordinierte Administration und Fachaufsicht,
- eine strukturell gesicherte Zusammenarbeit von VorschulpädagogInnen, FreizeitpädagogInnen und GrundschulpädagogInnen in der Grundschule sowie
- eine integrierte Ausbildung für die Arbeit mit Kindern im Alter von 1 bis 18 Jahren in Vorschuleinrichtungen, Schulen und schulergänzenden Einrichtungen.

VorschulpädagogInnen, die bisher für die Arbeit mit Ein- bis Sechsjährigen ausgebildet wurden, können mit dem neuen Abschluss (seit 2004) auch in der Grundschule mit Kindern bis elf Jahren arbeiten. Das Berufsprofil ist damit institutionsübergreifend, jedoch innerhalb des Bildungssystems verortet (vgl. Tab. 1).

Noch gibt es keine abschließende Evaluation über die Auswirkung dieser Ausbildungsreform auf den frühpädagogischen Sektor. Allerdings zeigen erste Auswertungen an einzelnen Hochschulen, dass Studenten sich tendenziell eher für das Arbeitsfeld Grundschule als für das Arbeitsfeld Tageseinrichtung entscheiden (Karlsson Lohmander 2004). Die noch bestehenden Unterschiede in Vergütung und Arbeitsbedingungen wirken sich hier vermutlich negativ auf eine Entscheidung für die Berufsarbeit mit jüngeren Kindern aus. Dies ist eine noch zu lösende Frage für die Zukunft.

2 Personalausstattung und Personalteams in Kindertageseinrichtungen

Im ersten Abschnitt wurden einige systemische Unterschiede in den EU-Ländern und ihre Auswirkungen auf die Ausbildungsstrukturen dargestellt. Nun wird die Personalausstattung insgesamt in den Tageseinrichtungen in den Blick gerückt. Wer sind die Beschäftigten in Kindertageseinrichtungen? Wie sehen Ausbildungsniveau und Personalteams aus?

2.1 Formales Ausbildungsniveau der Kernfachkräfte

In fast der Hälfte der EU-Länder gibt es grundständige Ausbildungen für die Kernfachkräfte in vorschulischen Tageseinrichtungen an der *Universität*. Die Studiendauer liegt zwischen drei und vier Jahren. In Estland, Finnland, Litauen, Spanien und Schweden orientieren sich diese Ausbildungsgänge an der Arbeit mit Kindern von Geburt bis zur Einschulung (in Schweden darüber hinaus). In Irland ist die Ausbildung vorwiegend für Lehrkräfte der Grundschule, es gibt wenig Fokussierung auf die Arbeit mit denjenigen Vier- und Fünfjährigen, die die Schule noch vor der Pflichteinschulung mit sechs Jahren besuchen. In Griechenland, Italien, Ungarn und Zypern liegt der Schwerpunkt auf der Altersgruppe drei bis sechs Jahre. In Frankreich gibt es keine grundständige, sondern eine zweijährige postgraduierte professionelle Ausbildung als Vor- und Grundschullehrkraft, die nach Abschluss eines dreijährigen, fachspezifischen Universitätsstudiums absolviert wird.

In Griechenland und Zypern – auch in Estland – gibt es parallel laufende Ausbildungsgänge an *nichtuniversitären Hochschulen*, die sich auf die Altersgruppe null bis sechs Jahre ausrichten. Auch in Belgien, Dänemark, Lettland, Luxemburg, den Niederlanden und Portugal findet die Ausbildung für die Arbeit im Elementarbereich (in Dänemark darüber hinaus) an berufsqualifizierenden Hochschulen statt.

Nur in vier EU-Staaten findet die Ausbildung für den Elementarbereich *nicht auf Hochschulniveau* statt: in Deutschland, Malta, Österreich und der Slowakei. Hier gibt es durchaus Unterschiede mit Blick auf die Länge und das Anfangsalter der Ausbildung. Während die deutsche Ausbildung mit einem Mindestalter von 18 Jahren drei Jahre dauert, liegt die Ausbildungsdauer in Malta bei zwei Jahren (post-16), in Österreich bei fünf Jahren (post-14) oder zwei Jahren (post-18) und in der Slowakei bei vier Jahren (post-15).

Besonders augenfällig sind die Unterschiede in den Ausbildungsanforderungen für die Arbeit mit null- bis dreijährigen Kindern. Während in Dänemark, Estland, Finnland, Lettland, Litauen, Schweden und Spanien die Ausbildung auf Hochschulniveau und mit (sozial-)pädagogischer Ausrichtung erfolgt, sind die Ausbildungsgänge beispielsweise in Belgien, Frankreich, Großbritannien, Malta, den Niederlanden und Ungarn auf formal niedrigerem Niveau angesiedelt mit einer eher paramedizinischen (Belgien, Frankreich) oder sozialpflegerischen Ausrichtung (Großbritannien, Malta, den Niederlanden).

2.2 Hilfskräfte

Deutliche Unterschiede gibt es auch mit Blick auf die Ausbildungsanforderungen an Hilfskräfte in Kindertageseinrichtungen. In Irland beispielsweise sind ständige Hilfskräfte eher die Ausnahme. So kann es vorkommen, dass eine Lehrkraft allein mit 30 oder mehr Vier- oder Fünfjährigen arbeitet. In Schweden und Dänemark dagegen arbeiten neben den Kernfachkräften auch ausgebildete Hilfskräfte. In Schweden absolvieren *barnskötare* eine dreijährige Ausbildung (post-16), wobei es seit neuestem auch einen einjährigen Ausbildungsgang (post-18) für diese Arbeit gibt. In Dänemark (seit 1997) dauert die post-sekundäre Ausbildung der *paedagogmedhjaelpere* 19 Monate (Moss/Korintus 2004, S. 52).

Tabelle 2: Beschäftigte in Kindertageseinrichtungen in Schweden und Norwegen (1998)

	Schweden Förskola (1–6 Jahre) %	Norwegen Barnehager (1–6 Jahre) %
Kernfachkräfte Schweden (1998) 3 Jahre Universität Norwegen 2–3 Jahre Universität	52	33
Hilfskräfte Schweden 3 Jahre post-16 Norwegen ca. 4 Jahre post-16	42	47
Andere (relevante) Ausbildung	3	k.A.
Keine (relevante) Ausbildung	2	20

Quellen: Sveriges officielle statistik 2004; OECD Background Report Norway 2001

Auch das Verhältnis von Kernfachkräften und Hilfskräften bei den Beschäftigten unterscheidet sich erheblich – sogar in nordischen Nachbarländern (vgl. Tab. 2). Während zum Beispiel in Schweden die Kernfachkräfte bei der Beschäftigtengruppe überwiegen und nur wenige Personen mit keiner oder einer nichtrelevanten Ausbildung in den Tageseinrichtungen arbeiten, macht in Norwegen die Gruppe der Hilfskräfte und des nicht relevant ausgebildeten Personals zwei Drittel des gesamten Personalbestandes aus.

In einigen der neuen EU-Länder wird die Gruppenleitung durch Fachkräfte mit einer spezifischen Zusatzqualifizierung oder durch FachlehrerInnen unterstützt. In Lettland zum Beispiel gibt es Fachkräfte für »Schulvorbereitung« oder mit »Methodenspezialisierung«. Auch ErziehungspsychologInnen, SozialpädagogInnen und MusikpädagogInnen unterstützen die Kernfachkräfte (Oberhuemer 2004). In den Tageseinrichtungen für Ein- bis Siebenjährige in Litauen sind es zum Beispiel MusikpädagogInnen, MotopädagogInnen oder KunstpädagogInnen, die die allgemeine pädagogische Arbeit mit ihrem Spezialistenwissen ergänzen.

Auch die Personalteams in den englischen *Children's Centres* für benachteiligte Kinder und Familien (1997–2004 als *Early Excellence*

Centres bekannt) basieren auf multiprofessionellen Kooperationsformen – sowohl direkt in der Einrichtung als auch mit verschiedenen Fachdiensten und Experten im Umfeld. Pädagogische Fachkräfte arbeiten kontinuierlich oder projektgebunden mit LogopädInnen, SozialarbeiterInnen, Kinderkrankenschwestern, Grundschullehrkräften, Elterntrainern, KinderpsychologInnen, FachwissenschaftlerInnen, Fachkräften für Gemeinwesenarbeit und Erwachsenenbildung, KünstlerInnen und vielen anderen zusammen.

2.3 Personalschlüssel

Neben der Personalausstattung gibt es auch erhebliche Unterschiede im Personalschlüssel, d.h. in der Anzahl der ausgebildeten Fachkräfte zu Kindern in der Gruppe (vgl. Tab. 3).

Während die nordischen Länder (auch Island und Norwegen) nach dieser Statistik eine sehr günstige Personal-Kind-Relation aufweisen, befinden sich die Vierjährigen in über der Hälfte der EU-Länder in Gruppen von 25 oder mehr Kindern mit nur einer voll ausgebildeten Fachkraft. Auch der Personalschlüssel für die Arbeit mit unter Dreijährigen unterscheidet sich erheblich. Während in Dänemark, Schweden, Italien, Großbritannien und Finnland die Personal-Kind-Relation bei 1 : 3 oder 1 : 4 liegt, beträgt sie in Deutschland zwischen 1 : 5 und 1 : 7,5 oder in Spanien 1 : 7 für die Arbeit mit unter Einjährigen, 1 : 10 für die Arbeit mit Ein- bis Zweijährigen und 1 : 18 für die Arbeit mit Zwei- bis Dreijährigen (Kamerman 2001).

Tabelle 3: Personal-Kind-Relation bei 4-Jährigen 2000/2001 (festgelegte bzw. empfohlene Höchstwerte)

Finnland	1 : 7*
Litauen	1 : 8
UK / Schottland	1 : 10
Slowenien	1 : 12
UK / England und Wales	1 : 13
Deutschland	1 : 15
Lettland	1 : 15
Estland	1 : 20
Malta	1 : 20
Tschechische Republik	1 : 20
Italien	1 : 25
Österreich	1 : 25
Polen	1 : 25
Portugal	1 : 25
Slowakei	1 : 25
Spanien	1 : 25
Ungarn	1 : 25
Luxemburg	1 : 26
Zypern	1 : 26
Griechenland	1 : 30
Irland	1 : 30
Schweden	2,75 : 17,5

* bei Ganztagsangeboten
In Belgien, Dänemark, Frankreich, den Niederlanden und Schweden gibt es keine festgelegten Höchstwerte für die Personal-Kind-Relation (diese fallen günstig in Dänemark und Schweden, ungünstig in Belgien, Frankreich und den Niederlanden aus).

Quellen: European Commission / Eurydice / Eurostat, 2002; für Schweden: National Agency for Education, 2003 (die Daten für Schweden beziehen sich auf die Altersgruppe 1–5).

3 Herausforderungen für die Qualifizierungssysteme

3.1 Sicherung von Bildungsqualität und Qualifikationsniveau

Bildungsqualität und kognitive Leistung stehen im Zusammenhang mit dem Qualifikationsniveau der pädagogischen Fachkräfte. Dies war ein Ergebnis der REPEY-Studie – *Researching Effective Pedagogy in the Early Years* – in England und Wales (Siraj-Blatchford u. a. 2002), die als Teilstudie einer Längsschnittuntersuchung von über 3.000 Kindern im Alter von drei bis sieben Jahren durchgeführt wurde. Zwölf verschiedenartige Vorschuleinrichtungen (Spielgruppen, Vorschulklassen, integrierte Kinderzentren usw.) und zwei Eingangsklassen an der Grundschule wurden in den Blick genommen, die im Rahmen der Längsschnittstudie besonders gute Ergebnisse hinsichtlich der sozialen und kognitiven Leistungen der Kinder erzielten. In diesen 14 Einrichtungen kommen u. a. folgende Aspekte pädagogischer Praxis besonders oft vor:

- Es finden länger anhaltende Kommunikationsabläufe zwischen pädagogischer Fachkraft und Kind statt, die ein nachhaltiges, gemeinsames Nachdenken über ein Problem, einen Gegenstand oder eine Situation ermöglichen *(sustained shared thinking)*.
- Die pädagogischen Fachkräfte haben ein detailliertes Wissen über Lern- und Bildungsprozesse, über die verschiedenen Bildungsbereiche des Curriculums (Bildungsplans) sowie ein fundiertes Verständnis über Fragen der kindlichen Entwicklung.
- Hochqualifizierte Fachkräfte (in England und Wales sind das Lehrkräfte auf ISCED-Niveau 5a) sind wesentlich effektiver in der Unterstützung nachhaltiger Denkprozesse bei den Kindern als weniger qualifizierte MitarbeiterInnen. Gleichzeitig profitiert das Personal mit formal niedrigem Ausbildungsabschluss von der Zusammenarbeit mit PädagogInnen mit hohem Qualifikationsniveau.

Die Studie bestätigt also die Schlüsselrolle von gut ausgebildeten Fachkräften in der gezielten Unterstützung, Vertiefung und Erweiterung kindinitiierter Bildungsprozesse.

Die Sicherung eines möglichst hoch qualifizierten Personalbestandes in vorschulischen Bildungs- und Betreuungseinrichtungen ist damit eine Herausforderung für alle Länder. Auf Grund der zunehmenden Komplexität des Anforderungsprofils (vgl. Oberhuemer 2005b) sollte zumindest die Hälfte des Personals in frühpädagogischen Tageseinrichtungen (0 bis 6 Jahre) auf Hochschulniveau ausgebildet sein. Dieses Ziel ist längst nicht in allen EU-Staaten erreicht – und keineswegs in Deutschland.

3.2 Diversifizierung der Beschäftigtengruppe

Ein Ergebnis der OECD 12-Länder-Studie *Starting Strong* (2001) deutete auf die Notwendigkeit einer Diversifizierung der Beschäftigtengruppe in frühpädagogischen Einrichtungen hin. Der Bericht empfiehlt die Einleitung von Initiativen zur Anwerbung zum einen von Fachkräften mit Migrationshintergrund, zum anderen von Männern. Bekanntermaßen ist das frühpädagogische Arbeitsfeld europaweit eine Frauendomäne. Das ist keinesfalls grundsätzlich negativ zu bewerten, allerdings wird zunehmend erkannt, dass Kinder auch von der Präsenz männlicher Bezugspersonen viel profitieren können, auch, dass sie ein Recht auf den Umgang mit beiden Geschlechtern haben. *Tabelle 4* zeigt, dass nur in Dänemark und Norwegen der Anteil der Männer in Tageseinrichtungen über fünf Prozent liegt. Interessant ist, dass gerade in diesen zwei Ländern gezielte Anwerbungsmaßnahmen in den 1990er-Jahren durchgeführt wurden.

Tabelle 4: Anteil der männlichen Beschäftigten in Tageseinrichtungen bis zur Einschulung (in %)

Dänemark	14
Norwegen	7
Schweden	5
Finnland	4
Deutschland	4*
Großbritannien	1
Österreich	0,8
Belgien	0

* in **allen** Tageseinrichtungen für Kinder, inkl. Hort

Quellen: OECD:EDU/EC (2004) 21; für Deutschland: Statistisches Bundesamt 2004

3.3 Erweiterung des Ausbildungscurriculums

Trotz der europaweit unterschiedlichen Ausbildungs- und Beschäftigungssysteme für die Bildungs- und Erziehungsarbeit vor der Pflichteinschulung sind Herausforderungen bezüglich einer Erweiterung und Aktualisierung der Ausbildungscurricula in vielen Ländern ähnlich. Wo liegen Qualifizierungslücken? Welche Themen sollten in die Ausbildungscurricula verstärkt aufgenommen werden? Qualifizierungsbedarf besteht insbesondere in den folgenden Aufgabenbereichen:

- Management-Aufgaben (Personalführung, Organisationsentwicklung, Bildungsmanagement usw.)

- Formative Evaluationsaufgaben (Bildungs- und Lernprozesse einschätzen und dokumentieren, Selbstevaluation des pädagogischen Handelns, Zielvereinbarungen und Controlling)
- Familienorientierung, insbesondere Strategien für eine partnerschaftliche Zusammenarbeit mit benachteiligten und »bildungsfernen« Familien (vgl. Siraj-Blatchford 2004)
- Bildungs- und Betreuungsaufgaben mit unter Dreijährigen
- Ansätze zur Stärkung von Kindern mit besonderem Unterstützungsbedarf.

3.4 Europäische Strukturmodelle als Reformimpuls für Deutschland?

Mit Blick auf eine Neuordnung der ErzieherInnenausbildung in Deutschland kann die Bandbreite europäischer Strukturmodelle durchaus Impulse für ein kritisches Nachdenken über die grundsätzliche Richtung eines reformierten Ausbildungskonzepts geben:
- Soll die bisherige sozialpädagogisch orientierte Breitbandausbildung beibehalten bzw. erweitert werden, wie etwa in Dänemark?
- Soll eine Neufokussierung auf die Jahre null bis sechs gesetzt werden, wie etwa in Estland, Finnland, Lettland, Litauen, Slowenien oder der Tschechischen Republik, oder auf die Jahre null bis acht?
- Soll ein Ausbildungskonzept für den Elementar- und Primarbereich drei bis elf Jahre entwickelt werden, wie etwa die (eher schulorientierten) Ausbildungen in Frankreich und den Niederlanden oder die neuere Ausbildung mit Arbeitsfeldspezialisierung (Kindergarten/Grundschule) in Italien/Südtirol?
- Soll ein übergreifendes Konzept für das gesamte System der öffentlichen Bildung und Erziehung das Ziel sein, wie etwa – als einziges Beispiel – in Schweden?

Letztendlich geht es um die Frage, wie die Aufgaben der Tageseinrichtungen und des Fachpersonals gesamtgesellschaftlich konzeptualisiert und bewertet werden – bildungspolitisch, sozialpolitisch, arbeitsmarktpolitisch und professionspolitisch. Hier gibt es – trotz der ermutigenden neuen Ausbildungsinitiativen – nach wie vor Klärungsbedarf.

4 Literatur

Bennett, John (2004): Curriculum issues in national policy making. OECD, Paris, EECERA. Malta
Fthenakis, Wassilios E./Oberhuemer, Pamela (Hrsg.) (2004): Frühpädagogik international. Bildungsqualität im Blickpunkt. Wiesbaden
Kamerman, Sheila (2001): Early Childhood Education and Care: international perspectives. New York
Karlsson Lohmander, Maelis (2004): The Fading of a Teaching Profession? Reforms of early childhood teacher education in Sweden. In. Early Years, 24. Jg., Heft 1, S. 9–22
Moss, Peter/Korintus, Márta (2004): Work with Young Children. A Case Study of Denmark, Hungary and Spain. Consolidated Report. Care Work in Europe – Current understandings and future directions. London (o. O.)
Oberhuemer, Pamela (2005a): International Perspectives on Early Childhood Curricula. In: International Journal of Early Childhood, 37. Jg., Heft 1
Oberhuemer, Pamela (2005b): Conceptualising the early childhood pedagogue: Policy approaches and issues of professionalism. In: European Early Childhood Education Research Journal, 13. Jg., Heft 1
Oberhuemer, Pamela (2004): Umfrage bei den nationalen Bildungsministerien in Estland, Lettland, Litauen, Malta, Polen, der Tschechischen Republik, der Slowakischen Republik, Slowenien, Ungarn und Zypern. Bericht im Auftrag des Bayerischen Staatsministeriums für Arbeit und Sozialordnung, Familie und Frauen. München
OECD – Organisation for Economic Co-operation and Development (2004a): Thematic Review of Early Childhood Education and Care Policy in Ireland. Dublin
OECD – Organisation for Economic Co-operation and Development (2004b): Die Politik der frühkindlichen Betreuung, Bildung und Erziehung in der Bundesrepublik Deutschland. Ein Länderbericht der Organisation für wirtschaftliche Zusammenarbeit und Entwicklung. www.bmfsfj.bund.de
OECD – Organisation for Economic Co-operation and Development (2001): Starting Strong. Early Childhood Education and Care. Paris
Siraj-Blatchford, Iram (2004): Educational Disadvantage in the Early Years: How do we Overcome it? Some Lessons from Research. In: European Early Childhood Education Research Journal, 12. Jg., Heft 2, S. 5–20
Siraj-Blatchford, Iram/Sylva, Kathy/Muttock, Stella/Gilden, Rise/Bell, Danny (2002): Researching Effective Pedagogy in the Early Years. Research Report, No. 356, Institute of Education, University of London

Autorinnen und Autoren

Jost Bauer
Stellestraße 44
73269 Hochdorf
E-Mail: hajo.bauer.ho@t-online.de

Karin Beher
Universität Dortmund
Vogelpothsweg 78
44227 Dortmund
E-Mail: beher@fb12.uni-dortmund.de

Ursula Carle
Universität Bremen
Sedanstraße 57
28201 Bremen
E-Mail: Ucarle@uni-bremen.de

Peter Cloos
Universität Kassel
Arnold-Bode-Straße 10
34109 Kassel
E-Mail: pcloos@uni-kassel.de

Angelika Diller
Deutsches Jugendinstitut e.V.
Nockherstraße 2
81541 München
E-Mail: diller@dji.de

Klaus-Peter Horn
Universität Tübingen
Münzgasse 22–30
72070 Tübingen
E-Mail: kphorn@uni-tuebingen.de

Maria-Eleonora Karsten
Universität Lüneburg
21332 Lüneburg
E-Mail: karsten@uni-lueneburg.de

Edgar Kösler
Katholische Fachhochschule Freiburg
Karlstraße 63
79104 Freiburg
E-Mail: koesler@kfh-freiburg.de

Manfred Müller-Neuendorf
Erzbischöfliches Berufskolleg
Sachsenring 79
50677 Köln
E-Mail: bk.ezb.sac@t-online.de

Rudolf Nottebaum
Bischöfliche Clara-Fey-Schule
Michaelsbergstraße 36
52066 Aachen
E-Mail: Escorial-nottebaum@t-online.de

Pamela Oberhuemer
Staatsinstitut für Frühpädagogik
Winzererstraße 9
80797 München
E-Mail: pamela.oberhuemer@extern.lrz-muenchen.de

Roger Prott
Sigmaringerstraße 12
10713 Berlin
E-Mail: rogerprott@freenet.de

Ursula Rabe-Kleberg
Universität Halle
Franckeplatz 1
06110 Halle
E-Mail: Rabe-Kleberg@paedagogik.uni-halle.de

Thomas Rauschenbach
Deutsches Jugendinstitut e.V.
Nockherstraße 2
81541 München
E-Mail: rauschenbach@dji.de

Christoph Steinebach
Katholische Fachhochschule Freiburg
Karlstraße 63
79104 Freiburg
E-Mail: steinebach@kfh-freiburg.de

Werner Thole
Universität Kassel
Arnold-Bode-Straße 10
34109 Kassel
E-Mail: wthole@uni-kassel.de

Ilse Wehrmann
Bremische Evangelische Kirche
Siegvogtstraße 50/52
28209 Bremen
E-Mail: wehrmann@kirche-bremen.de